推动干部教育培训提质增效

千字文章述评

本书编写组　编著

中共中央党校出版社

图书在版编目（CIP）数据

推动干部教育培训提质增效千字文章述评 / 本书编写组编著 . -- 北京 : 中共中央党校出版社 , 2024. 9.

ISBN 978-7-5035-7774-1

Ⅰ . D630.3

中国国家版本馆 CIP 数据核字第 2024NF6668 号

推动干部教育培训提质增效千字文章述评

策划统筹 任丽娜

责任编辑 马琳婷　桑月月

责任印制 陈梦楠

责任校对 马　晶

出版发行 中共中央党校出版社

地　　址 北京市海淀区长春桥路 6 号

电　　话 （010）68922815（总编室）　（010）68922233（发行部）

传　　真 （010）68922814

经　　销 全国新华书店

印　　刷 中煤（北京）印务有限公司

开　　本 710 毫米 ×1000 毫米　1/16

字　　数 260 千字

印　　张 21

版　　次 2024 年 9 月第 1 版　　2024 年 9 月第 1 次印刷

定　　价 68.00 元

微 信 ID：中共中央党校出版社　　　**邮　　箱**：zydxcbs2018@163.com

原著者言

我是20世纪60年代初出生的。我们这代人非常幸运，赶上了改革开放和干部教育培训事业大发展的好时期。在所有幸运的人之中，我自感是最幸运的那个，在2001年初，进入中组部原培训中心工作。这是新时期中国干部教育培训改革创新的重要起始地，今天人们讲的所谓的先进培训理念与方法，大都是20世纪90年代起从这里走向全国的。这里的培训者培训班（TOT）和培训管理者培训班（TM）名噪一时，为各地培养了大批优秀人才。在中心工作一段时间后，我自己也追随先行者的脚步，成为了一名忠实的先进培训理论和方法的实践者、推广者。2010年底，上海《组织人事报》的同志找到我，要我为他们写一些专栏文章，每周一篇，每篇1000字左右，刊登在每周四的第7版。开始时定名为“新刚博客”，署用真名，后来改为“组工漫谈”，署用“孟然”，一直写到2023年底，共13年，650多篇，70多万字，主要内容包括干部教育培训和组织工作历史与政策两个大的方面。

停止专栏文章写作之时，一些长期关心支持我的年轻同行特别是冠达、祥香同志，一再提议将其分类出版，继续发挥一些作用。我有些犹豫，主要是毕竟过去了这么长时间，怕其中的观点过时，误导于人。但他们很热心，提出这些文章总算是历史的见证，如果有当前正处于一线的培训骨干们做些“讲评”，就实现“历史与现实相贯通”了；又说这些文章总算好读，又有更好读、更应景的讲评文章加持，作用会加倍。他们还热心地选出来90多篇不太过时的小文章，邀请相关同志辛苦撰文讲评，就有了这本小册子。

从严格意义上讲，这是一本新书，一本力图反映党的十八大以来干部教育培训方法改进和观念更新的新书，我的那些小文章，只是大家思考问题和总结经验的引子。当他们把自己的见解发我学习的时候，我真切地感受到了什么叫一代人有一代人的使命，感受到了什么叫长江后浪推前浪，感受到了什么叫党的事业后继有人。

我衷心地感谢上海《组织人事报》10多年来的高度信任，感谢年轻的干部教育培训同行们的不弃，祝福大家的成功，祝愿党的干部教育培训事业越来越好。

张新刚

2024年7月

序

身处中华民族伟大复兴战略全局和世界百年未有之大变局，干部教育工作使命光荣、责任重大。如何从干部教育历史经验中汲取营养，是我们这一代干部教育工作者必须认真面对的时代课题。

中国共产党是一个高度重视干部教育培训工作的现代型政党。党的十八大以来，我国干部教育培训工作迎来了新的发展，承担着新的使命和任务。党中央指出，干部教育培训是建设高素质干部队伍的先导性、基础性、战略性工程，在推进中国特色社会主义伟大事业和党的建设新的伟大工程中具有不可替代的重要地位和作用。因此，如何能够使干部教育培训提质增效，如何能从干部教育培训的长期实践历程中总结出规律性认识，是在推进中国式现代化进程中需要把握的重要问题。

张新刚老师长期从事干部教育实践与研究工作。十多年来，他在《组织人事报》发表的专栏文章，因风格清灵俊逸，观点深刻透彻，被许多干部教育培训工作者关注。许多同行不约而同地提出把这些文章汇编成册，重新刊印。借这个机会，我们邀请干部教育培训领域的一些同仁进行述评，加入更多时代元素，以便“随行致远”。在组织编写的过程中，各位同行都报以极大的热情，在百忙之中不辞劳苦地进行文章选择、想法碰撞、述评撰写、排篇布局等。经商议，将全书划分为“功能与使命”“方法与技术”“队伍与机构”三个部分。这三个部分，既是对干部教育培训工作中最需要处理好的三组关系的概括，也是对干部教育培训工作历史进程中最重要的三种互动机制的表述。

总体而言，本书有以下四个特点。

一是历史张力有施展。穿透事物发展的历史进程，能够让人看清历史发展的脉络和其中的规律。我们党的干部教育培训史，发轫于中国共产党成立之际。从一定程度上来说，中国共产党的建党动因，离不开先进分子对理论的深入学习和对时局的深刻分析。通过百余年的不懈奋斗，党对于干部队伍建设已经形成了更加全面的认识、更加准确的定位、更加系统的部署、更加规范的建设。如果不重视对干部教育培训历史内涵和历史价值的挖掘，干部教育培训的推进和创新便无从谈起。例如，理论教育作为干部教育培训的核心内容与根本目的，仅强调“讲新话”“讲理论”是远远不够的，必须要基于干部教育培训的理论建设进行一些跨越历史时空的对话，引导党员干部产生超越时代局限性的感悟。理论教育内容贯穿本书始末，既保留文章原作者同党史中的人物和事件所进行的“时空对话”，体现理论教育历程的一个节点；也以述评的形式让同行们立足现今，同文章原作者进行“二次时空对话”，体现党性教育创新发展的新起点。这种多重跨越时空的对话，彰显理论教育的“源”与“流”，在叙事过程中揭示道理，在分析过程中建立共识。同时，这也从一个侧面体现出我国干部教育工作者对于如何能把基于理论教育的政治训练贯穿干部成长全周期的思考。与之类似，其他主题内容也在这种历史对话中建立起若干支点，为新时代干部教育培训工作推陈出新支起了历史的穹顶，体现了历史辩证法。

二是论析视野有拓展。历史车轮滚滚向前，干部教育培训的内涵与外延也根据时代变化而悄然改变。党的十八大以来，党和国家事业取得了历史性成就、发生了历史性变革。对于干部教育培训事业而言，正在发生一场“无声的巨变”。倘若我们认真学习新修订的《干部教育培训工作条例》，不难发现在指导思想、工作方法、培训内容、评价标准等方面都同过往时期存在巨大变化。正如张新刚老师所言：“干部教育培训需要继续解放思想。”本书打破了干部教育培训文献的传统惯性，拓展了干部教育培训工作的视野，实现了历史分析同现实观照的统一，把新的指导思想和政策文件作为解读对象，从组织建设发展的角度探讨干部教育工作的新要求，重视工作思路同方式方法的协调与平衡，关注干部教育工作者建立更加科学的系统观念，强调干部教育工作者要内修品格、外修技法等。不断拓展干部教育工作者的实践范畴与理论维度，是做好当下及未来工作的内在要求，也是对新时代干部教育培训工作发生根本性变化的实践回应。

三是时代关切有延展。要提升干部教育培训工作的系统性、针对性、有效性，不仅要关注干部教育培训的方式方法和实施路径，更重要的是要能够做到与时俱进。要克服干部队伍的“本领恐慌”，就要根据新时代新要求来设置教育培训的内容，明白干部们该懂什么，教员们该教什么，走出课堂后该怎样用所学的思想、知识与方法等。比如，关于党性教育，就应当紧密结合当下最新的时代动态来让干部们理解问题的科学性、系统性、指导性。脱离了时代关切的教育培训，只能沦为说教和填鸭，是难以让党员干部提高政治判断力、政治领悟力、政治执行力的。中国特色社会主义进入新时代，组织需求、岗位需求、干部需求都发生了重大变化，如何使广大干部政治素养、理论水平、专业能力、实践本领跟上时代发展步伐，成为干部教育培训必须解决的问题。因此，为了让更多干部教育工作者能够建立起更加强烈的时代感知力，本书在每一篇述评部分，都力图根据当下的最新实践情况进行阐述。在这些述评中，不同理论专业、不同经验背景的同行们进行协同，从“本述评者”这个“第一人称”的视角同各位读者一道学习和领悟党中央关于干部教育培训工作的重要要求和深刻内涵。上述编写形式能够体现出文章原作者敏锐的时代洞察力，以及参与述评的各位专家对当今时代的现实关切。在时代关切中表露新意，是本书的一个重要特征。

四是理论建构有发展。干部教育培训并非单纯的教育培训工作实践，而是需要有扎实的理论作为支撑的复杂体系。新时代中国共产党的干部教育培训，已然告别了知识体系单一性的干部教育课程。在当下的干部教育培训课程设置过程中，必然涉及马克思主义理论、中共党史党建学、社会发展理论、组织建设理论、人才学、公共管理学、教育学、心理学、系统科学、数据科学等理论内容。理论支撑如果不充分，难免导致干部们在学习过程中走进思维盲区。有鉴于此，本书在选择篇目和谋篇布局时，把推动干部教育培训理论建设作为重点进行考量。例如，本书把组工干部、党务工作者、培训教师等群体的能力结构和素养水平纳入了干部教育理论建设的范畴之中，把这些传统干部教育理论中可能忽视的问题，通过原文选录或述评的方式进行表达，旨在从平铺直叙的话语中激发读者对干部教育理论要义的思考。本书作为一本鲜活的干部教育学教材，彰显了新时代干部教育工作者的理论思考，通过理论主张的表达来体现理论自觉。从这个角度来看，本书的编写和出版对于广大干部教育工作者而言，是有一定裨益的。

我认为，本书字里行间透露着新时代干部教育工作者应当坚定的三大导向。(1) 使命导向。坚定理想信念宗旨，是做好干部教育培训的根本。因此，明确干部教育培训工作是为了“培养造就政治过硬、适应新时代要求、具备领导社会主义现代化建设能力的高素质干部队伍”，是新一代干部教育工作者的使命所在。明确使命、理解使命、践行使命，是推进中国特色社会主义伟大事业和党的建设新的伟大工程的题中之义。（2）问题导向。推动干部教育培训供给与需求精准匹配，根本在于能否坚持问题导向。需要指出的是，这种问题导向，并非停留于表象性的问题，而是要坚持马克思主义理论，深入问题的内在和本质，建立起正确认识问题、科学把握问题、有效解决问题的综合能力。（3）兴趣导向。做好任何一份事业，都不能忽略热爱和兴趣的推动作用。党领导下的干部教育培训，不仅是一项具有深厚历史传承的光荣事业，更是一个历经艰苦创业、必经艰辛探索、面向美好未来的光辉壮举。只有坚持以艰苦创业的心态来对待工作，以革命乐观主义精神来推动实践，做到干一行、爱一行、专一行、精一行、通一行，全党大学习、干部大培训才能释放出更大能量，使我们党和国家的事业迎来新一轮的大发展。

总之，可以将本书视为一本新时代干部教育培训工作的实践体悟录和学理思索录。我同张新刚老师及各位同行，希望把本书作为在更高层次上开展干部教育培训工作改革和创新的起点，践行党中央关于全面提高干部现代化建设能力的号召，贯彻思想、厘清思绪、鼓足干劲，在新时代新征程上为党和国家的干部教育培训事业作出新的更大贡献！

付冠达

2024年7月20日

目录

Contents

01 功能与使命

02 方法与技术

03 队伍与机构

功能——与——使命

从干部教育培训的功能定位谈起*

2011年是换届年，四级党委集中换届是组织工作的重中之重。与此同时，在全国组织部长会议上，中央提出将加强干部的教育培训与换届一起，作为今年工作的四项内容之一，进行了具体安排部署，显示出了干部教育培训不同寻常的地位和意义。

这项工作怎么会摆得这样突出？如何充分认识中央决策的科学性？这要从干部教育培训的基本功能定位谈起。

一般认为，干部教育培训主要有三项功能：理论武装、思想动员和能力训练。这三项功能的本质意义就是，以党的理论武装干部、指导行动，克服工作的盲动性；动员各级干部积极投身到中央提出的各项任务中去；帮助各级干部不断提高能力，多快好省地完成中央和各级组织交办的任务。正如中央提出的，把全党的思想和行动统一到中央的重大部署和要求上来。

事实上，不仅我们党这样，世界任何一个政党、任何一个组织都高度重视自己干部的教育培训。比如，在美国，公务员培训作为与经济和社会发展密切相关的一项重要任务被纳入法规，甚至是国家大法，并从法律上对公务员接受培训和进修的权利与义务作了明确的规定，使公务员培训工作制度化、规范化，为公务员参加各种形式的培训提供了有效的法律保障。英国的《公务员培训白皮书》，明确了培训在

---

* 《从干部教育培训的功能定位谈起》，《组织人事报》2011年1月6日。

公务员队伍建设中的地位与作用，对政府各部门的培训工作提出了严格要求。法国的继续教育法案规定，公务员每3年至少接受一次更新知识、提高能力的培训，费用全部由国家承担，并在培训期间保留晋升资格。

从管理科学的角度讲，可以作出这样一个判断，教育培训是各个组织手中最有力的领导工具。但凡一个组织或个人，只要想做好领导工作、维持领导地位，都会高度重视教育培训工作。当然，与绝大部分政党、组织不同的是，我们党更重视党员干部的教育培训。

这是为什么呢？第一，是实现使命的必然。我们党自建立之日起，就把自己定义为一个“领导党”，就将为中华民族的伟大复兴指出一条正确的道路，并带领人民群众努力实现这一目标作为自己的终极价值。要做到这一条，只能靠思想建党，靠各级党员干部先学一步，学好一些，以求站得更高，看得更远，说得更对，做得更好。第二，是适应形势的必然。人类目前正逐步进入知识经济时代和信息社会。我们党要在这样的历史条件下长期领导、永久执政，就必须在学习上率先有更大的进步和作为。第三，是完成任务的必然。我国目前处在转型时期，遇到一个又一个极为复杂又没有经验可以借鉴的问题，唯有通过学习，才能找到正确的答案，作出合乎规律的选择。

事实上也是这样。且不说延安时期整风学习的伟大成就，而在总结改革开放30年的深刻经验时，学者王绍光就从学习培训的角度进行了分析。王绍光认为：“从国际上来讲，可以把学习分成四种简单的模式，两个项目。一个叫学习源，从哪里进行学习；一个是学习的推动者，是谁在推动学习”。“决策者推动的实验学习，这是中国体制的一个特点”。“这些经常引起欧盟国家很多专家学者的兴趣。这是很有意思的一种现象。”

述评

干部教育培训工作地位重要、使命光荣。文章从“理论武装、思想动员和能力训练”三项功能作用谈起，提出我们党更重视党员干部教育培训是实现使命的必然、适应形势的必然、完成任务的必然，要从历史经验中汲取真理力量，进一步论述了学习培训对党的建设的极端重要性。

回顾党的历史可以看出，我们党始终把干部教育培训放在重要位置并常抓不懈，根据不同时期的任务需要来确定、完善教育培训内容和目标。正如文章中谈到的，决策者推动的实验学习，这是中国体制的一个特点。比如，延安时期，从1939年毛泽东提出“要把全党变成一个大学校”①，号召全党开展一次学习竞赛，不断克服“本领恐慌”，到1940年党中央连续发布《关于干部学习的指示》《关于在职干部教育的指示》，推动在职干部学习，再到1941年毛泽东作《改造我们的学习》、1942年毛泽东作《整顿党的作风》号召全党普遍开展整风运动。正是因为持续深入开展全党大学习大教育，才确保了我们党在极端困难的情况下，极大地提高了干部综合素养和战斗力，为抗日战争、解放战争的胜利，为社会主义制度的巩固和社会主义革命、建设事业的开展，以至为改革开放和社会主义现代化建设新时期的开启，奠定了扎实的领导人才基础。概言之，经历过延安时期学习教育成长起来的那一代优秀干部，将以亘古少有的开国立础之功，永远闪耀在中华民族伟大复兴的英雄榜单之中。

当前，世界百年未有之大变局加速演进，中国共产党作为世界上最大的马克思主义执政党，正团结带领全国各族人民向着第二个百年

① 《毛泽东文集》第2卷，人民出版社1993年版，第185页。

奋斗目标进军，面临的困难和挑战前所未有。作为新时代干部教育培训工作者，必须深刻认识干部教育培训的功能定位，在以下三个方面上下功夫：一是在理论武装上下功夫，帮助党员干部不断提升运用习近平新时代中国特色社会主义思想来分析问题、指导实践的能力；二是在党性教育上下功夫，使党员干部能够统一思想认识，着眼历史使命，形成干事创业的强大合力，为实现党的二十大确定的战略目标而团结奋斗；三是在能力训练上下功夫，帮助党员干部不断提升政治能力、专业能力、实践本领，以适应新时代全面建设社会主义现代化强国的各项工作要求。

自觉强化学习意识*

在谈到党对干部教育培训工作的重视程度时，有这样两段话被广泛使用：

之一，我们党历来高度重视干部教育培训工作。在革命、建设和改革的关键时期，总把干部教育培训作为一项重要举措提到全党面前。

之二，在我们党波澜壮阔的历史进程中，组织过五次大规模的学习教育活动。第一次是延安时期；第二次是新中国成立初期；第三次是改革开放初期；第四次是党的十四大之后；第五次是党的十六大以来。每次学习教育活动，都对革命、建设和改革事业的发展发挥了至关重要的作用。

中央对于学习教育活动不仅部署及时、组织有力，而且效果也很明显。以延安时期的整风学习为例。延安时期，国共双方内部可以说是山头林立、派别众多。我们党通过整风学习，直接后果就是，削除了山头，克服了事实上存在的宗派主义，统一了全党思想和意志，在打败日本侵略者之后，以人们预料不到的速度，迅雷不及掩耳，三年打败蒋介石，解放了全中国。这里面有社会发展规律所起的作用。但回顾解放战争时期的一个个经典战例，无不是以少胜多，以险胜稳，以劣势胜强势，以拼死牺牲胜保存实力，以统一意志胜各怀鬼胎。这

* 《自觉强化学习意识》，《组织人事报》2011年1月13日。

就是学习教育的力量，是党的建设的力量。我们党将党的建设与统一战线、武装斗争一起，作为取得革命胜利的三大法宝，寓意深刻。

目前，我们党面临的问题比延安时期一点也不少，难度一点也不小，危难程度一点也不低。一方面，经过30余年的改革发展，我国的经济、政治、文化等领域都发生了深刻变革，出现了经济成分和经济利益格局、社会生活、社会组织形式、就业岗位和就业形式等方面的多样化，人们的想法日益增多；另一方面，改革进入“深水区”，需要“啃”的骨头越来越硬，要赢得共识越来越难；再加上国外的种种嫉妒、破坏行为时时发生，真可谓挑战与机遇并存，风险与收益同在。在这样的关键时期，我们的法宝首先是加强党的自身建设。其中，除了党要根据历史方位和中心任务的变化，不断提出正确的路线方针政策，很重要的一条就是通过不断加强干部教育培训，切实加强干部队伍建设，提高领导水平和执政水平、提高拒腐防变和抵御风险能力。在很多会议上，中央和各级党委都会强调加强干部的学习教育。原因就在于此。

中组部培训中心原主任姚雪同志曾恳切地谈道，中央对干部教育培训用“重视”来概括都已显得不够了，确切地讲，应是“倚重”。这句话很精确。

这就是典型的“路径依赖”。学者对“路径依赖”的解释是：一旦人们做了某种选择，就好比走上了一条长征之路，惯性的力量会使这一选择不断自我强化，并让你轻易不会改变。

因为“路径依赖”，所以，干部教育培训工作任重道远。

述评

新修订的《干部教育培训工作条例》指出，干部教育培训是建设高素质干部队伍的先导性、基础性、战略性工程，在推进中国特色社会主义伟大事业和党的建设伟大工程中具有不可替代的重要地位和作用。[①]先导性、基础性、战略性的定位，与文章中“路径依赖”的表述，可谓是异曲同工。

从先导性来看，思想是行动的先导，理论是实践的指南。干部教育培训作为干部成长的必要条件、干部队伍建设的前端环节，正是通过科学系统的理论教育、党性教育、履职能力培训，帮助干部学会用马克思主义立场、观点、方法分析问题、解决问题，引导干部树立正确的权力观、政绩观、事业观，不断提高政治判断力、政治领悟力、政治执行力，进而转化为推进工作的生动实践。

从基础性来看，育才造士，教育为先、培训为要。干部教育培训涉及政治、思想、组织、纪律、作风等各项建设，引导帮助干部强党性、增智慧、长才干、正作风，发挥着固本培元、补钙壮骨的重要作用，是助力干部向下扎根、向上拔节的重要途径。

从战略性来看，干部教育培训的根本任务是为党育人，是保证我们党薪火相传、后继有人、事业长青的战略之举。早在1938年党的六届六中全会上，毛泽东就明确指出：“政治路线确定之后，干部就是决定的因素。”[②]事实证明，选人用人上出现纰漏，党的工作就要走上弯路甚至歧路。我们党之所以能够成功地经受住一重又一重的挫折磨难，离不开100多年来干部教育培训所发挥的战略作用。

“在每一个重大转折时期，面对新形势新任务，我们党总是号召全党同志加强学习；而每次这样的学习热潮，都能推动党和人民事业实现大发展大进步。”[③]

---

① 《中共中央印发〈干部教育培训工作条例〉》，《人民日报》2023年10月16日。

② 《毛泽东选集》第2卷，人民出版社1991年版，第526页。

③ 《习近平谈治国理政》，外文出版社2014年版，第401页。

新基点　新对策　新转型 *

从20世纪90年代开始，干部队伍建设站在了前所未有的新基点，干部教育培训也相应采取了一系列的新对策，从整体上进入了一个新的转型时期。这个转型大约经历了3个党代会或五年规划期间，目前初步形成了新的工作体系。

标志之一，中组部1991年印发的干部教育培训“八五”规划，不再将基础性学习作为干部教育培训的主要任务，而是要求举办各种类型的专题研究班和岗位培训班，同时明确提出“各类干部院校举办干部高等、中等教育的学历班，要按照本行业干部培训需求和预测，确定所设专业和招生人数，避免盲目性”。到2001年全国干部教育培训工作会议上，进一步提出学历教育不再是干部教育的主要任务。

标志之二，党的十五大提出“以我们正在做的事情为中心，着眼于马克思主义理论的运用，着眼于实际问题的理论思考，着眼于新的实践和新的发展”的学习要求。中央党校于20世纪90年代后期率先进行教学布局改革，不再将哲学、政经、科社、党史、党建等“老五门”作为培训重点，提出要紧紧围绕学习邓小平理论这个中心，坚持抓好“理论基础”“世界眼光”“战略思维”和“党性修养”，将“三基本”“五当代”作为干部学习培训的主要内容。各级各类培训机构以此为标杆，纷纷建立切合自己实际的教学布局。

* 《新基点　新对策　新转型》，《组织人事报》2011年2月10日。

标志之三，1995年3月，中组部等5部委发文提出“政事分开”的原则，要求“党委和政府机关一般不直接举办培训班。干部培训主管部门，主要负责制定规划和提出培训任务，检查、督促、指导培训规划和培训任务的落实。办班的具体教学组织工作，一般应由经过批准的培训机构承担”。2008年全国干部教育培训工作会议正式决定大范围推行“自主选学”，干部教育培训主管部门的工作重心从管训一体转移到整体规划、宏观指导、协调服务、督促检查和制度规范上来。

标志之四，1996年中央干部教育培训“九五”规划提出要“建立起有中国特色的干部教育体系的基本框架”。经过10多年的建设发展，到2006年中央出台《干部教育培训工作条例（试行）》，这一任务基本完成。

应该说，在10多年的发展进程中，干部教育培训转型的轨迹是清晰的，效果是明显的。然而，由于认识和把握新基点上的干部教育培训规律需要一个过程，将这些规律转化为科学的顶层设计更需要一定的经验和探索，干部教育培训在形势应对和转型发展上出现了许多不平衡的现象。有的表现为地区之间、部门之间、行业之间的不平衡；有的表现为工作内容和方式方法的不平衡；还有的表现为发展进程和改革速度的不平衡。从干部教育培训科学发展的角度看，所有这些不平衡归结为一点，就是没有突出一项最根本的大政策，这就是在坚持计划调训基础上，大力推进自主选学，以广泛调动广大培训工作者的积极性、创造性。

述评

文章是从改革开放后干部教育培训历史沿革的角度写的，视野开阔，历史纵深感很强，瞬间让本述评者记起原作者曾经讲过的一番话。

还是在2019年的时候，原作者谈到做一个好的干部教育培训工作者，要经过七个修炼的台阶。

第一个台阶是一门好课程。从教师工作做起，掌握备课、讲课技术和能力。

第二个台阶是一个好项目。从教学设计做起，掌握“一班一策”的办班规律。

第三个台阶是一个部门、部室。从具体工作做起，能够承担起某个方面的工作，具备干部思维和能力。

第四个台阶是一个学院。通过办学，懂得学院建设规律，能从全国干部教育培训格局和体系中找到学院自身的定位，引领学院高质量发展，创建一流干部学院。

第五个台阶是一个行业。干部教育培训作为一项具有行业特点的工作，有自己的规律，要把握干部教育培训规划中涉及的所有内容，把握从组织调训、学院施训到结果使用等全过程、全流程的内容。

第六个台阶是一项工程。干部教育培训是党的建设伟大工程中一个不可或缺的有机组成部分。把干部教育培训放入党的建设伟大工程中去看，就可以看出与党的建设其他工作相互配合呼应，发挥“1+1＞2”的作用。

第七个台阶是一项事业。把干部教育培训放到党和人民伟大、光荣、波澜壮阔的事业中去看待，涉及旗帜引领、机制创新、组织变革等多方面的功能。有了这样广阔的视野，才算了解干部教育培训工作。

2023年一个偶然的机会，本述评者参加了某省干部教育培训规划起草工作，有幸了解了干部教育培训工作的全貌。因此，当看到这篇文章都是关于干部教育培训规划的内容时，记忆瞬间被激活，希望把当年受到的教育分享给同行者。

干部队伍建设既要革命化又要专业化*

在全国组织部长会议上，赵乐际提出干部队伍既要革命化又要专业化的重大命题，将我们引到了30多年前贯彻干部队伍建设“四化”方针的火热场景中。当时，面对“文化大革命”后人才断档、干部队伍能力素质不适应改革开放和现代化建设需要的严峻形势，邓小平和党中央果断提出加强干部队伍革命化、年轻化、知识化、专业化建设。经过艰苦努力，到21世纪初，年轻化进入常态，知识化问题得到根本性解决，革命化、专业化建设也很好地适应了经济社会发展的需要。

革命化是干部队伍建设的永恒主题，是德的建设的核心，要义是对党忠诚、为民服务，习近平总书记提出的20字好干部标准，就是新的历史条件下革命化建设的总方向和总纲领。加强革命化建设，解决一段时间以来干部队伍管理失之过宽、失之过软的问题，切实做到思想建党、从严治党、制度治党，已经引起了全党高度重视，初步形成新常态，要坚持不懈地抓下去。专业化也是干部队伍建设的永恒主题，是才的建设的核心，要义是适应形势任务的新变化，不断提升专业能力，提高工作效能。近些年来，干部队伍专业化建设应该说取得了长足进步，初步形成了涵盖经济、政治、文化、社会、生态、外交、国防和党建等各种门类的专业人才。但是，面对全面建设小康社会、全

* 《干部队伍建设既要革命化又要专业化》，《组织人事报》2015年1月8日。

面改革开放、全面依法治国、全面从严治党的新的重大战略布局，我们的专业人才无论规模、结构还是层次、能级都显现出严重不足，专业化建设问题再次庄重地摆在了全党面前。

专业化与知识化紧密相连，但知识化不等于专业化，两者有重大区别，主要表现为三个方面。其一，知识化是横向性的，大体是指知识结构和领域；专业化是纵向性的，大体是指在某一领域内经验丰富，业务精通。其二，知识化是基础性、公共性的，专业化是应用性、专门性的。其三，衡量知识化水平的主要方式是知识量，是用学历、文凭可以表现出来的，衡量专业化水平的主要方式是能力，是通过做事及绩效才能够表现出来的。因此，从一定意义上说，知识化是专业化的基础，专业化是知识化的深化。在工作和生活中，只强调知识化，没有专业化，所学的知识难以转化为实实在在的生产力；当然，只强调专业化，不重视知识化，专业化水平和成效也会大打折扣。

当前，干部队伍建设中存在的突出问题，是一部分人知识化水平较高，知识转化的水平不高，致使专业化能力严重不足，说起来头头是道，做起来身滞绩黯，做议论员口若悬河，做战斗员行事外行。因此，要切实加大专业化能力培训的力度，同时，创造条件将干部推向实践一线，通过有针对性的培训和锻炼，尽快使干部队伍专业化能力得到有效提升。

述评

一个政党、一个国家能不能不断培养出优秀领导人才，在很大程度上决定着这个政党、这个国家的兴衰存亡。党的十一届三中全会后，中央提出了实现干部队伍革命化、年轻化、知识化、专业化的战略方针。邓小平指出，干部队伍要年轻化、知识化、专业化，但首先就是革命化，要以坚持社会主义道路为前提。[①]几十年来，围绕这一要求，干部教育培训战线付出了巨大努力，取得了显著成效。可以自豪地说，在改革开放和社会主义现代化的伟大征程中，发挥引领作用的党的干部队伍整体上是过硬的，是适应形势任务发展需要的，支撑这支队伍建设的干部教育培训工作是得力的，是适应干部队伍不断发展的内在需要的。这里面的经验很多，都值得认真总结。

文章提出，革命化和专业化是干部队伍建设的永恒主题，并就专业化与知识化的区别和联系进行论证，对于我们深入把握干部队伍建设的特点，做好新形势下的干部教育培训工作，具有直接的借鉴意义。

今天，我们比历史上任何时期都更接近、更有信心和能力实现中华民族伟大复兴的目标。然而，在新时代的长征路上，我们仍然会遇到各种风险和挑战。因此，我们党要带领全国人民、全体中华儿女实现中华民族伟大复兴的历史使命，就需要培养造就一支德才兼备、忠诚干净担当的高素质专业化干部队伍。这是干部教育培训事业的神圣使命。

① 《干部队伍“四化”方针：为实现四个现代化选拔急需人才》，澎湃新闻，2021年4月2日。

深刻把握干部教育培训规划对主题主线的要求*

内容是教育培训的灵魂。干部教育培训的内容，既有相对稳定的规定性，就是抓好理论教育、党性教育、能力培训、知识培训等几个方面，同时，也要根据党面临的任务突出重点。《全国干部教育培训规划（2023—2027年）》对干部教育培训内容作了新的布局，就是"以深入学习贯彻习近平新时代中国特色社会主义思想为主题主线，以党的理论教育、党性教育和履职能力培训为重点，注重知识培训"。

思想是行动的先导。在当代中国，搞发展、抓建设、保稳定，就首先必须把指导这一伟大实践的习近平新时代中国特色社会主义思想学深、学透、弄懂、做实，这就是将这一思想确定为干部教育培训主题主线的根本依据。以这一解决中国问题的最新思想为出发点开展学习，再到老祖宗那里找渊源、找初心、找依据，就是整体地而不是局部地、发展地而不是僵化地、深入地而不是表面地、结合实际地而不是从书本到书本地学习贯彻马克思主义的基本方法、科学方法和有效方法，体现了这一最新思想与马克思列宁主义、毛泽东思想、邓小平理论、"三个代表"重要思想、科学发展观既一脉相承又与时俱进、既不断发展又集大成者的有机联系。特别重要的是，习近平新时代中国特色社会主义思想是开放的、发展着的理论，是全党智慧的最新成果、

* 原标题为《认真落实干部教育培训五年规划（4）》，《组织人事报》2023年12月7日。

最新展现，会随着实践的深入不断产生许多新思想新理念新战略，要求党员干部必须边学边用、现学现用。如果领导干部离开这一思想的科学指导，自以为是，自说自话，自作主张，自视高明，就容易脱离正确轨道，跑偏翻车。

应该说，经过党的十八大以来全面从严治党的洗礼，干部队伍在革命性锻造中焕发出了新的气象，但也要清醒地看到，一些不适应、不胜任的问题还依然存在。有的思想不纯，理想滑坡，信念动摇，不信马列信鬼神；有的政治不强，缺乏政治敏锐性和政治鉴别力；有的作风不优，形式主义、官僚主义严重，乱作为、不作为、不敢为的问题并存；有的能力不足，存在着惯性思维、路径依赖，跟不上形势，扛不了重活，打不开局面；还有的自律不严，纪律规矩意识淡漠，以权谋私，腐化堕落；等等。解决这些问题的根本途径，就是用习近平新时代中国特色社会主义思想武装头脑、规范行为、指导行动。所以，在干部教育培训工作中，要坚持把习近平新时代中国特色社会主义思想作为党委（党组）理论学习中心组学习的首要内容，作为各级党校（行政学院）、干部学院、社会主义学院的主课、必修课，作为干部日常学习的中心内容，紧密联系思想和工作实际，全面系统学、持续深入学、联系实际学，真正掌握贯穿其中的立场观点方法、道理学理哲理，坚决克服厌战心理和自满情绪，做到学以致用、身体力行。这就是新的历史条件下干部教育培训工作的神圣使命。

述评

干部教育培训“内容为王”，内容又分理论教育、党性教育、履职能力培训、知识培训等几个方面。其中，理论教育主要包括三个方面：

一是习近平新时代中国特色社会主义思想教育培训。习近平新时代中国特色社会主义思想，是当代中国马克思主义、21世纪马克思主义，是中华文化和中国精神的时代精华，是新时代中国共产党人的思想旗帜，是全党全国人民为实现中华民族伟大复兴而奋斗的行动指南，是新时代党和国家事业发展的根本遵循，必须作为教育培训主题主线，摆在突出位置。

二是马克思列宁主义、毛泽东思想、邓小平理论、“三个代表”重要思想、科学发展观教育培训，这是党必须长期坚持的指导思想。通过教育培训，引导广大干部学精悟透用好马克思主义这个看家本领，始终坚定对马克思主义的信仰、对中国特色社会主义和共产主义的信心、对党和人民的忠诚，在纷繁复杂的形势下，坚持科学指导思想和正确前进方向。

三是党的路线方针政策教育培训。党的路线方针政策是党的理论、意志、主张在改革发展稳定、内政外交国防、治党治国治军上的具体体现，是全党行动的准则，直接关系到党和国家的兴旺发达，关系到中华民族伟大复兴的胜利实现，必须学懂弄通贯彻执行好。

必须深刻认识到，以深入学习贯彻习近平新时代中国特色社会主义思想为主题主线，是新时代干部教育培训的根本要求，在具体工作中必须突出这一主题主线，聚焦这一主题主线，不将其一般化，不将其与其他内容等量齐观，不将其虚化、标识化，这是捍卫“两个确立”、做到“两个维护”，在干部教育培训领域的具体体现。

克服理论学习中的错误倾向*

受马克思主义理论本身科学性、道德性、革命性、实践性、开放性的影响，就一般过程看，在学习中会产生如下错误态度。其一，不是用科学的态度和观点看待马克思主义，而是用主观主义的、唯心主义的、朴素唯物主义的、甚至想当然的态度看待马克思主义。对马克思主义经典著作没读几本，一知半解就哇啦哇啦发表意见，比如说马克思主义只是一种意识形态说教、没有学术上的学理性和系统性。这是一种不负责任的态度，有悖于科学精神，自然难以得到科学结论。其二，不是站在最大多数人民群众的立场，而是站在一己之私的立场看待马克思主义，被阶级立场的狭隘性所限制，被利益集团的偏见束缚住。当年欧洲资产阶级联盟围攻马克思是这样；十月革命后围攻新生的苏维埃政权是这样；今天对我们党的领导的攻击、在所谓人权问题上造事，也是这样，只有花样翻新，没有本质区别。持这样的立场，自然难以理解共产主义的远大目标，难以理解共产党人的献身精神，难以理解马克思主义悲天悯人的伟大情怀。其三，不是用历史进步的观点看待马克思主义，不顾中国自鸦片战争后落后挨打的实际，沉迷于田园式的、与人的生活体征本能相适的历史氛围中，难以理解马克思主义改造社会、改造中国的宏大志向，难以理解以革命、建设、发展的伟大实践实现中华民族伟大复兴的真谛。其四，不是用实践的观

* 《克服理论学习中的错误倾向》，《组织人事报》2018 年 10 月 25 日。

点看待马克思主义，不能理解人类在实践探索过程中受各方面制约，可能犯这样那样的错误，用臆想的、静止的、实用主义的观点看待马克思主义的运用，分不清本质和现象、主流和支流、局部和全局、存在问题和发展趋势，简单认为马克思主义已经过时，难以理解辩证唯物主义的深邃思想，难以把握历史唯物主义的深邃逻辑。其五，不是用发展的、开放的、创新的观点看待马克思主义，采取教条主义的态度，拘泥于马克思的个别论断，刻意比照马克思主义新成果与经典著作的不同，根据需要找一大堆“语录”，用马克思当年说过的话生硬裁剪活生生的实践发展和创新，认为中国现在搞的不是马克思主义，难以观照到从马克思主义经典作家到习近平新时代中国特色社会主义思想的一脉相承。

应该说，在对待马克思主义的问题上，党内绝大部分同志认识是清醒的、态度是坚定的。同时，也有一些人对马克思主义理解不深、理解不透，在运用马克思主义立场、观点、方法上功力不足，效果不好，自觉不自觉地运用西方的思维方式、学术框架解读马克思主义，在一些学科中“失语”、教材中“失踪”、论坛上“失声”、培训中“失节”，学术体系、话语体系效果不好，致使马克思主义理论教育简单化、空泛化、标签化，在一些区域甚至边缘化。

学习、运用马克思主义，首先要解决真懂真信的问题，坚信马克思主义关于世界的物质性及其发展规律、人类社会及其发展规律、认识的本质及其发展规律等原理，更好识别各种唯心主义观点、抵御各种历史虚无主义谬论。其次要下大气力、下苦功夫丰富知识、开阔眼界，着眼自然界、人类社会、人类思维各个领域，着眼历史、经济、政治、文化、社会、生态、科技、军事、党建各个方面，掌握真谛、融会贯通。再次要坚持人民是历史创造者的观点，坚持以人民为中心的研究导向，坚定全心全意为人民服务的宗旨意识。最后要坚持问题导向，聆听时代的声音，回应时代的呼唤，认真研究解决重大而紧迫的问题，真正把握住历史脉络，找到发展规律，推动理论创新。

述评

有专家指出，在中国，一个领导干部要走得远，主要取决于四个方面的影响：政治立场、理论素养、实践经验、个人能力。干部要胜任领导工作的一个基本功就是理论素养，具体体现就是深入学习马克思主义立场观点方法，自觉运用新时代党的创新理论观察新形势、研究新情况、解决新问题。这是因为，与所有西方政党不同，我们党不是靠感觉、经验、本能、愿望组织起来并开展工作的党，而是以马克思主义为理论指导的政党，是在马克思主义及其中国化、时代化最新成果指导下发展的政党，如果没有马克思主义的理论指导，就没有共产党本身，更谈不上党的各项事业发展。这样，学习、精通、运用好马克思主义理论，也就成为广大党员特别是党的各级领导干部的基本功。

实事求是地讲，当前党员干部理论学习还存在不少问题，有的党员干部理论学习不深、不透、不系统，学用脱节；有的党员干部对理论学习不重视，把自学变不学；有的想起来就学一学，三天打鱼、两天晒网；有的拿学习来装门面，浅尝辄止、不求甚解；有的学习碎片化、随意化，感兴趣的就学、不感兴趣的就不学；还有极少数领导干部以“实践出真知”为名义，错误地认为自己对马克思主义理论无师自通，不需要认真学习马克思主义中国化理论成果。这些问题的出现，根本原因是对理论素养的认识不到位。

马克思主义立场观点方法是做好工作的看家本领。在理论学习上，党员干部要舍得花精力，深入学习马克思主义基本理论，学懂弄通做实习近平新时代中国特色社会主义思想，掌握贯穿其中的马克思主义立场观点方法。在培训机构建设上，要建好建强马克思主义理论教育主阵地，更好地承担为党员干部补钙壮骨、立根固本的重要任务。在师资队伍建设上，要培养一批忠诚于马克思主义的教师队伍，探索建立既区别于公务员又不同于普通事业单位的党校、干部学院教师管理体系。

以政治建设为统领看党史学党史*

中国共产党党史波澜壮阔、浩瀚无比，充满着鲜血、汗水、泪水，充满着苦难、辉煌、曲折，充满着胜利、付出、收获。一个个生动鲜活的历史人物，一个个复杂奇异的历史事件，无不牵动着人们的兴趣，激发着人们的反思，引导着人们的向往。怎样看待这一幕幕历史？党的十九大给出了科学的标尺，这就是“以党的政治建设为统领”。

我们党是政治组织，是为实现中华民族伟大复兴的历史使命而建立的政治组织，是以马克思列宁主义为思想指导的政治组织，旗帜鲜明讲政治是根本要求，加强政治建设是根本性建设。党的历史上的所有人物、所有事件，都无一例外地是政治人物、政治事件，都要以政治标准进行评价，都要以是否有利于加强党的政治建设为标尺进行分析。这是人们正确看待党史的角度，也是正确学习党史的角度。

什么是政治标准？怎样是以政治建设为统领？基本点就是：坚持全党服从中央，坚持党中央权威和集中统一领导，坚定执行党的政治路线，严格遵守党的政治纪律和政治规矩，在政治立场、政治方向、政治原则、政治道路上同党中央保持高度一致，坚决防止和反对个人主义、分散主义、自由主义、本位主义、好人主义，坚决防止和反对宗派主义、圈子文化、码头文化，坚决反对搞两面派、做两面人。做到这些，就是坚贞的马克思主义者，就是坚贞的共产党人；做不到这

* 《以政治建设为统领看党史学党史》，《组织人事报》2017 年 11 月 30 日。

些，无论曾经的功劳有多大，威信有多高，都算不上是一个真正的马克思主义者，算不上是一个真正的共产党人。毛泽东、周恩来、刘少奇、朱德、邓小平、陈云等老一辈革命家，都给我们做出了光辉榜样。在他们长达几十年的革命生涯中，历尽艰苦磨难，历尽委屈冤枉，历尽生死考验，历尽家破人亡，但他们对党和人民的事业始终忠诚不渝，对党中央的权威始终服从拥护，对党的政治纪律政治规矩始终严格遵守，对党内同志始终襟怀坦白、光明磊落，赢得了全党由衷赞赏。毛泽东领导井冈山斗争时被错误宣布“开除了党籍”，但还是要继续干革命；周恩来在严重白色恐怖下“从来没有灰心过”；刘少奇在“文化大革命”严重环境中，始终坚信“历史是人民写的”；朱德面对张国焘另立中央，“度量大如海，意志坚如钢”；邓小平在中央苏区被错误批判后，长征中坚持“跟着走”；陈云在得知高岗拱倒刘少奇的图谋后，“不够朋友”地向党中央反映报告等，都是一个个生动深刻的政治建设案例。我们只能从这个角度，也只有从这个角度，才能看清党的历史上的是非曲直，才能看清重要党史人物、重大历史事件的成败得失。

党的事业的发展是一个自然历史过程，党对自己历史的认识也是一个不断深化臻于至善的过程。以政治建设为统领，正确看待历史、认真学习历史，总结经验，传承作风，不忘初心、牢记使命，立足当前，不懈努力，是一代代共产党人的必修课，也是一代代共产党人的基本功。

述评

历史发展是连续性和阶段性的统一，一个时期有一个时期的历史使命和历史任务，一代人有一代人的历史担当和历史责任。历史使命、任务、担当和责任的传承与提升，是以加强政治建设为前提的。政治建设是党的根本性建设，对于干部教育培训而言，这是个极其重要的问题，是将政治教育与党史教育结合起来的关节点，是党赋予干部教育培训战线的神圣使命。离开对这个问题的正确把握，工作就会一般化、甚至走入歧途。

在干部教育培训过程中，如何引导党员干部以政治建设为统领看党史学党史？有四个问题值得重视。

一是以坚持和加强党中央集中统一领导作为党史学习的重要原则。所谓“以政治建设为统领看党史学党史”，其本质含义就是要通过党史学习教育，使党员干部在思想上、观念上、情感上、体悟上能够为政治建设带来实质性的推动作用，从而带动全党树立起“坚持和加强党中央集中统一领导”的统一思想。党的领导，不是一句空话，而是基于无数共产党人和人民群众前赴后继地为民族解放献身而总结形成的规律性认识和重要经验。因此，只有通过党史学习教育，才能够让更多党员干部明白，为什么党要强调“党的领导”，以及新时代中国共产党强调“坚持和加强党中央集中统一领导”的时代深意。

二是以唯物史观和正确党史观作为党史学习的科学视角。以什么视角看待历史，决定了历史观察者能够获得怎样的结论及价值。对于新时代中国共产党人而言，坚持以历史唯物主义的立场、观点、方法来看党史学党史，是收获科学结论的前提，是形成正确党史观的基础，是深化党员干部唯物史观的必经之路。唯物史观是正确党史观的基础哲学方法论，正确党史观是唯物史观的马克思主义中国化时代化的新发展。实践证明，只有坚持以唯物史观和正确党史观来看党史学党史，才能引导党员干部客观地把握党在革命、建设和改革等不同历史时期所积累的正反经验，才能唯物辩证地把握改革开放前后两个时期的连续性和阶段性的内在统一，才能在推进中国式现代化的征程道路上遵循历史辩证法的规律，引导党员干部深化人民史观，提高把握问题实质、把握矛盾规律的能力，坚定对马克思主义的信仰、对中国特色社会主义的信念和对实现中华民族伟大复兴的信心。

三是以政治纪律和政治规矩作为党史学习的现实导向。习近平总书记指出："对我们共产党人来说，中国革命历史是最好的营养剂。"[①]此处"营养剂"的比喻，指的就是能够有益于党的政治建设的"营养剂"。历史是最好的教科书，党的政治建设的萌芽、成长、成熟阶段等全过程，都在党史中能够找到生动的表达。1948年9月，党中央在西柏坡召开会议，中心议题就是"军队向前进，生产长一寸，加强纪律性，革命无不胜"。[②]政治纪律，是党赢得革命的关键要素。在党的七届二中全会上，毛泽东提出"两个务必"重要论断，蕴含着对历史规律性的深刻把握、对坚持全心全意为人民服务的深刻认识、对即将走向全国执政的深刻忧思。新时代中国共产党人反复学习党史，就是要加深对历史规律性的认识与把握，不断加强对党的宗旨和初心使命的深刻理解，在新的历史方位上做到"三个务必"，提升对政治纪律和政治规矩的体悟深度，把政治建设的重要工作提升到新的层次。

四是以政治实践的最终效果作为党史学习的评价尺度。共产党人是真正的行动派，不是坐而论道的空谈家。党的一切理论都是经过实践检验的，党的创新理论都是从实践中习得和总结出来的。在实际工作中，不难见到一些满腔热情的干部，他们不乏干事创业的好点子、好办法，希望干好事赢得人民群众的好口碑，但发现最终效果不甚满

---

① 《习近平关于社会主义精神文明建设论述摘编》，中央文献出版社2022年版，第139页。

② 《朱德年谱（新编本）（一八八六——一九七六）》（中），中央文献出版社2006年版，第1310页。

意甚至偏离预期。通过同他们的交谈，可以发现空有热情而缺乏历史视野、历史涵养、历史思维，是很难建立起正确的政治建设观念的，而正确的政治建设观念是做成事做好事的前提与基础。学习党史的最终目的就是实现更好的政治实践效果，党史学习的完整性、系统性能够帮助党员干部确立正确的政治建设观念，避免党员干部成为狭隘经验主义的政治理想家，把工作做到老百姓的心坎儿里，切实为党和人民的根本利益服务。

如何理解并落实“突出政治培训”的要求？*

2017年11月20日，中央全面深化改革领导小组审议通过的《中央团校改革方案》提出，中央团校承担着为党的青年群众工作教育培养干部骨干的重要使命，要着眼党的青年工作大局，把握建设党在青年工作领域特色鲜明的政治学校这一根本定位，突出政治培训，努力为新时代党的青年群众工作和共青团建设提供人才智力支持。这一要求，不仅对于中央团校的建设和发展，而且对于整个干部培训阵地的建设和发展，都具有重要的指导意义。

就教育内容而言，政治培训与业务培训、知识培训是相对应的概念。一个时期以来，有些地方将这种对应看成了对面、对立，只讲业务和知识，不讲理论和党性，这是方向上、原则上的偏差，不符合干部教育培训的基本目标要求。自从建党以来，90多年中，党的干部教育工作从来都是突出政治培训，着眼于理论学习、党性教育、业务培训和知识更新的统一。这是一个完整的价值论和方法论体系，容不得含糊和偏离。

一些地方之所以只讲业务和知识，不讲理论和党性，争辩说是坚持了“教育培训内容要从干部实际需求和存在问题出发，坚持干什么

* 《如何理解并落实“突出政治培训”的要求？》，《组织人事报》2018年3月22日。

学什么、缺什么、补什么”的原则。这是对原则的理解发生了偏差。无论哪个级别、哪个类别、哪个岗位的干部，都是党和人民事业的骨干，都是党执政的中坚力量，讲政治永远是第一位的需求。这么多年来，不讲政治、不会讲政治、讲不好政治也是干部队伍中存在的最突出的问题，因而讲政治也就是干部教育培训中最需要学、最需要补的内容。这已为党的十八大以来全面从严治党的实践所证明。

还有一些培训机构不重视政治培训，争辩说自己不是党校和专门的党性教育基地，而是部门和行业的业务建设及知识管理中心，从职责上讲没有政治培训的要求，这也是错误的。作为干部培训机构，从大的方面讲，只分两类，一类是专门党校，如各级党校和党性教育基地，主要任务就是进行党的理论教育、党性教育、党章党规党纪和党史教育；一类是专业党校，如行政学院和行业部门培训机构，基本任务是以政治培训为重点，开展业务培训和知识教育。相同之处也是根本点在于，大家都姓党。不同之处在于，专门党校以基础理论教育和党性教育为主要任务；专业党校结合业务工作存在的问题，进行理论教育和党性教育，并通过理论学习、党性锻炼，指导业务领域问题的解决和干部专业化能力的提升。在这里，从来就没有纯粹的业务培训，所有培训设计都要将理论学习和党性教育贯穿始终，将破解工作中的重要难点问题贯穿始终，将新知识的学习运用贯穿始终；所有培训课程都是以“认真学习贯彻习近平新时代中国特色社会主义思想和党的十九大精神，做好本职工作”为基本范式，以实现突出政治培训，坚持理论武装、党性锻炼、业务培训和知识学习的结合。

述评

党的十八大以来，以习近平同志为核心的党中央对干部教育事业改革发展高度重视。如何理解并落实“突出政治培训”的要求？文章做了一些现状分析，指出“就教育内容讲，政治培训与业务培训、知识培训是相对应的概念。一个时期以来，有些地方将这种对应看成了对面、对立，只讲业务和知识，不讲理论和党性，这是方向上、原则上的偏差，不符合干部教育培训的基本目标要求”，意在强调，突出政治培训就是要将讲政治贯穿培训全过程和各方面，要坚持党的领导，坚定正确的政治方向，要在政治意识、政治理论、政治素养、政治纪律、政治能力等方面下足功夫，确保培养出具有高度政治素质、能够担当重任的人才，以适应党和国家事业发展的需要。

作为干部教育培训工作者，一定要坚定正确的政治方向，把老一辈革命家开创的伟大事业推向前进。要高举习近平新时代中国特色社会主义思想伟大旗帜，不断用党的创新理论最新成果武装头脑、指导实践、推动工作；要自觉在思想上政治上行动上同以习近平同志为核心的党中央保持高度一致，确保党的各项事业始终沿着正确方向前进，贯彻落实解决好党的二十大提出的“培养什么人、怎样培养人、为谁培养人是教育的根本问题”[①]。

① 《习近平著作选读》第1卷，人民出版社2023年版，第28页。

把政治训练的要求落实好*

在全国组织工作会议上，习近平总书记针对年轻干部教育培养问题，明确提出“要突出政治训练”。这是年轻干部队伍建设的重大命题，必须引起高度重视，落实到具体工作之中。

政治训练作为一个特定概念和成功实践，来自于1929年底党的古田会议决议。当时，就如何将一支以农民为主体的军队提升、转变为无产阶级军队，毛泽东提出，要开展“士兵政治训练”，并规定了具体的“材料”和“方法”。所谓“材料”，是指训练的内容，包括目前政治分析及红军之任务与计划、土地革命各方面、武装组织及其战术、三条纪律建设的理由、早晚点名口号、识字运动、怎样做群众工作、红军标语之逐个解释、各种偏向之纠正、革命的目前阶段和它的前途、红军白军比较、共产党国民党比较、革命故事、社会进化故事、游击区域的地理及政治经济常识等项。所谓“方法”，包括上政治课、早晚点名说话、集合讲话、个别谈话、游艺、改良待遇、怎样做新兵及俘虏兵的特别教育、青年士兵的特别教育等项。这些“材料”和“方法”，都具有极强的针对性、系统性强。古田会议精神的贯彻落实，为之后新型人民军队的建设和发展，奠定了坚实基础。

习近平总书记同样为年轻干部开展政治训练进行了具体指导。从“材料”上讲，重点是学习党的理论特别是习近平新时代中国特色社

* 《把政治训练的要求落实好》，《组织人事报》2018年8月23日。

会主义思想，学习党的革命历史和优良传统；从“方法”上讲，要持续用力、久久为功，不可能毕其功于一役，不是搞几次培训就万事大吉了，不要怕花时间、花精力。结合工作实际，落实好习近平总书记的重要思想，是组织工作的重要任务。

做好年轻干部政治训练工作，前提是“训”，关键在“练”。“训”字从“言”从“川”，指劝说、教训、训诫、教育、教导人们知大局、明事理，意志统一、精神焕发地做好组织交办的各项工作；“练”字从“糸”“柬”声，原意是把生丝、麻或布帛等丝织品沤煮得发软发白，使之成为色泽统一、均匀的精品，后来指反复学习、多次操作，如练习、练笔、练操、练功等。将训练的理念引入干部培养，就是要坚持“精讲多练”，讲的内容要清楚、明白，有条理，可检验；练的内容要规范、反复，有分解、有合成，告一段落后还要有测评、验收，使之内化于心、外化于行，遇事即生功力，显示出与非经过训练者的明显不同。就目前各地开展政治训练的情形看，存在的问题主要是，训得多，练得少；训时单向度讲解多、讲意义多、提要求多，比较性讲解少、讲行为表现少、作示范少；练时一般性多、笼统性多、一次性多，针对性、分解性、反复性不够。所有这些，都要在今后的工作中加以注意。

述评

从习近平总书记在中共中央党校（国家行政学院）中青年干部培训班开班式上的重要讲话中提出对年轻干部教育培养“要突出政治训练”，到《2018—2022年全国干部教育培训规划》提出“要突出政治训练、政治历练，把提高政治觉悟、政治能力贯穿全程”[①]，再到《全

① 《中共中央印发了〈2018—2022年全国干部教育培训规划〉》，《人民日报》2018年11月2日。

国干部教育培训规划（2023—2027年）》提出“坚持把政治训练贯穿干部成长全周期，使干部的政治素养、政治能力与担负的领导职责相匹配”[①]，干部教育培训战线对政治训练的认识在不断深化，训练的主体也在逐步扩大，其广度和深度都有了深化和延展。

政治训练的目的，就是要通过系统的训练，把党的政治主张、政治纲领、政治路线、政治纪律、政治规矩、政治策略等，转化为干部的自觉行动。与干部教育培训有关的动词有很多，比如教育、学习、领会、感悟等，但只有“政治训练”用了“训练”这个动词，其中饱含深意。训练的意思，是有计划、有步骤地通过学习和辅导掌握某种技能，并且获得某种心理认知和行为改变，甚至最终达到肌肉记忆。训练通常用在军队中，战士需要通过训练提高战斗力；也通常用在运动队中，运动员也需要训练获得好成绩。这说明，把要求变成习惯，再把习惯变成自觉，需要一个长期的过程，需要持之以恒的训练。政治训练的提出，表明政治能力要靠有计划、有步骤的学习和辅导才能获得，这或许就是提出“政治训练要贯穿干部成长全周期”的内在逻辑。

当前，干部队伍年轻化的态势日趋明显。干部越年轻，“成长全周期”就越长；年轻干部越多，政治训练的任务就越重。诚然，破解“政治训练”这个题目并不容易，但是必须破解，而且要尽快破解。既然是“贯穿干部成长全周期”，就意味着每一位党员干部都要积极参与到破题中来，共同努力把这个题目破解好。

① 《全国干部教育培训规划（2023—2027年）》，党建读物出版社2023年版，第14页。

要注重把握党性建设的阶段性特征 *

加强党性建设，除了注重党由革命党到执政党转变这一历史方位变化的影响外，还应注重把握如下阶段性特征的影响。

一是生活状况从物质匮乏到小康生活的转变。改革开放以前出生的人，大多经历过物质匮乏的生活，对受饥挨饿记忆深刻。这些早期记忆会深深地烙在人们的心灵中，化为一种过度自我保护机制，在判断事物、解决问题时不由自主地表现出来。现在，人们的生活水平已经从整体上进入了小康，但受惯性制约，许多领导干部的需求依然停留在求生存或求安全的较低层次。也就是说，需求层次并没有随着生活环境的变化而变化，两者产生了明显的不协调、不匹配。这种个性心理，成为许多干部过度看重个人物质利益的重要诱因。这样，有意识地引导干部提高需求层次，就成为党性教育的一个重要问题。

二是经济体制从计划经济到市场经济的转变。计划经济天然带有平均主义的色彩，而市场经济则与一部分先富起来联系在一起。计划经济条件下，无论什么原因，党员吃苦在前、享受在后都是一种光荣；市场经济条件下，党的干部特别是农村干部必须带头致富，如果个人生活处于贫困状态，其引领群众的能力往往受到质疑。这样，就出现了对党员个人要求与对党的整体要求在价值取向上的“悖论”。这是目前开展党性教育的关键问题。只有正确解决这个问题，才能切

---

* 《要注重把握党性建设的阶段性特征》，《组织人事报》2011 年 3 月 17 日。

实明确党的干部特别是基层干部的角色定位和价值标准。

三是社会生活从传统文化到现代文明的转变。一般认为，传统文化的重要特征是官本位和特权，现代文明则以民主、平等、法制、科学等作为自己的标签。我们党虽然一开始就是现代文明的产物，但毕竟建立在传统文化的基础之上，领导干部的思维方式、行为方式无不与传统文化息息相关。解决这个问题，也是党性教育的题中应有之义。

四是时代主题由革命与战争到和平与发展的转变。在革命与战争的情形中，人们的警惕性、战斗性和牺牲精神是极为饱满的；在和平与发展的情形下，共享、和谐、友好成了时代的主题词。但是，我们党毕竟是在一个非常重要并越来越重要的大国长期执政，永远都应当清醒地看到，敌对势力总想将我们纳入其体系之中，控制我们的发展路径为其服务；如果一天达不到目的，就一天亡我之心不死。并且，西方世界从整体上讲凭借着近代取得的各种优势，在思想宣传领域占据着很大主动。如何让党的各级干部既看到彩旗飘飘，又听到磨刀霍霍，也是党性教育必须解决的突出问题。

述评

干部教育培训的阶段性特征是由时代任务变化发展过程中出现的新情况新问题决定的，这些特征与特定的形势任务一起构成了干部教育培训工作的大背景，将其区分为一个个不同的阶段性任务。如果不理解、不把握这个大背景，就难以把握特定条件下党中央对党员干部及教育培训工作的新要求，就可能会用老旧的理念、方式、内容去应对、解决新的问题，效果当然难以奏效。

文章提出，加强党性建设，除了注重党由革命党到执政党转变这一历史方位变化的影响外，还应注重把握人们的生活状况从物质匮乏到小康生活的转变、经济体制从计划经济到市场经济的转变、社会生活从传统文化到现代文明的转变、时代主题由革命与战争到和平与发展的转变。联系教育培训实际来看，把握中国特色社会主义进入新时代这一大的时代背景变化，能够帮助党员干部掌握新的时代特点和要求，充分理解每天做的具体工作。那些看起来可能与过去别无二致的工作，随着时代条件的变化，工作要求已经大不一样，需要用新的思路和办法才能真正解决。教育引导党员干部在第一时间与党中央保持同步，同频共振，这是干部教育培训工作从大处着眼、细处着手、传承经验、开创新局的基本要求。

党性教育是个系统工程*

作为马克思主义政党，我们历来注重党性教育。特别是进入新世纪以后，自中央创办中国浦东、井冈山、延安三所干部学院肇始，各地兴起了举办干部学院、教育基地的热潮，为开展党性教育提供了很大方便。但是，人们清楚地感觉到，党性教育成效的展现与提升，以党的十八大为界，分成较为清晰的两个阶段。其中最重要的原因，是新时代中央推动的全面从严治党向纵深发展，对提升党性教育成效起了决定性作用，一度出现的"接受教育热血沸腾，回到岗位涛声依旧"现象有了明显好转。这充分说明，党性教育是个系统工程，不是单靠脱产培训就能够实现的。换句话说，脱产培训只是党性教育的一种方式，不是全部方式，甚至不是第一重要的方式，第一重要的是"严肃的党内政治生活"。

在党的群众路线教育实践活动总结大会上的讲话中，习近平总书记指出，党内政治生活是党组织教育管理党员和党员进行党性锻炼的主要平台。要坚持和发扬实事求是、理论联系实际、密切联系群众、开展批评和自我批评、坚持民主集中制等优良传统，提高党内政治生活的政治性、原则性、战斗性。要坚持以严的标准要求干部、以严的措施管理干部、以严的纪律约束干部，紧紧盯住作风领域出现的新变化新问题，及时跟进相应的对策措施，努力改进思想作风、工作作风、

* 《党性教育是个系统工程》，《组织人事报》2018 年 8 月 30 日。

领导作风、干部生活作风，努力改进学风、文风、会风，加强治本工作。要积极探索纪律教育经常化、制度化的途径，多做提提领子、扯扯袖子的工作，采取管用的措施提高组织管理的有效性，使从严治党的一切努力都集中到增强党自我净化、自我完善、自我革新、自我提高能力上来。党的十九大新修订的党章也明确规定，党的中央、地方和基层组织，都必须重视党的建设，经常讨论和检查党的宣传工作、教育工作、组织工作、纪律检查工作、群众工作、统一战线工作等，注意研究党内外的思想政治状况；各级党组发挥领导核心作用，加强对本单位党的建设的领导，履行全面从严治党责任，做好干部管理工作，讨论和决定基层党组织设置调整和发展党员、处分党员等重要事项，领导机关和直属单位党组织的工作；党支部担负直接教育党员、管理党员、监督党员的职责。这样，就从职责任务的角度将总书记管党治党的重要思想落到了实处。

当然，干部教育特别是脱产培训也是党性教育的重要方式。在全国党校工作会议上，习近平总书记指出，党校工作的重心必须是抓党的理论教育和党性教育。领导干部到党校学习，主要任务是学习党的理论、接受党性教育。要把党性教育作为党校教学的主要内容，把党章和党规党纪学习教育作为党性教育的重要内容。习近平总书记对党校工作提出的要求，是所有干部教育培训工作的根本指导方针。

将习近平总书记关于开展党内政治生活与加强干部教育的思想结合起来，可以看出，党性教育要坚持经常性教育与集中教育相结合、日常管理与脱产培训相结合。从时间管理的角度看，经常性教育、日常管理是“画龙”，集中教育、脱产培训是“点睛”。做好党员干部党性教育工作，主体责任在于各级各单位党组织，在于主要负责同志。只有党组织、主要负责同志统筹谋划、系统设计、从严管理、高标准落实，党性教育才能取得预期效果。

述评

党性教育是把党的科学理论、思想作风、优良传统等内化为政治信念与行为自觉的重要途径。纵观党的百年奋斗历程，党性教育始终根据实践需要不断发展变化，呈现出常态化、制度化的发展态势。正如文章中所说，党性教育是个系统工程，需要我们不断完善科学体制机制。

一是完善落实经常性党性教育制度。健全“三会一课”制度，将主题党日、民主生活会、民主评议党员等形成常态，推进党内政治生活规范化、程序化。干部教育培训机构要从教学内容、教材编写、教学方式、效果评价等方面着力，推进党性教育课程体系化建设。

二是建立健全党性教育考核机制，充分发挥考核的作用，把增强“四个意识”、坚定“四个自信”、做到“两个维护”放在首位，聚焦实践实效，以党员干部是否在实践中将教育内容转化为实际成效作为主要评价依据，对教育内容及时分析、反馈和总结，实现党性教育考核经常化、制度化、全覆盖。

三是强化党性教育监督机制。落实好工作责任制，做到党性教育谁主管谁负责。党的各级领导干部一定要把强化党性教育责任扛在肩上、抓在手上、落到行动上，各级纪委要担当起监督执纪问责的责任，以真抓严惩的高压态势确保党性教育常态化。

从党的性质角度认识党风廉政建设问题*

今天我们能够这样大张旗鼓地抓党风廉政建设，广大党员、干部能够这样自觉地投身党风廉政建设，人民群众能够这样热情地支持我们抓党风廉政建设，并取得举世瞩目的成效，有其深厚的制度背景和深远的历史背景。只有深刻认识和理解这一点，才能不断增强反腐倡廉的决心和信心。

党风廉政建设之所以取得巨大成功，与党的性质密不可分。当年，党的创始人选择建立中国共产党，就是选择了要将其建设成为“中国工人阶级的先锋队”“中国人民和中华民族的先锋队”，选择以“实现共产主义”作为最高理想和最终目标，选择以马克思列宁主义作为自己的行动指南，选择“坚持全心全意为人民服务”，“在任何时候都把群众利益放在第一位”，选择“立党为公、执政为民”。正因为我们党从本原上、本初上规定自己“除了工人阶级和最广大人民群众的利益，没有自己特殊的利益”，要求广大党员干部“坚持党和人民的利益高于一切，个人利益服从党和人民的利益，吃苦在前，享受在后，克己奉公，多做贡献”，将自己置于了政治道德、政治伦理的制高点，所以，党如果真正重视了党风廉政建设，只要高举党章，坚守党的性质，无论在制度层面、法理层面还是道义层面，都会获得全体人民和所有

* 《从党的性质角度认识党风廉政建设问题》，《组织人事报》2016 年 3 月 17 日。

党员的拥护，即使是因贪污腐败被严重惩治的党员干部，也难以为自己的行为寻找冠冕堂皇的理由。

需要指出的是，并不是所有政党都能做到这一点。当年，国民党在取得全国政权以后，就迅速出现了普遍而严重的腐败现象。应当说，作为党的领袖，蒋介石对于腐败会亡党的警惕性非常高，而且也举起了惩戒大棒，发动了一系列清党、反腐运动。1931年建立了监察院，1934年亲自下令枪毙七名贪污的官吏。抗战胜利后，面对各级官员在接收逆产过程中贪污、腐败现象的恶性发展，蒋介石在日记中写道："党政军各级干部多幼稚无能，其间且真有贪污自私为中外人大所侧目，尤其是京沪一带，强占民房，擅捕汉奸，借此拷作报复……以致怨声载道，外邦讥刺，诚使此心愧怍无地。"为此，他在宪兵中增编"特侦贪污队"，审核通过了《肃清贪污运动纲领》与《改革党务方案》，健全"肃清贪污运动之组织"。1946年8月，向收复区人民许诺，"不论党政军人员，凡贪污舞弊达一万元以上者枪毙"。1948年夏秋之际，更是拿出了空前决心，由儿子蒋经国亲自在上海推行"打虎"运动，但是，最终还是遭到了失败。对于这一切，人们尽可以从力量对比、队伍素质、战略制定、技术运用等方面寻找原因，但是，最根本的是，在党的性质这一本原、本初性的规定上，就注定国民党反腐难成正果。通览国民党党章，开宗明义将自己规定为"民主的、公义的、创新的全民政党"，意味着其可以代表各色人等的普遍利益；在"党与社会"的关系中，一般化地规定党"应永远与民众在一起，掌握社会脉动，了解民众意愿，增进社会公义，使党的决策与民众利益密切结合"。这样，国民党在面临重大腐败考验时，动员不起全党同志和最广大多数人民群众的同力支持，就不足为奇了。

社会主义制度的发展和完善是一个长期的历史过程，期间必然存在形形色色的腐败现象。只要我们高度重视这一问题，认真贯彻党章，坚守党的性质，就一定会在党风廉政建设中走向最后的胜利。

述评

党风廉政教育是党性教育的重要内容。如何深化党性教育、加强廉政教育，文章从党的性质的层面研究党性教育问题，既是干部教育培训的具体要求，也是宏旨主纲，必须牢牢把握，增强教育培训的深度和广度。

党章开宗明义地规定："中国共产党是中国工人阶级的先锋队，同时是中国人民和中华民族的先锋队，是中国特色社会主义事业的领导核心。"[①]这就是我们党的性质，是我们作为马克思主义政党与世界上一切资产阶级政党的本质区别。资产阶级政党从本质上讲是"利益的联合"，而马克思主义政党是绝大多数人的、为绝大多数人谋利益的政党，它不提出任何特殊的原则，没有任何同整个无产阶级的利益不同的利益。按照马克思主义建党原则，我们党自成立以来，就把为中国人民谋幸福、为中华民族谋复兴确立为自己的初心使命，引领着中国人民不断前进，实现着国家的繁荣富强和民族的伟大复兴。

中国共产党作为中国工人阶级的先锋队，作为中国人民和中华民族的先锋队，作为中国特色社会主义事业的领导核心，只有在思想上、政治上、行动上保持先进性和纯洁性，才能赢得人民群众的信任和支持。党的性质宗旨决定了党和腐败水火不容，党风廉政建设和反腐败斗争永远在路上，党风廉政教育、初心使命教育、党的性质宗旨教育也永远在路上。

① 《中国共产党第二十次全国代表大会文件汇编》，人民出版社2022年版，第70页。

将理想信念教育“编入程序”*

坚定理想信念，是《关于新形势下党内政治生活的若干准则》的第一条规定，也是党的十八大以来以习近平同志为核心的党中央对党员领导干部第一位的要求。怎样完成这一任务？作为党的建设重要部分，在组织工作中，要将理想信念教育“编入程序”。

不可否认，对于理想信念教育，存在说的多、做的少现象。究其原因，与有意无意地将之置离于组织工作特别是干部工作之外有关系。说置离于外，并不是说不重视，而是一到重要关头，容易将理想信念教育“部门化”，认为是干教部门的事；还容易将理想信念问题“虚幻化”，认为看不见摸不着。所有这些现象，都表明理想信念教育问题并没有真正“编入程序”，没有达到一有时机就“自动运行”。

首先，要克服理想信念教育主要是“干教部门”职责的想法。诚然，干教部门——从组织部门的干部教育处（科）到各级党、干校，都应以理想信念教育为主责主业，但是，仅靠干教部门的努力，理想信念教育是落不了地的，只能成为《平凡的世界》中二爸那样“恓惶的革命者”；甚至，理想信念教育主要不是靠干教部门，而是靠干部部门，靠选拔任用、监督管理。因为，识人用人毕竟具有导向作用；干部教育只是提供标准、理论并在工作过程中将之系统化、综合化。有了这样的理念，理想信念教育才有了良好的实践基础。

---

* 《将理想信念教育“编入程序”》，《组织人事报》2016 年 11 月 24 日。

其次，要克服理想信念看不见、摸不着的想法。要想将理想信念一清二楚地描述出来自然不易，也没有必要，因为，岗位不同、场景不同，理想信念的表现也不相同。但是，只要是真正的党的工作者，人人心中都会有一个标准的理想信念框架，并且在学习交流中逐步达到相近、相同，则是不争的事实。一个人有没有共产主义远大理想和中国特色社会主义共同理想，有没有共产党人的精神支柱和政治灵魂，在本职工作中有没有自觉为推进中国特色社会主义事业苦干实干，是否在胜利时和顺境中不骄傲不自满、在困难时和逆境中不消沉不动摇，是否经受得住各种赞誉和诱惑考验、经受得住各种风险和挑战考验，只要对干部有基本的了解，就会心中有数，手中有谱。这些数或谱可能不太全面、准确，但是，众向所指，众口所议，就会逐渐明晰、准确起来。

解决了上述两个问题，就可将理想信念教育“编入程序”。这就是，在干部动议提名时，首先考虑理想信念状况；民主推荐时，首先观察理想信念状况；考核考察时，首先了解理想信念状况；上会研究时，首先分析理想信念状况；投票决定时，首先明确理想信念状况；公示任命时，首先发布理想信念状况；监督检查时，首先听取理想信念状况；问责追责时，首先追究理想信念状况，等等。所有环节都做到位了，即使偶有疏忽，理想信念教育的实效性也会有保证。在这种基础上，干部教育的成效才可能得到巩固、提升。

述评

准则是党章之下的第二个层次的党内法规，在党的制度体系中具有极其重要的地位。我们党迄今为止一共有三部准则，分别是《关于党内政治生活的若干准则》《中国共产党廉洁自律准则》和《关于新形势下党内政治生活的若干准则》。党的十八届六中全会通过的《关于新形势下党内政治生活的若干准则》，把坚定理想信念列为第一条，提出，严肃党内政治生活，“必须高度重视思想政治建设，把坚定理想信念作为开展党内政治生活的首要任务”[①]。这既是严肃党内组织生活的要求，也是干部教育培训工作新的更高要求。

理想信念不是一般性的价值观念，它处于人们价值观的最深层次，是价值观的核心形态，是人们所信仰、所向往、所追求的奋斗目标，是人们的世界观、人生观、价值观在奋斗目标上的集中体现。我们党从诞生之日起就把马克思主义写在自己的旗帜上，把实现共产主义确立为最高理想。革命战争年代，无数仁人志士和革命先辈无私无畏、视死如归，就是因为他们对社会主义、共产主义的远大理想和奋斗目标坚贞不渝、矢志不移。习近平总书记多次强调，对马克思主义的信仰，对社会主义和共产主义的信念，是共产党人的政治灵魂，是共产党人经受住任何考验的精神支柱。[②]

理想信念教育是干部教育培训的重要任务。文章提出，坚定理想信念要以制度、机制建设为保障，将其“编入程序”，就是提醒人们，在全面从严治党的要求下，坚持思想建党和制度建党相结合，真正把理想信念贯彻落实到党的干部标准、干部制度建设、干部作风建设、廉洁从政要求之中，贯彻落实到伟大自我革命之中，以法规制度形式确保理想信念落到实处，不断提升干部的政治、思想、作风、能力和廉政水平，不断提升全党抓理想信念教育的自觉性和实效性。

---

① 《十八大以来重要文献选编》（下），中央文献出版社 2018 年版，第 420 页。

② 习近平：《在全国党校工作会议上的讲话》，《求是》2015 年第 9 期。

干部培训与马克思主义传播*

从历史上看，马克思主义在中国的传播大约经历了以下过程或方式：

1.“道路”形态的引进与知识式研究、传播，主要在五四时期。马克思主义在中国被人们广泛接受，不是因为它的“理论”形态，而是“道路”形态。自从鸦片战争之后，中国人民便开始了艰难的救国图存的道路探索。在一系列探索失败后，十月革命帮助中国人下定决心，走俄国人的路，争取庶民的胜利。由此，理论界开始高度关注作为俄国革命指导思想的马克思主义，从此开始了马克思主义在中国的深入研究和爆炸式传播。这个时期以李大钊、陈独秀为代表。这个过程表明，马克思主义一开始进入中国，就不是简单的思潮或学派、学术观点，它就与道路选择和制度建设结为一体。研究、学习马克思主义也只有在这个层面上，才会有所作为。

2.急用现学的“搬运”式传播、推广，主要是从党的一大到党的六届六中全会。1921年，中国共产党在第三国际帮助下成立了。与列宁的党不同，中国共产党是在理论准备并不充分的情况下成立的。但受性质决定，党必须以马克思主义为指导，这就决定了党的领袖必须替代学者，在指导革命运动的过程中，成为研究、宣传马克思主义的主力，并以组织化方式——主要是教育培训的方式，在各种夜校、讲习所、党校、训练班中

* 《干部培训与马克思主义传播》，《组织人事报》2012年12月24日。

开展马克思主义的学习、传播。特别是当时党处于地下状态，甚至处于白色恐怖之下，干部培训甚至成为宣传马克思主义的最重要的方式。但是，受先天条件制约，这个阶段对马克思主义的学习、传播特别是运用，是简单的、搬运式的，因而，犯教条主义错误不完全是偶然。这个时期，无论党走了多少弯路，但有一条成就是重大的，这就是马克思主义在中国的广泛传播。这为中国化的马克思主义形成奠定了坚实的理论基础。

3. 问题导向的马克思主义理论的学习、运用与传播，主要是延安时期。党中央到达延安后，重新有了可以立足的根据地。因而，有可能从思想路线和理论建设的高度对党内历次挫折的根源进行总结。1938年下半年，党的六届六中全会郑重提出要在全党来一个学习竞赛。到1941年5月，这种竞赛演变为在高中级干部中开展的整风学习。通过整风学习，马克思主义实现了中国化、时代化、本土化，并且以教育培训为主要方式进入领导干部特别是高中级干部头脑，真正成为党的一切行动的指南。

新中国成立以后，党从领导革命斗争的党转变为执掌政权的党，马克思主义通过宪法等方式成为国家建设发展的指导思想，学习、传播马克思主义有了更便利的条件。但是，无论情况如何变化，干部培训作为一种高端性、引领性的马克思主义传播方式，依然承担着不可替代的重要责任。

述评

一部党的干部教育培训史，就是一部学习、传播、运用马克思主义的历史。坚持用马克思主义中国化时代化最新成果武装头脑、指导实践、推动工作，始终是干部教育培训的首要任务。廓清马克思主义通过干部教育培训传播的历程、方式和特征，对于新形势新条件下坚持不懈用习近平新时代中国特色社会主义思想凝心铸魂和完善干部理论教育长效机制，具有重要意义。

从文中可知，尽管党在不同历史时期开展马克思主义理论教育的路径和方式有所不同，但总体上看，都是以马克思主义灌输理论为主要方式。最早对灌输理论进行系统阐述的是列宁。他指出，“社会主义意识是一种从外面灌输到无产阶级的阶级斗争中去的东西，而不是一种从这个斗争中自发地产生出来的东西”①，而“对社会主义思想体系的任何轻视和任何脱离，都意味着资产阶级思想体系的加强”②。因此，在意识形态领域激烈的斗争中，必须把灌输进行到底，这是毋庸置疑的。然而，现在有一种观点把“灌输”等同于“说教”“填鸭”甚至“洗脑”，认为“灌输”就是要强迫别人接受，以至于谈“灌输”而色变，认为“灌输”是一种落后的、简单粗暴的甚至错误的教育方式，这是对“灌输”的误读。产生这种理解的根本原因，是将西方灌输批判理论所批判的非理性、反人道的“灌输”教育方式，与马克思主义灌输理论所阐释的“灌输”混为一谈。马克思主义的“灌输”，是一种理性的、充满人道主义精神的理论教育活动，与西方德育界所批判的“灌输”是两个完全不同的概念。理论的灌输不等同于方式的灌输。

当然，同列宁所处的时代相比，我们所处的新时代在开展理论教育的主体、环境、载体等方面，都发生了翻天覆地的变化。作为干部教育工作者，应当原原本本学习马克思主义灌输理论，在坚持“灌输”原则、借鉴成功经验的基础上，结合实际创新“灌输”方法，不断提升理论教育特别是党的创新理论教育的针对性、有效性，不断赋予马克思主义灌输理论新的内涵。

---

① 《列宁选集》第1卷，人民出版社1995年版，第326页。
② 《列宁选集》第1卷，人民出版社1995年版，第327页。

补足共产党人精神之“钙”*

与之前的一切非无产阶级政党不同，马克思主义政党不是特定利益集团维护者的集合，而是向着解放全人类、向着实现共产主义这一远大目标奋斗者的集合。实现共产主义，就是所有共产党人的最高理想，是所有共产党人矢志不移的坚定信念，是我们克服一切艰难险阻的力量源泉。100年来，一代代中国共产党人，就是为着这个理想信念不懈努力，许多人甚至献出了宝贵的生命。

在党的队伍中，解决理想信念问题，从来就有两种路径。一种是先树立了共产主义的坚定信仰，再加入党组织，比如，李大钊、毛泽东、周恩来等党的创始人；另一种是先被党的奋斗精神、高尚情怀所吸引，入党之后，再去学习、了解进而自觉践行党的理想信念。这表明，进行理想信念教育，补足共产党人精神之“钙”，是一项必需的、重要的工作，是我们坚持思想建党原则的现实依据。

一个时期以来，受管党治党宽松软的影响，受国内外各种敌对势力进行西化、分化的影响，我们有些同志对共产主义理想理解不深、理解不透；有的认为马克思主义已经过时；有的奉西方理论、西方话语为金科玉律，用西方资本主义评价体系来衡量我国发展，符合西方标准就行，不符合西方标准就是落后的陈旧的，就要批判、攻击，不知不觉成了西方资本主义意识形态的吹鼓手。理想信念出了问题，必

* 原标题为《组织工作的历史发展》，《组织人事报》2021年7月12日。

然导致精神上“缺钙”，身体上得“软骨病”，最终必然政治上变质、经济上贪婪、道德上堕落、生活上腐化。

党的十八大以来，习近平总书记高度重视理想信念教育，指出理想信念是共产党人精神之“钙”，理想信念动摇是最危险的动摇，理想信念滑坡是最危险的滑坡。只有理想信念坚定，用坚定理想信念炼就了“金刚不坏之身”，才能在大是大非面前旗帜鲜明，在风浪考验面前无所畏惧，在各种诱惑面前立场坚定，在关键时刻靠得住、信得过、能放心。为此，组织全党隆重纪念马克思诞辰200周年、《共产党宣言》发表170周年、建党100周年、红军长征胜利80周年、抗日战争胜利70周年和抗美援朝战争出国作战70周年等重大活动；将理想信念教育作为干部培训的主要内容，推动党、干校工作重心进一步回归正位，推动大中小学思政课一体化建设、内涵式发展；建立不忘初心、牢记使命的制度，推动党内教育常态化。特别是在庆祝中国共产党成立100周年的重要讲话中，提出伟大建党精神，号召学习传承井冈山精神、长征精神、遵义会议精神、延安精神、西柏坡精神、红岩精神、抗美援朝精神、“两弹一星”精神、特区精神、抗洪精神、抗震救灾精神、抗疫精神等中国共产党人的精神谱系，“补钙强骨”越来越成为各级党组织的使命担当和广大党员、干部的自觉行动。

述评

理想信念之火一经点燃，就会熊熊燃烧。作为一名共产党员，实现共产主义，就是其孜孜追求的政治理想，就是其矢志不移的政治信念！正如文章所言，100年来，一代代中国共产党人，就是为着这个理想信念不懈努力，许多人甚至献出了宝贵的生命。

诚然，一个政党，就如同一个人一样，最珍贵的是饱经沧桑，还怀有一颗赤子之心；最宝贵的是历经风雨，还坚持这颗赤子之心。习近平总书记曾在不同场合讲述革命先烈忘我追寻理想之光、舍身保护信仰火种的感人故事，反复强调党员干部要补足精神之钙，把牢理想信念“总开关”。文章指出，理想信念出了问题，必然导致精神上“缺钙”，身体上得“软骨病”，最终必然政治上变质、经济上贪婪、道德上堕落、生活上腐化，用简单朴实的言语总结出坚定理想信念的至关重要性。因此，加强对共产党员的理想信念教育，补足精神之钙，就成为了党内政治生活的“家常菜”。

党的十八大以来，党的历次集中教育活动，都以思想教育打头，每一次集中学习教育，都是理想信念的集中“补钙”。党员干部只有理想信念坚定，才能炼就“金刚不坏之身”，才能在大是大非面前旗帜鲜明，在风浪考验面前无所畏惧，在各种诱惑面前立场坚定，在关键时刻靠得住、信得过、能放心。作为干部教育培训工作者，打铁必须自身硬，首先自己要坚定理想信念，补足自己的精神之钙。要自觉提升自身的政治素养，不断提高自己的政治理论水平，增强政治判断力、政治领悟力、政治执行力；要自觉加强党性修养，不断增强党性观念和党性意识，坚定对马克思主义的信仰、对中国特色社会主义的信念、对实现中华民族伟大复兴中国梦的信心。

党性建设一靠管理二靠教育 *

党性建设涉及人的思想、行为和情感、意志力等诸多方面，是极其复杂的系统工程，应一靠管理、二靠教育才能见效。

所谓管理，首先是把好入口关。有研究认为，人们的工作价值观大约40%来自遗传，其余受民族文化、父母行为、教师、朋友及其他相似的环境因素的影响，很大部分是在早年形成的。需要指出的是，并不是所有价值观都与党的宗旨相吻合的。我们党是先进分子的政治组织，以为人民服务作为自己的行动指南，应通过科学设计进入条件、严格把关，把那些投机钻营的人挡在大门之外，这是党性建设的“硬件”基础。与此相关的是，要深化政治体制特别是干部人事制度改革，创设一种如同战争年代那样入党需要作出自我牺牲的严格环境，使不愿意为人民的事业奋斗的人望而却步。其次是严格行为规范。我们党和人民军队的成功，重要的经验是在早期就提出“三大纪律八项注意”的行为规范，并且由领导带头，严格执行。如有违犯，无论功劳大小，一律严惩不贷。这些规范，成为我们党和军队区别于国民党及其军队的重要标志，也成为我们战无不胜的重要法宝。最后是强化纯洁机制。对那些混入党内的人、意志消退的人，果断地清理出党的队伍。

管理中原本包含教育，只是由于在党性建设中起着至关重要的作用，我们才将教育从管理中突显出来。从一般原理来讲，教育对所有

---

* 《党性建设一靠管理二靠教育》，《组织人事报》2011 年 3 月 24 日。

人都会有效。但是，党性建设是基于人的思想和行为的建设，是需要时时刻刻在群众中、在实践中展现成效的建设，所以若要使教育发挥功能性作用，一定要以管理为基础。否则就是“麻袋上绣花”“床底下盖楼”，成就有限。

教育的作用在于对管理成效的理论认知和思想深化。就其实质，是告诉人们一个主义、一种意义，是带领人们探索生活的本质，获得终极的体验，找到生命的价值，解决人从哪里来、到哪里去、奋斗为什么、死后留什么的问题。有了成功的党性教育，党性建设就会从自然走向自觉，从他律走向自律。没有教育的组织是没有文化的组织，而没有文化的组织是不能说服自己的，更毋庸说战胜敌人了。在喧嚣的商品经济大潮中，许多人特别是一些成功人士已经被困扰了许久，处于困苦的挣扎之中而不能自拔。近些年热播的电视剧《亮剑》《潜伏》《士兵突击》之所以受欢迎，雷锋、焦裕禄、王进喜、钱学森等形象之所以日渐永恒，一个重要的方面，就在于他们向公众阐释了一种久违了的主义和意义。这也从另一个方面证明了党性教育的重要性与迫切性。

管理和教育原本一体。两手抓，两手都科学有效，党性建设就一定能成功。

述评

文章既贯穿着党性建设的世界观，也贯穿着党性建设的方法论，充分体现着党性教育的实践性特征。实践性是马克思主义的鲜明特质，要想科学地“解释世界”，积极地“改变世界”，就必须充分发挥实践这个“伟大的工具”，以正确的方法论做指引，让实践发挥积极效能。

文章为党性建设提供了科学合理、便于操作的方法。首先，党性建设要把好入口关。科学设计进入条件、严格把关，深化政治体制特别是干部人事制度改革，严格行为规范，强化纯洁机制等，这些实操经验有助于为党性建设强“基”固“本”，健“身”塑“形”。其次，党性建设要加强党性教育。通过党性教育，带领人们探索生活的本质，获得终极的体验，找到生命的价值，解决人从哪里来、到哪里去、奋斗为什么、死后留什么的问题。有了成功的党性教育，党性建设就会从自然走向自觉，从他律走向自律。可以说，是将党性教育从政治建设领域引申进入生命本质的领域。

党性教育中应引起重视的几种错误倾向*

在党性教育中，存在几种错误倾向，需要引起高度关注并切实加以解决。

一是淡化论。这是受“西学”影响较深较重的观点。这种观点认为，就全世界而言，成人培训都只关心知识、技能和一般性的工作态度，不去触及人的核心价值观和政治倾向；认为信仰什么价值观是个人自由，具有什么政治倾向更是个人自由，只要不触犯法律，任何人不得干涉。由此得出结论，我们抓党性教育，是意识形态过度或老“左”的表现。这是一种典型的浅见。事实上，任何人都有自己的政治倾向，都自觉或不自觉地在思想和行为中体现出某种特定的党性原则。更何况，西方基本上是宗教社会，当年的宗教革命就承担着为建立资本主义制度鸣锣开道的任务，今天的宗教行为也无时无刻不在灌输着与本国社会制度相适应的“普适”价值观。我们国家从总体上讲是世俗社会，自古以来就讲究民以吏为师，自古以来进行核心价值观教育就是领导者的重要工作内容。我们党是政治组织，从不隐瞒自己的主义和观点，理所当然要把进行党性教育作为党的建设的重要内容。

二是悲观论。持这种观点的人认为，现实中充满着灰暗，学员在

* 《党性教育中应引起重视的几种错误倾向》，《组织人事报》2011 年 5 月 5 日。

学校接受的许多正面教育，但与活生生的现实相比较，是那么格格不入，一触即溃。一千遍教育抵不过一个现实。只要现实情况不变，党性教育就不会有什么实际用处。这是一种非常有害的观点，实质在于撕裂了理论与实践的关系。我们的实践是党领导的丰富多彩的现代化实践，我们的理论是对党领导的丰富多彩的现代化实践的总结与提升，两者是紧密联系、相辅相成的。之所以将二者对立起来，源自教育者本人对于丰富多彩的实践与理论的理解简单化、形而上学化，是马克思主义基本功力不够的表现。从这一点上讲，教育者的功力即使不像国民教育那样，与学员达到一桶水与一碗水的关系，也起码应是一桶水与一桶水，不应是一碗水与一桶水。现实中，有的教师恰恰是仅居于一隅，视角、思路、胸襟十分有限。以其昏昏使人昭昭，是不能胜任崇高而繁重的党性教育任务的。

三是简单化。这种观点是将党性教育看作与知识教育、技能培训同样类型的工作，用知识教育、技能培训的方法开展党性教育。其表现主要有：搞简单说教、读书或简单体验式教学，组织简单讨论或写体会文章等。这些做法操作简便，但浅尝辄止，实践证明对于人们内心的改变很难起到作用。如果用在“三讲”教育、先进性教育、学习实践活动之中，则会被人们议为“认认真真走过场”。事实上，党性教育作为态度培训的高级形态，有自己独特的规律，必须认真研究把握。

述评

文章提出党性教育中存在的三种错误倾向，在实践中要特别关注并切实加以解决。

首先，党性教育作为态度培训的高级形态，有自己独特的规律，必须认真研究把握。教育者本人要避免对丰富多彩的实践与理论理解简单化、形而上学化，要增强马克思主义基本功力。以其昏昏，使人昭昭，是不能胜任崇高而繁重的党性教育任务的。

其次，中国虽然已经进入现代化进程，但讲究“民以吏为师”的传统没有变，进行核心价值观教育原本就是领导者的重要职责。更何况，我们党是马克思主义政党，从不隐瞒自己的主义和观点，理所当然要把进行党性教育作为党的建设的重要内容。

最后，一千遍教育抵不过一个现实。我们的实践是党领导的丰富多彩的现代化实践，我们的理论是对党领导的丰富多彩的现代化实践的总结与提升，两者是紧密联系、相辅相成的。要深入实践，研究出适合时代发展的党性教育方式和方法。

党性教育要以理论教育为基础*

党性教育与理论教育一起，作为“政治培训”的两个基本部分，是干部教育培训首要的、主要的内容。对于各自的任务和要求，习近平总书记在2015年底全国党校工作会议上讲得非常清楚。

理论教育就是要提高干部运用马克思主义基本原理指导中国事情的看家本领，就是要深入认识共产党执政规律、社会主义建设规律、人类社会发展规律。而要认识规律，就要牢牢掌握和运用辩证唯物主义和历史唯物主义，牢牢掌握和运用中国特色社会主义理论体系，特别是要把马克思主义中国化最新成果作为中心内容，引导学员学而信、学而用、学而行，坚定道路自信、理论自信、制度自信、文化自信，提高战略思维能力、辩证思维能力、综合决策能力、驾驭全局能力。凡是广大干部群众普遍关注的深层次问题，都要从历史和现实、理论和实践的结合上作出令人信服的回答。

习近平总书记指出，对党员领导干部而言，党性是最大的德。党性教育是共产党人修身养性的必修课，也是共产党人的“心学”。要深入开展理想信念教育、党的宗旨教育，深入开展党史国史教育、革命传统教育，深入开展道德品行教育、法治思维教育、反腐倡廉教育，把党章和党规党纪学习教育作为党性教育的重要内容。要注重发挥先进典型作用，多讲讲革命烈士和英雄人物的崇高风范，多讲讲焦裕禄、

---

* 《党性教育要以理论教育为基础》，《组织人事报》2018年5月10日。

杨善洲、谷文昌等各条战线优秀干部的模范事迹，多请一些先进模范人物现身说法。要把革命烈士那些感人至深的文章、诗文、家书编辑成册，让各级干部常常看、常常思、常常反求己身。同时，要加强警示教育，把一些反面典型跌入违纪违法泥坑的教训给大家说透，让大家引为镜鉴、自觉自律。

党性教育与理论教育虽然有各自的规定性，但是联系极为紧密。在庆祝中国共产党成立95周年大会上，习近平总书记就理论学习对党性建设的基础性作用作了深刻论述。习近平总书记说，理论上清醒，政治上才能坚定。坚定的理想信念，必须建立在对马克思主义的深刻理解之上，建立在对历史规律的深刻把握之上。全党要不断提高马克思主义思想觉悟和理论水平，保持对远大理想和奋斗目标的清醒认知和执着追求，把学习成果转化为提升党性修养、思想境界、道德水平的精神营养，做到真学真懂真信真用，在胜利和顺境时不骄傲不急躁，在困难和逆境时不消沉不动摇，牢牢占据推动人类社会进步、实现人类美好理想的道义制高点。

在我们的工作中，由于一些教师马克思主义基本理论造诣不高、功底不厚，做理论教育的能力不强，致使党性教育难以深入。有的浮在表面，阐述不清历史故事背后的发展规律，将党性教育变成了简单热闹的个案介绍；有的对复杂事件特别是受错误处理的党史人物不能作理论辨析，只去做简单化的人际关系归因；有的将革命领袖和先模人物神化，讲不清个人努力与组织培养的关系。所谓能够震撼一瞬间、激动一阵子，而不能够铭记一辈子、影响一辈子，与此有很大关系。因此，组织培训教师深入学习理论，提高理论教育成效，是搞好党性教育的必然路径。

述评

我们党历来高度重视党的理论教育和党性教育，注重发挥二者在干部教育培训中的重要作用。党的理论教育是学懂弄通做实党的创新理论，为党员干部观察时代、解读时代、引领时代提供方法论支撑。党性教育旨在确立和影响党员干部的思想观念和行为方式，解决好世界观、人生观、价值观这个“总开关”问题，使党员干部始终坚持人民立场、坚定共产主义信仰、坚决执行党的路线方针政策。

理论教育与党性教育既相互促进、同向发力，又相辅相成、相得益彰。首先，理论教育为党性教育奠定了思想基础，政治上的坚定、党性上的坚定都离不开理论上的坚定。其次，党性教育深化了理论教育，在实践中对理论教育进行了完善和发展，增添了必不可少的深度、厚度和温度。

干部培训教师作为理论教育和党性教育的实施者，必须坚持读原著学原文悟原理，不断夯实理论功底、提升学术内涵、增强理论积淀，自觉运用贯穿原著中的方法论指导教学实践，不断提升自身教学水平和原著课程质量，更好扛起马克思主义理论教育和党性教育的责任担当。

认真落实干部教育规划对履职能力培训的要求*

开展履职能力培训是干部教育培训的重要任务。习近平总书记一再要求，要坚持干什么学什么、缺什么补什么，针对干部的知识空白、经验盲区、能力弱项，开展精准化的理论培训、政策培训、科技培训、管理培训、法规培训，突出针对性和实效性，从而增加兴奋点、消除困惑点，增强工作责任感和使命感，增强适应新形势新任务的信心和能力。

当前，党的事业迅猛发展，党中央关于经济建设、政治建设、文化建设、社会建设、生态文明建设和党的建设等方面重大决策部署不断与时俱进。比如，高质量发展是全面建设社会主义现代化国家的首要任务。这就要求我们围绕积极扩大国内需求、建设现代化产业体系、推进高水平科技自立自强、促进区域协调发展等开展培训，教育引导广大干部完整、准确、全面贯彻新发展理念，以创新的思路和办法加快构建新发展格局。比如，生态文明建设是关系中华民族永续发展的根本大计。这就要求我们围绕持续打好污染防治攻坚战，推动发展方式绿色低碳转型、推进碳达峰、碳中和等开展培训，教育引导广大干部深刻领悟习近平生态文明思想，牢固树立和践行绿水青山就是金山

---

* 原标题为《认真落实干部教育培训五年规划（6）》，《组织人事报》2023年12月14日。

银山的理念。又比如，国家安全是民族复兴的根基，社会稳定是国家强盛的前提。这就要求我们围绕坚持全面依法治国、深化公共安全治理和社会治理、防范化解金融风险、应急管理和突发事件处置等开展专题培训，教育引导广大干部增强忧患意识，树牢底线思维，牢固贯彻整体国家安全观，提高统筹发展和安全。总之，开展干部履职能力培训，就是要基于岗位特点，有针对性地选择相关专题开展培训。

同时，还要进一步注重分层分类精准实训。不同类别、不同层次、不同岗位干部的履职要求各有侧重，培训中要体现差异化、个性化，不能搞上下一般粗，简单一锅煮。比如，对领导干部，要以贯彻民主集中制为重点开展培训，提升充分发扬民主、坚持集体领导、正确处理集体领导与个人分工负责关系的能力。对机关公务员，要以加强思想政治建设、职业道德建设、业务能力建设和廉洁从政建设为重点开展培训，提高抓谋划、抓部署、抓督查、抓落实的能力。对基层干部，要聚焦全面推进乡村振兴、加强和创新基层治理，以提高发展经济、依法办事、化解矛盾、做群众工作的能力为重点开展培训，特别是要抓好乡镇（街道）党政正职、村社区党组织书记的培训。

党的十八大以来，习近平总书记在改革发展稳定、内政外交国防、治党治国治军各方面都提出了一系列紧密联系、相互贯通的新思想、新观点、新论断。开展干部履职能力培训，也要首先分领域分专题学深学透习近平总书记重要思想、重要论述，将理论、政策、方法、知识、技能融为一体，形成“1+1＞2”的集成效应。

述评

加强干部队伍履职能力培训，增强推进中国式现代化建设本领，是今后一段时期干部教育培训的重要内容。履职能力的高低决定了干部队伍能否正确认识局面、能否形成正确解决问题的思路、能否在新的时代背景和现实条件中一如既往地对群众说到做到。

一段时期以来，一些干部在干事创业过程中，有做好工作的真诚愿望，也有干劲，但缺乏新形势下做好工作的本领，面对新情况新问题，由于不懂规律、不懂门道、缺乏知识、缺乏本领，还是习惯于用老思路老套路应对，蛮干盲干，结果虽然做了工作，有时做得还很辛苦，但不是不对路子就是事与愿违，甚至搞出一些南辕北辙的事情来。习近平总书记将其概括为“新办法不会用，老办法不管用，硬办法不敢用，软办法不顶用”[①]。新一轮干部教育培训五年规划将“加强履职能力培训，增强推进中国式现代化建设本领”作为单独章节进行部署，显示了党中央通过干部教育培训的方式解决干部队伍本领恐慌问题的坚决态度。

上述规划还把履职能力的内容范畴同“国之大者”的现实需求相对应，把拓宽培训渠道的实践要求同整合与盘活众多教育培训资源的现状相衔接，把突出实战实效的教学与评价标准同开展实际工作的需要相对称，为加强干部队伍的履职能力提供了可操作、可推广的实践指导。在具体的工作过程中，要以干部队伍为能动主体和作用主体，以满足党的执政能力要求为总目标，以持续提升干部的履职能力为切入口，把干部的思想层次、观念代际、知识结构、实践体悟、沟通能力、组织能力、行动能力、思考能力等方面作为建设内容，构建起能够服务中国式现代化建设的“能力培育链”与“能力养成生态圈”，有效克服“碎片化”的教育培训，行之有效地提升干部履职能力。

---

① 《习近平谈治国理政》，外文出版社2014年版，第403页。

把学习历史放到重要位置*

以史为鉴，可以知兴替，这是唐太宗李世民的学习体会。事实上，中国古代官员必修的功课就首先是历史，所谓经史子集，从总体上讲都属于历史。那些最有名的历史著作也首先是写给官员们读的，有的从题目中就看得很清楚，比如《资治通鉴》。因为所有修身、做官、理政、治国的理论都是历史经验的总结，而这些理论只有还原到初始状态才便于为人们所接受。所以，通晓了历史，人们才有可能站在前人的肩膀上，开阔视野，开启思维，吸取经验教训，更好地把握人生，开创属于自己的时代。老一代政治家之所以获得巨大成功，与他们深厚的历史学养是密不可分的。

自从现代科学知识进入学校后，历史学在国民教育中的地位就逐渐下降，甚至到了边缘化的程度。这种倾向，在干部教育领域也有反映。但是，历史对于社会进步特别是官员成长的作用却并没有丝毫下降，因此，许多领导干部开始因为对历史“无知”而犯各种错误，的确令人痛心。

所以，历史应成为各级干部培训的基本课程。由于历史经验的丰富性、深刻性，这种学习不应浅尝辄止，而应经常学反复学，达到常学常新。

要将中西方历史比较着学。每个民族都有属于自己的独特基因，

* 《把学习历史放到重要位置》，《组织人事报》2011 年 5 月 26 日。

谁想全盘复制对方都是不可能的。中国变不成英美，150年来的近现代史已经证明了这一点；英美自然也变不成中国，17世纪前的西方史也早就证明了这一点。明白了这一点，就会明白我们要打开国门向别人学习是应该的，出现问题用适合我们自己的方式解决也是应该的，就会坚定走中国特色社会主义道路的信念。

中国共产党党史是离我们最近、关联度最高的历史，尤其应作为重中之重学深学透。100多年来，世界形势风云激荡，中国发展跌宕起伏，中国共产党适逢其会，在历史的大舞台上演出了许多波澜壮阔的华章。其中，有凯歌高奏，也有挫折苦难；有英雄悲情，也有宵小得逞；有山穷水尽，也有柳暗花明。但说到底，这是一部求真知、救中国、为人民的历史，党的理论、路线、方针、政策尽蕴其中。也就是说，只有学通学透了中国共产党党史，才会深刻理解毛泽东思想、邓小平理论、“三个代表”重要思想和科学发展观的真谛，才可能把握时代精髓、明确人生目标、增强党性修养，才不会浮躁、狂妄、泄气或见异思迁。

历史教育是一门科学，有自己内在的规律，远不是随便翻翻书、讲几个故事、背几条原理就能把握住的，搞不好，会走极端，会孤立片面地看问题，陷入不可知论和形而上学的泥潭，一些网络上的妄人妄语就是前车之鉴。所以，学好历史，一要有好的规划，二要有好的教材，三要有好的教师。

述评

中国人历来有重史的传统。清代学者有一种观念，叫作“六经皆史”，把六经这种“先王之政典”当成历史书来读。“六经皆史”的要义就在于事与理两者实为一体，是一种体用结合的关系，这是孔子著《春秋》明大义的初衷，也是司马光著史名曰《资治通鉴》的道理。中国人传史，不仅仅在于传授故事和案例，更在于讲理传道。

欲知大道，必先为史。历史中蕴含着王朝的更迭、社会的发展和人事的兴衰，学习历史能够让我们在岁月的长河中淘金洗沙，增强“通识能力”，提升判断力和思考力。学习历史还可以让我们洞悉其中的曲折和波澜，从而汲取宝贵的经验和教训，让我们更好地看清自己的得失。而学习历史、研究历史、借鉴历史，必须要有严谨的态度、正确的观点和科学的方法。所谓严谨的态度，就是要潜下心来认真学习，谦虚谨慎，积极思考。所谓正确的观点，就是客观公正对待历史，尊重历史客观规律和客观事实。所谓科学的方法，就是要坚持马克思主义的辩证思维方法，坚持用唯物史观来认识和记述历史，把总结历史经验和现实思考相结合，把汲取精神营养和解决实践问题相结合，坚持实践是检验真理的唯一标准，从历史中总结经验、铭记教训、汲取智慧。

讲好历史，特别是讲好党的历史，应突出将党的政治文化传统贯穿在党史通史教育中，让党员干部从深层次上理解中国共产党的崇高、伟大、不平凡，对党的总体形象有更加立体、饱满、正面的认识。100多年来，中国共产党带领中国人民成功开辟中国特色社会主义道路，其丰富的理论与实践、经验与启示，是我们汲取前进动力的不竭源泉。

讲好历史，要在生动、深入、具体上下功夫，注重讲事实、讲形象、讲情感、讲道理，以学习历史统一思想、增长智慧、增进团结，引导党员干部对历史怀有敬畏、对当下怀有定力、对未来怀有信念，不断创造我们新的辉煌。

敬畏历史，敬重前贤*

最近，集中一段时间通读了《毛泽东选集》和《毛泽东文集》。轻轻合上这12卷书的最后一页，有八个字瞬时涌入脑海：敬畏历史，敬重前贤。

毛泽东逝世已35年了。对于“80后”“90后”来说，毛泽东的时代可能已遥如天际，但对毛泽东的评价，相信几年间、几十年间、几百年间，都会是一个引人关注的话题。就目前情况看，崇敬者有之，“客观者”有之，贬低者有之，甚至诋毁者也不乏其人。有时读他们的文章，看他们引征的史料，往往会生发出一个思考：我们对毛泽东知道多少？

毛泽东著作过去读过，但再次系统地读下来，感觉又大不一样。一是因为年龄增长，看人看事的视角发生了变化；二是全面阅读，得到的新信息也不断修正着已有的观点。读完这些书，不敢说就深入了解了毛泽东，毕竟我们在时代、志向、格局、思想、行为、事业、影响力上有难以估量的差别，但是，总可以对毛泽东产生一些感性认识。将这些认识集中起来就是：在一个需要巨人的时代产生了巨人；有此非常之人才会有非常之业。

我知道，有人对“需要巨人”这个前提是有疑义的，这就需要系统地读点历史，否则，站在今天简单地推想昨天、前天，难免不符合

* 《敬畏历史，敬重前贤》，《组织人事报》2011年10月27日。

起码的学术规范和学术精神；还有人对毛泽东为“非常之人”的评价有疑义，这就需要系统地学点领导学理论了，否则，以一己的经验挑战学术成果，只能让人佩服其勇气与胆量。

毛泽东代表着一段历史，代表着孙中山之后中国人的苦难、光荣与梦想。读懂毛泽东，我们就不会浅薄自是，就会慎重、周延地看待人生和社会；读懂毛泽东，我们就不会狂妄无人，就会学会理解和尊重，就会敬重前贤、宽容局限；读懂毛泽东，我们就可能正确地认识现在、把握未来，就可能深刻理解胡锦涛在“七一”讲话中提出的三件大事、四个考验、四大危险和一个结论、三个坚持。读懂毛泽东，当然要广征博采，但最重要、最不可替代的，还是原原本本地读毛泽东自己的著作，读毛泽东亲口所授、亲笔所写的各种文本。

敬畏历史、敬重前贤是一种修养和境界。有学者言：“一个民族，一个国家，对一路走来的全部历史，应该深怀敬畏，坦然面对。在民族与国家的历史记忆中，必然既有辉煌与荣光，崛起与成功，也有劫难与耻辱，沉沦与失败，其中，正面与负面共存，美好与丑恶交织。然而，无论是非成败，无论盛衰荣辱，对一个自信的民族与成熟的国家来说，只要正视与善待，不管何种历史记忆，都是一笔无可替代的珍贵财富。”是为至论。

述评

毛泽东的伟大无需多言，就像习近平总书记在纪念毛泽东同志诞辰130周年座谈会上所说的：“毛泽东同志把自己的一生献给党和人民，留下了永志后人的崇高精神风范。毛泽东同志展现出一个伟大革命领袖高瞻远瞩的政治远见、坚定不移的革命信念、勇于开拓的非凡魄力、炉火纯青的斗争艺术、杰出高超的领导才能、心系人民的赤子情怀、坦荡宽广的胸怀境界、艰苦奋斗的优良作风，赢得了全党全国各族人民的爱戴和敬仰，毛泽东同志的崇高精神风范永远是激励我们继续前进的强大动力。”①

伟人的伟大不仅仅在于他所开创的伟大事业，还在于他给后人留下的无穷精神财富。到底是走马观花地浏览毛泽东的著作，还是脚踏实地、争分夺秒地深入学习、理解和践行毛泽东思想，以敬畏历史、敬重前贤的态度将其思想与精神转化为推动工作的强大力量？这是所有党员干部和教育培训工作者需要认真对待和深刻思考的问题。

① 习近平：《在纪念毛泽东同志诞辰130周年座谈会上的讲话》，人民出版社2023年版，第12页。

从中西对比中看党的组织工作特殊重要性 *

政党政治是舶来品，是学习西方的产物。在全世界，只要是规范的政党，都有组织工作。但是，与西方政党不同，我们党的组织工作承担着更重要的使命。也就是说，比起西方政党和政府公务员，在经济社会发展和管理中，我们党的干部和基层组织的责任要大得多。对于我们党来说，路线确定之后，干部是决定的因素；党的基层组织要充分发挥“推动发展、服务群众、凝聚社会和推动和谐”的功能；解决中国的问题说到底关键在党、关键在人。而西方国家中，政府和公务员仅为社会的守夜人，党的基层组织的主要任务也只是确保本党在选举时能获得尽可能多的民众支持。这样的任务和地位，决不可同日而语。

形成这种局面，有深厚的历史原因。受特殊地理条件制约，中国传统上就是一个农业经济占主导地位的大一统国家和世俗社会，君主专制和官僚政治成为社会治理的主要特色，朝廷和各级官吏都必须担负发展经济、稳定社会、教化民众三重使命，因而地位极为重要。唐太宗就曾说过，“为政之要，惟在得人”，对这一社会治理方式进行了高度概括。而西方自古希腊始，就是以商业经济占主导地位的城邦国家或城市共同体，教权与治权相分离，经济发展权由个人负责，教

---

* 《从中西对比中看党的组织工作特殊重要性》，《组织人事报》2012 年 5 月 10 日。

化民众由教会负责，政府和官员只负责“公民”“让渡”的那部分权利。即使建立了现代政党制度，自古相传的社会管理格局也没有大的改变。

近现代以来的社会发展，也依赖并强化着党的组织工作的重要地位。早在三四百年前，西方国家就“自发地”进入现代社会，虽经过一系列曲折，终究建立了自己的先发优势。而中国作为一个近代以来落伍的国家，饱受某些先发国家的欺压和凌辱，要想在压迫中急起直追，不仅要有高度的“政治自觉”“文化自觉”，还要有高度的“组织自觉”，把全民族、全社会各种力量有效地组织起来，发挥整体作用。前30年来我们是这样做的，中国人民终于站起来了；后60年我们也是这样做的，中华民族初步强起来了，民族复兴的前景已可窥一斑。

钱穆说，一个国家的政治制度，“必然得自根自生。纵使有些可以从国外移来，也必然先与其本国传统有一番融合媾通，才能真实发生相当的作用。否则无生命的政治，无配合的制度，决然无法长成”。这的确是通览古今的高论，组织工作者都应深刻理解。一方面，学习借鉴西方社会治理的理念、做法和经验；另一方面，从自己的实际出发，不简单照抄照搬，不为浮论所惑，不断探索和建立有中国特色、中国风格、中国气派的组织工作制度体系，坚守使命，恪尽职责，承担起历史赋予的这份沉甸甸的光荣。

述评

从中西对比中看，包括干部教育培训在内的组织工作，不同于西方国家公共人力资源管理或公务员管理，其政治性、政策性、程序性、敏感性、复杂性都很强。2018年，习近平总书记在全国组织工作会议上提出了新时代党的组织路线，对新时代党的组织工作进行了系统、全面的布局。2023年6月26日，习近平总书记对如何做好新形势下的组织工作作出重要指示，深刻指出："全面建设社会主义现代化国家，全面推进中华民族伟大复兴，关键在党，关键在人。"[①]习近平总书记要求，在新时代新征程，党的建设和组织工作要有新担当新作为，"要坚持以新时代中国特色社会主义思想为指导，全面贯彻党的二十大精神，深刻领会党中央关于党的建设的重要思想，深入落实新时代党的建设总要求和新时代党的组织路线，深入推进新时代党的建设新的伟大工程，以坚持和加强党中央集中统一领导为最高原则，以忠诚为党护党、全力兴党强党为根本使命，以解决大党独有难题、健全全面从严治党体系为重大任务，坚持不懈用党的创新理论统一全党思想意志行动，不断严密上下贯通、执行有力的组织体系，着力建强堪当民族复兴重任的高素质执政骨干队伍，加快建设世界重要人才中心和创新高地，持续深化模范部门和过硬队伍建设，不断提高组织工作质量，为更好地以党的伟大自我革命引领伟大社会革命，推进强国建设、民族复兴伟业提供坚强组织保证"[②]。

习近平总书记的重要指示，为我们深刻把握组织工作、干部教育工作的重大使命和任务，提供了遵循，指明了方向。

---

① 《习近平对党的建设和组织工作作出重要指示强调　深刻领会党中央关于党的建设的重要思想　不断提高组织工作质量》，《人民日报》2023年6月30日。

② 《习近平对党的建设和组织工作作出重要指示强调　深刻领会党中央关于党的建设的重要思想　不断提高组织工作质量》，《人民日报》2023年6月30日。

抓紧组工干部培训工作 *

随着党委换届工作逐次完成，随着与之相伴进行的组织部长任职培训告一段落，组织工作也日趋常规化。在这种情况下，组工干部培训工作应提到重要日程上来。

各级组织部长首先要继续带头参加培训。组织工作是一门系统科学，内容非常复杂。对于组织部长特别是没有组织工作经历的部长来说，任职培训仅仅是非常初步的学习，要想成为组织工作行家里手，一方面，要坚持在工作中学习、在实践中提高，另一方面，还要持续不断地参加专业培训。特别是党的十八大之后，要积极参加学习贯彻党的十八大精神的培训，使自己的思想始终处于高平台、工作始终处于高起点；要积极参加各类专题培训，不断加深研究、破解难题、提高水平，成为学习型、研究型、创新型的组织部长。

要切实抓好本地组工干部的培训。有研究认为，近年来组工干部培训工作得到很大加强，社会各界对组工干部满意度不断提高。但是，与中央的要求、与广大干部的期待、与组织工作担负的重大任务相比，组工干部队伍的能力素质还有一定差距，组工干部教育培训工作相应地讲也有一定差距。其中，比较突出的问题是参加培训机会偏少，有的甚至多年未接受过专业培训。因此，要以学习贯彻党的十八大精神为起点，做好今后一个时期组工干部培训工作的整体规则，积极整合

* 《抓紧组工干部培训工作》，《组织人事报》2012 年 9 月 13 日。

培训资源，拓宽培训渠道，不断增强组工干部培训的统筹性、针对性和实效性。

要大力加强学习型组织部门建设。加强组工干部培训，除了组织必要的脱产培训、集中学习外，更重要的是加强日常学习，形成良好的学习机制，实现工作学习化、学习工作化。为此，要科学制定年度学习计划，把中心组学习、在职学习和脱产培训有机结合起来，特别是综合运用在线学习、网络培训等现代技术，提高在职学习的组织化程度。要结合自身实际提出学习书目，组织大家读原著，加强对组织工作历史和基本原理的学习，不断探索和把握组织工作规律，提高组工干部专业修养和理性分析能力。要创新载体，通过组工讲堂、读书小组、课题研究、考察学习等方式，不断提高组工干部参加学习的积极性和主动性。要健全制度，积极开展组工干部述学、评学、考学活动，促使广大组工干部在学习方面比学赶帮超，做到真学、真懂、真信、真用。

述评

在我们党的责任体系中，组织部门是干部教育培训的主管部门，组工干部既是干部教育培训的具体组织者、执行者，同时也是受教育者、受培训者。“打铁必须自身硬”“教育者必须先受教育”。从一定意义上讲，组工干部教育培训必须走在整个干部教育培训工作的前列，当标杆、作示范，进而引领干部教育培训事业高质量发展。

党历来重视组工干部教育培训工作。特别是改革开放、发展社会主义市场经济的新形势下，组织部门自身建设面临许多新情况新挑战，组工干部教育培训的制度化、规范化、经常化提上了议事日程。经过几十年的探索发展，组工干部教育培训的体系、制度和基础建设大大增强，在提高政治理论水平、增强业务能力、提升综合素质、促进交流与合作、强化纪律和规矩意识、推动组织工作高质量发展、提高解决问题的能力以及增强队伍凝聚力等方面取得了显著成效，在推进干部教育培训改革和方式方法创新等方面也发挥了重要作用，积累了丰富经验，还需要深刻总结。

把乡镇党委组织委员培训抓紧抓好*

乡镇党委组织委员是组工干部队伍的重要组成部分。从工作职责和工作条件的匹配情况看，这支队伍的培训应放在整个组工干部培训工作的重中之重抓紧抓好。

抓紧的理由是，县以上党委组织部的干部到任时，无论如何总会有一些老同志可以做传、帮、带的工作，学习条件总是要好一些，起点总是高一些，上手总会快一些。乡镇党委组织委员则与之不同，他们往往是一个人在承担乡镇组织工作的全部职能，甚至没有人帮助他们熟悉工作。而这支队伍往往来自各个部门，许多人恰恰没有组织工作的基础，因此，面对复杂繁重的基层党建任务，由于缺少相当的党性修养和专业能力，经常造成工作的被动和低效。经过一定时间的摸索，部分同志可能会成为基层组织工作的行家里手，但往往一成熟，便面临着改变岗位。如果不抓紧对组织委员进行培训，乡镇党建工作“非专业运行”就会成为一种常态。这是必须正视的现实。

怎样算抓好？第一是选好时机。一般说来，任职1—6个月时机最好。如太早，学员没有感性认识，缺少问题意识和交流基础；太晚，则对工作有较大影响。第二是内容要合适。所谓合适，就是内容选择不宜太“深”，如原理性研究与体制机制创新研究；也不宜太“浅”，如日常性工作安排等，最好是介绍一些基层党建的基础性知识，再对

---

* 《把乡镇党委组织委员培训抓紧抓好》，《组织人事报》2012 年 5 月 31 日。

当下的工作安排进行“解读”“练习”。第三就是方法要适用。乡镇党委组织委员个人经历、业务基础很不相同，往往比较年轻、工作经验和领导经验相对不足，培训中，要创设一切条件，有利于学员发问。有时一节课提问时间应占1/2或2/3才好。第四是教师要选对。老组织委员教新组织委员、上级组织部门同志教下级组织部门同志，应是基本理念。只有这样的师资，才可能与学员共情、有同理心，才可能使学员内心受用、学到真经。但是，这样的师资在培训内容选择和方式方法使用方面可能会存在一定问题。内容选择上往往大而全，方法选择上会满堂灌。因此，与这些教师进行前期沟通甚至基本训练就显得极为重要。第五是体制要理顺。乡镇组织委员分散于各县市区，出于培训规模效应考虑，对他们的培训起码应以市地为单位。有条件的地方，还可以省区市为单位开展，以保证培训的时效性和专业性。第六是要明确责任部门。乡镇组织委员是组工干部，又是专业从事基层党建的组工干部，其培训到底由组工干部教育培训部门负责，还是基层党建工作部门负责，目前情况很不相同。但无论哪个部门具体负责，都要有针对性制定培训规划，开发培训资源，做好培训安排，保证培训质量。

述评

党的工作最坚实的力量支撑在基层，经济社会发展和民生事业最突出的矛盾和问题也在基层，必须把抓基层打基础作为长远之计和固本之策，丝毫不能放松。乡镇党委组织委员是组工干部队伍的重要组成部分，在加强基层组织建设中担负着贯彻落实党中央精神、团结服务群众等重要职责。面对基层改革发展稳定新任务新要求，通过大抓培训提升乡镇党委组织委员政治能力、增强基层党组织的政治功能和组织功能，不仅对于加强乡镇党的建设，而且对于探索基层干部教育培训的经验做法，都有十分重要的意义。

学习的目的全在于运用，培训的意义就在于干好工作。开展基层干部教育培训工作，第一位的是精准把握职责定位，发挥好“上接天线、下接地气”的作用。“师傅领进门，修行靠个人”，师傅很重要，个人也很重要。开展基层干部教育培训，一定要发挥好师傅的作用，避免从概念到概念、从规定到规定，切实帮助他们从是什么、为什么、干什么以及怎么干等角度弄懂悟透，切实提升抓好基层工作的能力，做到上与党中央保持一致，下与基层党员干部紧密相连，使之充分发挥好“最后一公里”的桥梁和纽带作用。

党员学习的需求与动力分析 *

“两学一做”，学是基础。学，不仅有态度问题，还有方法问题，而方法的背后是原理，原理的重心是搞清楚党员的学习需求与基础。

目前虽然对于党员的学习需求与基础问题还未见到更多系统、权威的研究成果，但是，对于成人学习的诸多研究成果完全可以为我们借鉴和运用。这些成果包括：其一，成人都是有经验的人，这些经验都是经过长期学习、实践、思考积累而成的，要想修正它、改变它，是个极其艰难甚至痛苦的选择性知觉过程，需要教育者与学习者一起付出巨大努力。江山易改，本性难移，说的就是这个道理。其二，成人社会责任大，完成职责任务是第一要务，学习往往是说起来重要、干起来次要、忙起来不要。要想让成人真正沉下心来学习，必须有巨大的内部需求或外部压力，或者学习的内容有难以抗拒的吸引力、感染力。其三，成人学习目的非常明确，就是要解决工作、生活中难以克服的具体问题，一般性的学习，对于他们来讲是浪费时间，难以引起关注。从这个角度讲，成人的学习一定要“经济”、实用、“立竿见影”，那些所谓“潜移默化”的教育难以引起他们的兴趣。其四，成人的水平不齐，学习需求各不相同。有时即使提出的学习方向一致，但内容、方式、进度也会有很大差异，“统一安排”的学习往往会收到不同的效果。其五，成人学习的自主性较强，他们愿意对自己感兴

* 《党员学习的需求与动力分析》，《组织人事报》2016 年 4 月 21 日。

趣的东西下功夫，不感兴趣的，无论有无价值，都可能不闻不问。因此，引发兴趣是学习组织者的基本功。其六，成人理解力较强，记忆力较差。所以，成人学习一般不从概念入手，而是从现实生活中的问题入手，喜欢思考和研讨，等等。掌握了这些情况，我们部署“两学一做”专题教育就有了初步的学理基础，就可提高分类指导、按需施教的水平。

需要指出的是，对于党员的学习动力，要有清醒的、正面的把握。有的人认为，部分党员对学习的积极性一向不高，这是不符合客观实际的。事实上，学习是人的本能，人本身是学习的产物，这个世界上从来就没有不爱学习的正常人。人与人在学习上的不同，仅仅在于对学习方式、学习内容、学习要求的适应性方面，在于人的学习天赋、学习毅力方面，就其学习本能讲，并无本质性差异。还有的人认为，部分党员只喜欢学习文化知识、科学技术，对于党章党规、系列讲话之类的政治学习不感兴趣，这更是大错特错。首先，人具有很强的社会性，每个人都是政治人，从来没有一个人没有自己的政治倾向，只是明确不明确、意识到没意识到的问题。其次，党是政治组织，党员申请入党本身就是政治选择。讲政治是所有党员内心深处的不可改变的情结。最后，党员对工作的态度、对反腐败的态度、对捍卫国家民族尊严的态度，已反映出清晰的政治倾向和政治追求了。所以，爱学习政治理论，应当成为学习组织者的基本假设。在这个假设下，研究科学适用的方式方法，是学习组织者的主要任务。如果没有这个假设，我们组织的党员学习必定难以取得令人满意的效果。

述评

诚哉斯言，学习是人的本能，人本身是学习的产物，作为学习组织者，必须把党员干部爱学习、爱学习政治理论作为基本假设，在这个假设下，研究科学适用的学习方法，这迫切需要理论研究和相关学科作支撑。党员教育、干部教育是成人教育的一种特殊类型。成人教育学是教育学门类里与党员教育、干部教育相关度最高的一个二级学科，其研究成果对于党员教育、干部教育具有很强的启发借鉴意义。

令人感到高兴的是，20世纪90年代以来，我国持续推动干部教育学学科化建设。2004年华东师范大学和中国浦东干部学院联合开设领导教育学专业；2012年国家行政学院教育经济与管理专业博士点将干部教育培训设置为其中的一个研究方向；在《2013—2017年全国干部教育培训规划》中，首次提出要推动干部教育学学科建设；《2018—2022年全国干部教育培训规划》明确提出要推动设立干部教育学二级学科。目前，中国人民大学、浙江大学、四川大学、河南大学等高校设立了“干部教育学”二级学科，并且已经开始招收本科生、研究生。这对于加强干部教育培训理论和现实问题研究，深入探究干部教育培训规律，是一个重大利好消息。

其势已成，其时已至，未来可期。相信随着“干部教育学”学科和《干部教育研究》等学术研究平台的设立，在全国党员教育、干部教育工作者的共同努力下，一定能构建起我国党员教育、干部教育自主知识体系，一定能为党员教育、干部教育提供有力智力支持和人才支撑，一定能迎来党员教育、干部教育更大发展、更大繁荣。

党的十九大通篇贯穿对干部教育培训的新要求*

党的十九大报告作为新时代中国特色社会主义的宣言书和行动纲领，通篇贯穿着对干部教育培训的新思想新部署新要求。

在指导思想方面，报告提出，新时代中国特色社会主义思想是全党全国人民为实现中华民族伟大复兴而奋斗的行动指南，自然也是干部教育培训的行动指南，必须长期坚持并不断发展。

在基本原则方面，报告指出，新时代党的建设必须以加强党的长期执政能力建设、先进性和纯洁性建设为主线，以党的政治建设为统领，以坚定理想信念宗旨为根基，以调动全党积极性、主动性、创造性为着力点，不断提高党的建设质量；各项工作都必须坚持马克思主义，牢固树立共产主义远大理想和中国特色社会主义共同理想，培育和践行社会主义核心价值观，不忘本来、吸收外来、面向未来，更好构筑中国精神、中国价值、中国力量，必须坚决破除一切不合时宜的思想观念和体制机制弊端，突破利益固化的藩篱，吸收人类文明有益成果，构建系统完备、科学规范、运行有效的制度体系等。这为干部教育培训提供了标准的原则范式。

在培训内容方面，报告提出，要用习近平新时代中国特色社会主义思想武装全党，系统学习新时代坚持和发展什么样的中国特色社会

---

* 原标题为《十九大通篇贯穿对干部教育培训的新要求》，《组织人事报》2018年1月25日。

主义、怎样坚持和发展中国特色社会主义，包括新时代坚持和发展中国特色社会主义的总目标、总任务、总体布局、战略布局和发展方向、发展方式、发展动力、战略步骤、外部条件、政治保证等基本问题，学习新的实践对经济、政治、法治、科技、文化、教育、民生、民族、宗教、社会、生态文明、国家安全、国防和军队、“一国两制”和祖国统一、统一战线、外交、党的建设等各方面作出的理论分析和政策指导；要把坚定理想信念作为党的思想建设的首要任务，教育党员干部挺起共产党人的精神脊梁，解决好世界观、人生观、价值观这个“总开关”问题，自觉做共产主义远大理想和中国特色社会主义共同理想的坚定信仰者和忠实实践者；要注重培养专业能力、专业精神，增强干部队伍适应新时代中国特色社会主义发展要求的能力；增强全党的学习本领、政治领导本领、改革创新本领、科学发展本领、依法执政本领、群众工作本领、狠抓落实本领、驾驭风险本领。这是对干部教育培训提出的明确要求。

在学风建设方面，报告提出，要增强党内政治生活的政治性、时代性、原则性、战斗性，自觉抵制商品交换原则对党内生活的侵蚀，营造风清气正的良好政治生态。要弘扬忠诚老实、公道正派、实事求是、清正廉洁等价值观，坚决防止和反对个人主义、分散主义、自由主义、本位主义、好人主义，坚决防止和反对宗派主义、圈子文化、码头文化，坚决反对搞两面派、做两面人；必须进行具有许多新的历史特点的伟大斗争，反对任何贪图享受、消极懈怠、回避矛盾的思想和行为，坚决反对一切削弱、歪曲、否定党的领导和我国社会主义制度的言行等。这也是对干部教育培训提出的新高度，树立的新标尺。

当前，干部教育培训处在新一轮规划的起步期，要认真学习贯彻党的十九大提出的新思想新部署新要求，站在新起点，采取新举措，实现新目标。

述评

文章从指导思想、基本原则、培训内容、学风建设等角度，分析了党的十九大报告对干部教育培训的新思想新部署新要求。在党的二十大胜利召开后，再来回看这篇文章，更加能够体会到干部教育培训发展的历史纵深感。

新一轮干部教育培训五年规划已经颁布，我们可尝试把握几种潜在的机遇及行动路线：第一，对于干部教育培训工作的行动主体，要充分利用好党的二十大报告及《全国干部教育培训规划（2023—2027年）》和《干部教育培训工作条例》的政策影响力，尝试在组织性质、管理制度、考核方式等方面进行改革和创新，避免用旧的教育培训机制去承载新的时代课题；第二，强化问题导向和系统思维，在设计和制定干部教育培训内容时，应当坚持实事求是，一切从实际问题出发，以认识问题背后的主要矛盾、辨析矛盾的主要方面和次要方面为现实目标开展教育培训工作，使马克思主义中国化时代化继续成为解决中国社会问题有的放矢的思想武器；第三，整合社会资源和市场资源，加快干部教育培训课程设计进程，力求能实现“课堂紧跟时事、课程启迪思想、课后形成办法”的办学开班目的，避免把落后现实的课程提供给每日都在面对新问题的学员们。总而言之，应当加深对干部教育培训工作中所存在问题和矛盾的辨识，坚持开放包容，勇于改革创新，把干部教育培训所存在的种种变量，转化为促进干部教育培训质量提升的持续增量。

深刻把握干部教育培训五年规划的时代背景*

一般认为，编制一个作为未来行动方案的规划，必须首先弄清楚这项工作的历史和现状，使规划处于一个扎实可靠的基础之上。编制干部教育培训五年规划也是这样。

在党的十八大之前的一个时期，党内存在一些这样那样的突出问题，折射在干部教育培训工作中，是在有的领域马克思主义被边缘化、空泛化、标签化，在一些学科中“失语”、教材中“失踪”、论坛上“失声”。一些人认为马克思主义已经过时，中国现在搞的不是马克思主义；有的说马克思主义只是一种意识形态说教，没有学术上的学理性和系统性。有的在讲课时传播西方资本主义价值观念，有的口无遮拦、对党和国家大政方针妄加议论，有的专门挑刺、发牢骚、说怪话，有的打着党校的金字招牌随意参加社会上不伦不类的活动。就教育培训的效果看，理论教育和党性教育的针对性和实效性不够，离入脑入心、刻骨铭心还有不小差距。

党的十八大以来，习近平总书记带领我们党以伟大的历史主动精神、巨大的政治勇气、强烈的责任担当，直面一个时期以来党内存在的突出矛盾和问题，坚持严的主基调，从制定和落实中央八项规定开

---

* 原标题为《认真落实干部教育培训五年规划（3）》，《组织人事报》2023年11月30日。

局破题，紧紧抓住“关键少数”，坚持思想建党和制度治党同向发力，把全面从严治党贯穿于党的建设全过程、各方面，刹住了一些长期没有刹住的歪风，纠治了一些多年未除的顽瘴痼疾，成功开辟了百年大党自我革命新境界。其中，干部教育培训也贯彻从严的要求，使教风、学风为之一新。党的十九大以来，我们坚持不懈用习近平新时代中国特色社会主义思想凝心铸魂，党的创新理论武装不断走深走实。比如，坚持把旗帜鲜明讲政治作为根本要求，突出政治训练、政治历练，统筹实施一把手政治能力提升计划、年轻干部理想信念宗旨教育计划，教育引导广大干部不断增强政治判断力、政治领悟力、政治执行力，自觉做政治上的明白人、老实人。比如，坚持把服务党和国家工作大局作为重大使命，围绕统筹推进“五位一体”总体布局、协调推进“四个全面”战略布局，聚焦把握新发展阶段、贯彻新发展理念、构建新发展格局、推动高质量发展、打好“三大攻坚战”等重大决策部署，组织实施干部专业化能力提升计划，深入开展新时代基层干部主题培训行动，有力地支撑了党和国家事业发展。比如，坚持把改革创新作为不竭动力，不断完善教育培训内容，改进方式方法，有效整合资源，加强各级教育培训机构师资、课程、教材建设，积极开展网络学习，干部教育培训的整体效能进一步增强。比如，坚持把全面从严管理作为基本方针，进一步严明讲坛纪律，严格学员管理，严厉整治不良行为和作风，干部教育培训在全面从严治党中的“净化器”“风向标”作用得到充分彰显等。通过这样的艰苦努力，使干部教育培训工作处在了一个新的历史起点上。

述评

马克思、恩格斯在谈到未来社会构想时曾明确指出，在无产阶级革命胜利、上升为统治阶级后，将按照根据实有资源和整个社会需要而制定的计划来管理生产和分配，利用发展文明的根本前提来推动发展。也就是说，马克思主义政党执掌政权后，坚持有计划地发展和管理，原本就是马克思主义理论体系中的重要观点。

按照马克思主义的理论指导，新中国成立后，从1953年开始，我们党就将长远的战略目标以五年为单位，分解为一个个阶段性目标、任务，并进行系统谋划部署，这成为贯穿新中国70多年来国家治理始终的独特现象。这种规划，作为反映党的意志、党的主张和党的战略意图的科学有效管理工具，对保持党和国家战略的连续性、稳定性，确保一张蓝图绘到底，起到了重要作用，由此也积累了一个经济文化落后的超大规模国家领导现代化建设的宝贵经验，体现出鲜明的制度优势。

国家的大规划、大战略，要靠各级干部带领党员、群众去落实，而干部能力素质要靠教育培训来提高。与整个国家建设发展一样，干部教育培训也是一个系统性工程，是个需要久久为功的系统工作。为了持续、有效地抓好这项工程，自20世纪90年代起，我们也开始编制干部教育培训五年规划，围绕党的中心任务，对干部教育培训工作进行整体布局。加上之前为适应改革开放和干部队伍“四化”建设的需要，中组部还曾编写了一个1983—1990年八年干部培训计划要点，算是五年规划的初级版或1.0版。一路走来，干部教育培训工作的规划指引几乎贯穿改革开放和现代化建设全过程。

编制干部教育培训五年规划，必须首先弄清楚这项工作的历史和现状，使规划处于一个扎实可靠的基础之上。这是最基本的工作方法。在党的十八大的基础上，党的十九大干部教育培训工作又处在了一个新的起点上。特别是党的二十大提出了新时代新征程中国共产党的使命任务，就是团结带领全国各族人民全面建成社会主义现代化强国、实现第二个百年奋斗目标，以中国式现代化全面推进中华民族伟大复兴。未来几年是全面建设社会主义现代化国家开局起步的关键时期，经济高质量发展要取得新突破，改革开放要迈出新步伐，国家治理体系和治理能力现代化要深入推进，全过程人民民主制度化、规范化、程序化水平要进一步提高，居民收入增长和经济增长要基本同步，中国国际地位和影响要进一步提高，在全球治理中要发挥更大作用，等等。这就是制定新的干部教育培训规划的大背景，也是理解、学习、贯彻《干部教育培训工作条例》精神的基本点。做好干部教育培训工作，就是要有全局意识，进行新谋划，做出新安排，实现新突破，开辟新境界。

从落实倒推如何制定培训规划*

目前，各地各部门正在制定干部教育培训规划。这是对今后五年以至于更长一段时期干部教育培训工作进行顶层设计的重点步骤。在这个过程中，需要考虑的是，应制定出一个怎样的规划？是一个精致的摆设，还是一个可行的工作蓝图？

从中组部1983年到1990年干部培训规划工作要点算起，改革开放以来各级党委和组织部门制定干部教育培训规划已有近30年时间。应当说，这些规划对推进干部教育培训改革发展起到了积极的引领作用，也不可否认，有许多成了摆设，只起到供制定规划的人学习、借鉴的作用。为什么会这样？主要原因是规划制定过程中"参考"别人多，从自己地区、行业工作实际出发少。

毫无疑问，中央制定的规划是各级各类规划的总参考。为了制定一个好的、切合实际的规划，中央将规划稿一轮又一轮地征求大家意见。这本来是一件好事——但事物总是一分为二的——这也为部分规划起草者照抄照搬提供了方便。于是，我们便看到了许多这样的规划稿——除了必不可少的区域部门、培训对象等变化，小规划简直就是大规划的"高仿品"。但是，中央考虑工作的内在依据、实现条件、具体路径根本没有参悟透，这样的规划能有什么指导性？

本来，规划应当从自己的实际出发一字一句去写。但已经看到中

---

* 《从落实倒推如何制定培训规划》，《组织人事报》2013年8月1日。

央的规划稿了，对指导思想、基本原则、工作目标、培训内容和方式、基础建设、组织领导等要素已经形成了刻板印象，怎么办？一条不能再减略的步骤是，从将来落实规划的角度，倒推应该写些什么，也就是引入项目管理的理念，将自己地区、部门的培训任务分成一个一个具体项目，看看党委、政府对这些干部的要求是什么？他们每个人又缺些什么？如何有针对性地补上这些缺口？对于补缺口我们又缺乏些什么资源？怎么办？沿着这个思路，就会找到自己规划的着力点。

比如，对于县区党政领导班子成员的教育培训。直辖市和省区之间、东西部之间、汉族地区和边疆少数民族地区之间，领导班子成员的工作环境、具体责任等方面的差别很大，教育培训的资源、条件、基础等方面的差别也很大。如何针对这些差别开展工作？这是各地需要研究解决的特色问题。不仅如此，还要继续研究，针对这样的对象、这样的要求，我们已有的“主渠道”和“高校基地”能否拿出新的有特色的方案和措施？因为“大规划培训”已经开展了两轮，该用的招数都用过了，存在的问题已然存在，如果没有新的方案、措施，怎么切实解决问题？更进一步说，如果拿出了新方案新措施，有没有足以胜任使命的高素质施工队伍？再者，本地确有这样一支队伍，他们会不会真正尽心尽力地工作？没有好的图纸，一定事倍功半；没有好的队伍，必然难达实效；没有好的机制，同样事业难成。

因此，只要从落实出发考虑规划，就会发现问题多多，就会看到一片真实的新天地。

述评

制定中长期规划指导经济社会发展，是我们党治国理政的一种重要方式。就干部教育培训工作来讲，制定实施干部教育培训工作规划，是我们党加强对干部教育培训工作领导、指导的重要方式。习近平总书记对干部教育培训工作高度重视，2023年8月31日，主持召开中央政治局会议，专题审议新修订的《干部教育培训工作条例》和《全国干部教育培训规划（2023—2027年）》。按照中央统一部署，各地、各部门结合各自实际，研究制定具体实施意见。

制定实施一份既有引领作用、又解决实际问题的规划或意见，是专业性很强的工作，必须掌握科学的思想方法和工作方法，应做到"看上、盯下、学左右""瞻前、虑后、能落实"。"看上"就是深入学习研究中央精神，把上级意图领会透；"盯下"就是广泛、深入、有计划、有组织地调查研究，把实际情况摸清楚；"学左右"就是学习借鉴兄弟单位先进经验做法，学人之长补己之短；"瞻前"就是了解历史背景，掌握来龙去脉，包括成败得失；"虑后"就是提前预判实施的走向和结果，谋定而后动，对可能出现的问题提前做好应急预案；"能落实"就是综合各方面的情况，制定实施确实能解决问题、能落到实处的规划或意见，并跟踪落实情况，及时进行调整优化。

坚持、落实与创新同样重要*

前一段到某地学习调研，听到、看到了他们近些年的创新成就，丰富多彩，琳琅满目，极为尊重和敬仰。但是，整体感觉下来，总觉得缺了些什么，显得有些凌乱或者“碎片化”。仔细一想，可能是缺乏对“坚持”和“落实”的反映。

党的十八大在这方面作出了榜样。党的十八大主题开宗明义，有创新，但首先是坚持和落实：高举中国特色社会主义伟大旗帜，以邓小平理论、“三个代表”重要思想为指导，解放思想，改革开放，凝聚力量，攻坚克难，坚定不移沿着中国特色社会主义道路前进，这是坚持；为全面建成小康社会而奋斗，这是落实；将科学发展观也同时作为党的指导思想，这是创新。不仅如此，党的十八大报告通篇都是有坚持、有落实、有创新，的确是一篇充满着实事求是精神的大手笔。

坚持是方向，是框架，是组织或个人成熟的反映。翻阅党史，曾几何时，每每党的重要会议都要有重大战略调整，总使人们对未来产生未知感，特别是从党的八大到庐山会议、再到发动“文化大革命”、再到党的九大、再到党的十大、再到党的十一大。党的十一届三中全会之后，中央提出建设中国特色社会主义，大的框架稳定下来，方针不再动摇、政策不再折腾，保证了30多年建设事业凯歌行进。也正是这种坚持，才积累了我们党的道路自信、理论自信和制度自信。

---

* 《坚持、落实与创新同样重要》，《组织人事报》2012年12月3日。

落实是作风，是忠诚，是组织或个人绩效的基础。落实分两种。一种是自己提出的事项自己做好，另一种是上届定的事这届完成。自从邓小平提出建设小康社会的战略目标，从江泽民到胡锦涛再到习近平，党的领导集体一任接一任集中精力抓落实，为全党树立了榜样。在山西右玉，50多年来，十几任县委班子一任接一任搞绿化，终于使过去的“风沙宝地”变成秀美山川，也给人们做出了榜样。在现在生活中，那种新官不理旧事、一任领导一个频道的现象再不能继续下去了。

创新是抓手，是能力，是组织或个人卓越的体现。目标定了，怎样做好？这时需要创新。因此，创新不是随意行走，不是回避困难，更不是抛弃原则。30多年来，我们党的在一面旗帜下、在一条道路上、在一套制度内，进行了数不胜数的理论创新、方法创新、体制创新、机制创新，就是范例。创新建立在继承的基础上，决不是随时随地另起炉灶。近年来，许多地方进行的组织工作创新，有的缺乏基本学理论证、不符合基本理论范式，从提出之日起就注定坚持不下去，实事上也很快半途而废；有的重复走实践证明早已走不通的老路，劳民伤财，严重挫伤了广大干部群众的积极性。这种长官意志、拍脑袋决策的现象也不能再继续下去了。

述评

干部教育培训事业是继承过往、立足当下、着眼未来的事业，必须保持足够的历史耐心和战略定力，发扬钉钉子精神，一锤接着一锤敲，一任接着一任干，不能狗熊掰棒子——掰一个扔一个，那样形成的碎片化的知识，是不能适应现代化建设的系统性要求的。

2004年2月26日，时任浙江省委书记的习近平同志在《浙江日报》

“之江新语”专栏发表文章《抓而不实，等于白抓》，提出必须把抓落实摆上重要位置，做到落实、落实、再落实。他深刻指出：“实践表明，抓而不紧，等于不抓；抓而不实，等于白抓。抓好落实，我们的事业就能充满生机；不抓落实，再好的蓝图也是空中楼阁。”[①]提出“能否做到狠抓落实，是否善于狠抓落实，这是衡量领导干部作风、能力、水平的重要标志”[②]。这些重要观点，对做好干部教育培训工作也具有直接的指导意义。干部教育培训是务实的，其成效反映在参加培训的党员干部实实在在地受启发、得要领、有进步，要从需求调研、课程设计、组织实施等各个环节抓细抓小抓好落实，来不得半点虚假和马虎。

与其他工作一样，“惟创新者进，惟创新者强，惟创新者胜”。做好干部教育培训工作还要结合新的条件，运用新方法，求得最佳解。总之，“坚持”“落实”和“创新”是一个整体，在干部教育培训工作中要系统把握，一体推进，形成有效闭环。

① 习近平：《之江新语》，浙江人民出版社 2007 年版，第 32 页。
② 习近平：《之江新语》，浙江人民出版社 2007 年版，第 32 页。

有为才能有位*

从功能定位看，教育培训是各个组织手中最有力的领导工具，所有领导者都应当高度重视。但是，在现实中，人们普遍感到，的确不同程度地存在部分领导干部对教育培训“说起来重视，干起来次要，忙起来不要”的现象。因此，总有些干部教育工作者感到无所适从，举步维艰。这是怎么回事？

许多人总是将原因归咎于领导干部认识程度不高、重视程度不够，强调只要一把手重视，没有什么事情干不成。这自然有道理，但不符合马克思主义认识论的基本规律。唯物辩证法告诉我们，外因是变化的条件，内因是变化的根据；外因通过内因而起作用，内因在事物发展中起决定作用。干部教育工作者要勇于和善于从自身找原因，同时，也只有寻找到内因，才能对从根本上解决问题有真正的帮助。

事实上，在当前波澜壮阔的改革发展实践中，各级领导干部需要面对的难题多得难以胜数。在制度和机制还不够健全的情况下，哪一项工作都需要领导高度重视。然而，领导者的精力、关注点总是有限的。谁更有激情和勇气，谁能够主动创新排除万难，干得精彩，干出成效，谁才可能得到更多的重视和支持。相反，谁试图靠自己拥有的优越地位获得超越他人的独特资源，即使一时得益，也难以长久。

这就是转型期的管理特征，这就是市场经济的本质要求。总括起

* 《有为才能有位》，《组织人事报》2011 年 2 月 24 日。

来一句话，在这样一个百舸争流的时代，有为才能有位。

我们的干部教育培训是否有作为？比照标准极其简明：我们提供的培训是否有利于领导干部工作目标的实现？基本结论应当是，出发点没问题，但效果难以保证，也就是说投入产出比不高。据调查，我们提供的培训四分之一以上不适应干部需求，即使有的内容针对性还比较强，但培训方法不符合成人学习特征，因而效果难以保证。将其总结为文件语言，就是干部教育培训的统筹性、针对性、实效性不强。正如习近平同志指出的，有的干部一年参加不止一次培训，重复培训、多头培训现象仍然存在，有些干部却多年得不到培训；对中高级领导干部培训抓得紧，基层干部往往缺少培训机会；培训内容一定程度上存在与需求脱节现象，特别是对推动科学发展、转变经济发展方式、创新社会管理、应对突发事件、对待新闻媒体、做好群众工作等能力的培训亟待加强；还存在理论脱离实际的问题等。这些问题不解决，如何赢得各级领导干部的支持和信任？

应当说，干部教育培训在党和国家的工作大局中已经处于非常重要和有利的位置。能否真正解决这些深层次的问题，把工作做得更好，关键还在于我们自己。

述评

围绕中心、服务大局，是党对干部教育培训工作的根本要求，是做好干部教育培训的基本经验。作为干部选育管用链条上的重要一环，干部教育培训要强化服务意识，在服务中创新发展、在服务中彰显价值。

在服务主题主线上用心用力，牢牢把握干部教育的正确方向。2023年中央印发的《干部教育培训工作条例》(以下简称《条例》)和

《全国干部教育培训规划（2023—2027年）》（以下简称《规划》）首次明确提出，把深入学习贯彻习近平新时代中国特色社会主义思想作为干部教育培训工作的主题主线，这是做好新时代干部教育培训工作的“中心点”和“生命线”，必须贯穿全过程各方面，始终不分心、不走神、不偏离。对照“主题主线”要求，工作中有些环节还需加强。比如，有的理论课老师学理性阐释能力不强，对现实观照不紧，课程缺乏吸引力；有的院校主课地位不够突出，存在重形式轻内容、重数量轻质量的情况。要以落实《条例》《规划》为契机，把主题主线更加鲜明地亮出来、实起来。

在服务中心大局上用心用力，着力为推动高质量发展作出更大贡献。围绕中心、服务大局，是干部教育培训的使命和价值所在，必须紧扣习近平总书记的重要指示要求，紧扣推进中国式现代化这个最大的政治，精准发力、有效施训，坚持中心工作推进到哪里、干部教育培训就跟进到哪里。目前看，有的地方反应还不够快，学习落实中央部署、上级政策存在慢半拍情况；有的部门搞培训单打独斗，满足于培训单项业务，对解决需多部门联合攻关的难点问题，发挥作用不够大。要把服务中心大局作为干部教育培训工作的“出发点”，加大力度开展“短平快”“急需缺”“实战化”的专题培训，不断提升教育培训质效。

在服务干部成长上用心用力，努力提升干部教育培训的针对性、有效性。教育培训效果好不好，干部最有发言权，必须把服务干部健康成长作为“落脚点”。在实际工作中，有的地方简单把培训班次、学员数量作为工作成绩，对培训效果重视不够；有的选调干部不够精准，关键吃劲岗位干部参训机会少，存在训非其时、训非所用情况。要注重发挥学员主体作用，落实基本培训、推动有效覆盖，突出重点对象、加强分类培训，推动培训工作不断改进提升。

干部教育培训需要继续解放思想*

我们党干部教育事业发展的历史，从一定意义上说就是不断解放思想、并不断推动全党思想解放的历史。无论是延安时期的整风学习，还是新时期用中国特色社会主义理论体系武装党员干部，都是打破清规戒律，坚持将创新理论与鲜活实践相结合，以达到提高干部、解决问题的目的。但是，实践永无止境，创新永无止境。面对新形势新任务，干部教育要正确应对许多新问题新挑战，必须重祭解放思想这一重要法宝。

第一，从破除经验主义上解放思想。经验是指人们从多次实践中得到的知识或技能，是个好东西。但是，当经验演变成经验主义时，就成为了一种恶劣的思想方法和工作作风。其特点是从狭隘的个人经验出发，把局部经验作为普遍真理，试图以一己之旧见解决所有新问题。干部教育培训中的经验主义主要表现为不注重对阶段性特征的研究，进而不注重对现代培训理论与方法的运用，蔑视新鲜事物，固守旧理念旧做法。比如，单一强调以教为主，忽略以用为本；单一强调教师的主导性，忽略学员的主体地位；单一强调我打你通，忽略人的学习规律，等等。

第二，从破除官本位上解放思想。官本位是中国传统政治、文化的重要特征。官本位体现在干部教育培训中，一是将培训部门与学员

---

* 《干部教育培训需要继续解放思想》，《组织人事报》2011 年 4 月 14 日。

的关系看作上下级关系，不去顾及“从工作环境到学习环境的转变”，违背民主讨论、平等交流的原则；二是将管理部门与培训机构的关系看作指导与被指导的关系，以行政手段抓培训，不能体现科学化、专业化原则；三是在培训机构内部，将行政人员与教学人员的关系看作管理与被管理的关系，不能体现“专家治学”的原则。

第三，从破除高度一元化思维中解放思想。高度一元化思维与高度计划经济体制相匹配。虽然我国已初步建立社会主义市场经济体制，但思维方式由于其稳定性，有人仍处于高度一元化状态。干部教育工作中的一元化思维，就是简单地把“差别”“多样化”归结为“各种错误和腐朽思想”，将中央提出的在思想政治工作中“尊重差异、包容多样”丢在了脑后。

第四，从破除教条主义特别是培训方法崇拜中解放思想。培训方法，特别是从西方引进的现代培训理念和方法，毫无疑问对推进教学改革、提高培训质量有巨大作用。但是，方法毕竟是方法，方法是为内容服务的。不顾当地具体情况，单一强调方法，是有的“专业培训公司”为营利打出的口号。如，有专家告诉人们，不掌握1500种培训方法、工具，是不能开展培训工作的，就是一个典型例证。

在干部教育培训中，还有其他一些方面需要进一步解放思想，在此不一一枚举。

述评

文章中的许多观点有很强的针对性、指向性。其中，“方法工具是不能开展培训工作的”大有深意。干部教育培训有教学方式方法创新的要求，但更要求形式为内容服务，方式方法创新只是促进教学效果的手段，如果把手段当成目的，就与本来的精神南辕北辙了。

事实上，形式的创新总是有限的，而内容的深化则是无限的。当党性教育方式方法创新全然不顾地走向了“舞台”、走向了“文艺”，当党史中的深沉严肃转化为了艺术的浪漫虚化，当干部教育培训与文化宣传的界限变得模糊，我们应当反思，还能否坚持干部教育培训的初心使命？

方法与技术

培训需求分析如何做、谁来做*

接近年底，又到了制订年度干部培训计划的时候。做需求分析是制订计划的基础和首要环节，马虎不得，否则，基础不牢，地动山摇。那么，这件事如何做出科学化水平来？

从原理上讲，需求分析是一个极其简单的先做减法、再做乘法的过程，即以“组织需求”减去“履职情况”得出“个人需求”，再将大致相同的“个人需求”集合起来，形成培训项目。可以看出，这里的“个人需求”不是个人意愿，依然是组织意愿，只是由于干部对象不同，反映出的组织意愿不同而已。这个原理虽然简明，但是，从实践中看，要求却很高。首先，要有针对不同岗位的、明细的“组织需要”，比如针对正职而不适用于副职的；针对党务干部而不适用于行政干部的；针对组工干部而不适用于宣传干部的；等等。这就是形势任务与胜任能力模型的结合。其次，要对干部一年来的履职情况掌握得非常准确，这就是认真的个人述职和组织评定。对这两项要求，我们的工作基础并不尽如人意。因此，加强基础建设任重道远。

培训需求分析应由主管领导、干部管理人员、干部个人、培训人员四方共同完成。其中，主管领导的优势是，对干部的组织需要和履职情况把握得最准确，可能的弱点是，容易形成本位主义和短期视野；干部管理人员的优势是，了解干部的组织需求、成长经历和发展

* 《培训需求分析如何做、谁来做》，《组织人事报》2014 年 11 月 27 日。

趋势，可能的弱点是，对履职情况感性认识不足；干部个人的优势是，对自己的履职情况有明确的感觉，可能的弱点是，由于有太强的主观意识，容易左右对需求的客观判断；培训人员的优势是，对党和国家的干部政策、培训要求很熟悉，可能的弱点是，对干部的具体情况不很熟悉。因此，只有四个方面联动起来，同向发力，相辅相成，才能做好培训需求分析。

现实工作中的问题往往是，单独突出某方的作用，使培训需求分析的效度打了折扣。一种情况是以主管领导意见主导培训需求，领导说什么就培训什么，结果，往往会重视能力和工作态度的培训，但党性教育和知识更新得不到应有重视，同时培训时间也会大大缩短；再一种是培训人员依据政策规定和上级要求直接提出培训项目，这样会使上级满意，但培训针对性实效性难以保证，培训时间会被大大拉长；还有一种就是搞简单的自主选学，干部自己可能比较满意，但组织需求难以实现。

解决这些问题的路径在于，培训项目要由一个个用人单位在年度考核和队伍建设计划的基础上提出，再由上级部门进行综合、提升，上下沟通合作，设计出不同目的、不同类别的培训项目来，而不是由上级简单决定，切实防止上下一般粗、左右一个样的情况出现。

述评

培训需求分析是否到位，直接决定培训项目设计的针对性、实效性，是提升干部教育培训质量的重要环节。从实际情况看，在培训对象确定、内容供给、方式选择上，精准性还不够、针对性还不强。一是在培训对象区分度上，有的仍旧采用“大呼隆”“一刀切”的方式，面对所有参训对象使用同一张“课程表”，区分效果不明显。二是在内容供给精准度上，有的培训需求调研不深入，无法了解干部的真实需求。有的地方在培训设计、教学内容上简单雷同、大同小异，“谁来都是上的一盘菜”。三是在培训方式精确度上，有的还是习惯运用国民教育的方式进行授课，不会、不懂、不善于运用案例式、辩论式、体验式等干部教育的教学方法。

应通过培训需求分析找出干部在知识、技能、态度等方面的不足，为制订有效的培训计划提供依据，分类开展精准施训。要把教育培训的普遍性要求与不同类别、不同层次、不同岗位干部的特殊需要结合起来，增强针对性。地方、部门等“一把手”突出政治能力和领导现代化建设能力培训，增强“头雁”引领作用。党政领导班子成员在加强政治素质、党性修养和正确政绩观教育的基础上，突出专业化能力培训。机关公务员按照综合管理、专业技术、行政执法三个类别特点开展培训。企业领导人员以忠诚教育、弘扬企业家精神为重点，突出世界眼光、战略思维、创新能力培训。事业单位领导人员、专业技术人员既要加强政治素质、职业素养培训，又要分别突出管理能力、创新创造创业能力培训。年轻干部突出理想信念宗旨、政治忠诚、优良作风、思想道德、正确政绩观教育，以及“七种能力”培训。基层干部突出提高发展经济、改革创新、依法办事、化解矛盾、做群众工作、推进乡村振兴、基层治理等能力培训，实现量体裁衣，因材施教。

领导干部任职培训的不同特点探讨*

随着换届工作进入尾声，各种类型的任职培训风生水起。领导干部类型不同，培训的特点也应不同。

同一行业的高级干部与中、低级干部不同。高级干部一般指省级以上干部或中管干部。他们是中央路线方针政策在本系统具体化的责任人，培训的重点首先应是与党中央在思想上政治上行动上保持一致，提高理论水平和政策水平；而中、低级干部特别是基层干部，培训重点则应突出群众路线和工作作风，提高执政意识、责任意识和抓落实能力。同时，由于高级干部多是由中、低级干部成长起来的，一般而言，已经具备了相当的领导水平；而中、低级干部特别是长期从事业务工作、初次担任领导职务的干部，领导经验相对不足，对领导方法的学习非常重要。

同一岗位的内行干部与外行干部不同。内行干部是指从本系统提拔起来或有较长时间本系统工作经历的干部。这些干部业务能力一般都不错，只是长期在一个系统工作，视野有限，思路也比较单一，培训应以开阔视野、开阔思路、开阔胸襟为主。外行干部则恰恰相反，他们往往是其他行业中的优秀者，出于干部交流、锻炼等目的跨行业任职，培训应以业务修养、职业规范为主。

同一部门的正职与副职不同。正职往往在班子中责任大、要求高、

* 《领导干部任职培训的不同特点探讨》，《组织人事报》2012 年 4 月 26 日。

权位也重，所以，培训重点应放在科学决策、抓班子带队伍能力上，特别要重视坚持贯彻民主集中制的培训。副职的培训重点则应放在专业能力和工作配合、监督、落实上。

同一系统的机关领导干部与地方党政领导干部不同。机关干部由于直接管理服务的人员少，岗位要求区别大，一般应由本部门本系统组织培训。地方党政领导干部由于直接面对基层和广大群众，岗位要求相对一致，又大多属于中央规定的重点管理对象，一般应由更上一级党委直至中央组织培训。

地方的党委书记与政府主要负责人不同。对于党委书记而言，应突出党章和《党政领导干部选拔任用工作条例》等党内法规的培训，使他们切实成为党务工作的内行，善于统揽全局，正确贯彻民主集中制，不把主要精力放到具体项目和事务上。对于政府主要负责人，则应突出党的意识培训，使他们依法履行职责，做维护党的团结的模范，做贯彻民主集中制的模范。

上述细分，在一次培训中要全部实现显然有一定难度。可以采取的措施是，在同一培训班中进行“分类教学”或“自主选学”。日前，中组部组织的组织部长任职培训班就进行了这种尝试。培训班按“有、无组织工作经历”，在同一时间分别开设“社会管理创新”和“干部任用条例解读”等课程，收到了很好的效果。

述评

文章讲了领导干部任职培训的5种“不同”，令人深受启发。此外，结合开展任职培训的切身体会，本述评者欲“反其道而行之”，尝试讨论任职培训的几个共性问题。

第一，缓解新任职干部的“任职焦虑”，是所有任职培训应当关注的一个“隐性问题”。得到组织信任、提拔到更高领导岗位上的领导干部，基本素质是有保证的。但在任职培训中，会发现一些在领导和同事心目中素质非常全面、工作经验非常丰富的干部，却在言谈中表现出对履行新岗位职责的极度焦虑。在跟这些干部深度交流中，发现他们的焦虑主要来自对新岗位不明确、不清晰的认识。这告诉我们，要在任职培训非常有限的时间内，从宏观把握上而不是具体业务上、直观地而不是抽象地，给学员的岗位“画像”，以缓解他们的焦虑，让他们满怀信心地迎接新岗位的挑战，应该作为谋划任职培训的逻辑起点。从一定意义上说，如果能达到这个目的，任职培训就已经在很大程度上获得成功。

第二，应当聘请新任职领导干部最希望求教的人，担任任职培训的师资。新任职的领导干部，尤其是进入新领域的领导干部，一定会想找人“取取经”，捞点“干货”。他们最想找的，可能是在相同岗位上经历丰富的人，以了解有哪些成功经验，特别是如何避免“踩雷”；可能是正在管或者长时间管过这个岗位的人，以了解“顶头上司”最在意、最关注的是什么；还可能是在上级对口部门正在担任领导职务或长期担任过领导职务的人，以了解如何跟上级部门领导打交道，等等。对于新任职的领导干部来说，相比于具体的政策、业务，这些更是他们想急切知道的。应请上述几个方面的领导干部，为新任职领导干部“现身说法”，帮助新任职领导干部多维度审视面临的新岗位。

第三，任职培训中业务知识培训的内容，应当更加重视上级部门的意见。从教育规律看，年级越低的学生，越不具备自主学习的能力，所需来自外界的引导和支持越多；年级越高的学生，自主学习的能力越强，所需来自外界的引导和支持越少。这一规律同样适用于任职培训。新任职的领导干部，就好比一年级的学生，对于需要重点学习的业务知识，上级部门应当有更大话语权。这就要求培训组织者以自身过硬的专业能力，有效开展“供给侧”调研，为学员整合教育培训资源，提供精准引导支持。

将公道正派教育作为组织部长培训的主题*

公道是指公平合理、不偏不倚；正派是指人品作风规矩、严肃，符合道德规范。公道正派是对所有人的要求。但对组织工作者特别是组织部长来讲，坚持公道正派具有特殊意义。

说意义特殊，主要是因为组织工作的对象是人，是对人进行评判、使用。由于组织工作者与工作对象同时处于学习、成长的动态变化之中，充满着不确定性，因而，再没有其他任何一项工作比这项工作更简单、也更复杂。说简单，是因为人人都有发言权；说复杂，是因为人们的意见很难取得一致。由于兼具简单、复杂两重属性，组织工作者自由裁量的空间就非常大。这样，要想做到不偏不倚、无过不及，对其素质能力的要求就非常高。

随着组织工作科学化进程的发展，组织工作者自由裁量的空间会有很大压缩。但是，即使再压缩，一则由于人类认识本身具有不可避免、不可克服的局限性；二则由于人们都有各自的行为目标和行为方式，难以度量，对人的评价不可能发现唯一正确的答案。因此，组织工作做到最后，依然要靠组织工作者的能动性。

能动性无非由“德”与“才”两部分构成。“德”是方向，是出发点；“才”是力量，是精确度。受组织工作两重属性制约，再高的

---

* 《将公道正派教育作为组织部长培训的主题》，《组织人事报》2011 年 12 月 8 日。

“才”也必须面对多种可能性，这时，组织工作者是否遵守道德准则，是否公道正派，对形成最后判断的影响非常大，有时甚至有决定性影响。从这个意义上说，组织工作者公道正派的职业道德是用人公正的最终保障。

组织工作者是否公道正派，除了对用人结果产生影响，对同一结果的公众满意度也会产生重要作用。对于这种现象，亚当·斯密有极精到的论述：对遵守道德准则的人，人们认为他“有责任感”，值得信赖。不遵守道德准则的人，则认为不值得信赖。正是这种对道德准则的尊重，构成了有节操的正直的人与卑劣者之间最本质的区别。事实也一再证明，一个“厚德”的组织部长，即使业务素质不高，但在权势面前不屈服，在利诱面前不贪欲，对公正用人执着追求，就会使社会各界肃然起敬，其工作成果容易获得认同。反之，如果一个组织部长职业道德不好，在利益和人情驱动下钻政策的空子，久而久之，即便能够作出正确抉择，也难以产生公信力。

不仅如此，当今社会处于转型时期，道德建设的任务极其繁重。在人们彷徨无定之时，需要各级领导干部站出来，承担“社会道德领袖”的职责，为社会树起道德大旗。组织部长虽然只是一般领导干部，但工作性质却要求他不得不接受“社会道德领袖”的角色，通过自己的一言一行，影响整个干部队伍道德建设的走向。这样，组织部长公道正派教育就又有了新的更高的使命与意义。

述评

为政之要，惟在得人。如何选人、怎样用人，往往具有“风向标”意义，直接影响着社情人心。古人言，用一贤人，则贤人毕至；用一小人，则小人齐趋。用人以公，方得贤才。组工干部特别是组织部长要把公道正派作为立身之本，以实际行动让干部群众感受到组织上的公道、公平、公正，这也应是组织部长的岗位职责和道德操守。

文章提出，一个“厚德”的组织部长，即使业务素质不高，但在权势面前不屈服，在利诱面前不贪欲，对公正用人执着追求，就会使社会各界肃然起敬，其工作成果容易获得认同。所以，在教育培训中，帮助组织部长始终恪守公道正派的职业道德十分重要。在强化制度运用的同时，要加大组织部长党性修养的培训力度，尤其要把公道正派作为重要培训内容，帮助其承担起“社会道德领袖”的职责，坚持党的原则第一、党的事业第一、人民利益第一，凡事都出于公心，始终恪守公道正派、任人唯贤的职业操守，以公立矩、以公立信、以公立威。

文章还在针对不同岗位领导干部开展职业道德培训方面提供了示例，值得认真思考。

关于态度培训的若干观点评析*

——“即使工作成绩出色，但如果他不具备公司的价值观，那么公司也不会要这样的人。”这是美国通用电气公司前董事长杰克·韦尔奇的一个观点。从广义上讲，价值观是态度的一种。重视价值观建设，是所有组织建设的基础。政党是这样，企业也是这样；我们是这样，美国人也是这样。

——“有的人也许可以使别人顺从于自己，但是行为深刻持久的改变，只能是由发生改变的人自己去实现。”自古至今，改变一个人的态度都必须基于他的自觉与自愿，单靠行政命令是做不到的。即使一时表态说做到了，可信度也值得研究。

——“当一个人在学习如何改善心智模式时，要花相当多的时间来摊出假设，检验这些假设的一致性与准确性，并看出各种不同的心智模式能如何交织起来，从而形成对于某些重要问题更整体的看法。”每个人的态度都是长期积累的结果，要改变他也需要相当长的时间，这一点不以任何人的意志为转移，欲速则不达。

——“学习过程是一个渐进的选择性感知过程。”培训中，要敢于和善于提供多种观点供人们选择。即便是真理，如果总以“霸王条款”的方式出现，也难以产生应有的力量。

——“学习过程中智力与情感发展必须保持平衡。对于成人学员，

* 《关于态度培训的若干观点评析》，《组织人事报》2011年4月28日。

情感问题尤为突出。只有有针对性地解决他们思想上的障碍，才能为获得知识、重组经验，提供有利的条件。”培训必须以人为本，从人性基点出发，从心路历程出发，向党性原则努力，不能脱离学员的生活与工作实际。列宁说，没有对人的情感，就从来没有、也不可能有对真理的追求；白居易说，感人心者，莫先乎情，讲的就是这个道理。

——“成年人态度的改变，是一个非常困难、甚至是痛苦的过程。因为要改变已经形成的观念或摒弃旧的习惯，要付出相当的努力。”所以，培训者对学员要有足够同情心，善于换位思考，耐心地陪伴他们共同度过心智转换的困难时光，而不能搞冷冰冰的“公事公办”。

——“真正的学习通常不是正规教学的结果，相反，往往来自个体的体验和思考，它是学习者主动探究，不断增加自尊、自信和自立的过程。”培训中，要舍得出大量时间、精力组织学员进行体验和思考，促使他们主动探究，逐步获得信念和自尊，不能包办、代替学员内心成长。

——“两个善于为自己主张辩护的人，即使在一起开放、坦率地交换看法，也不一定会有什么学习的效果。”培训者一定要有宽阔的胸怀、开放的心态，愿意并真诚地表现出与学员平等交流的倾向，善于倾听，善于从自己身上找问题、查原因，不迁怒于人，不归罪于外，学习才会真正产生。

述评

教育培训是人类社会发展特别是现代社会发展永久的话题，特别是党员干部的培训，永恒不变的主题都是“人”的改变。但是，想要改变一个人的思考、思想、思维是很难的，需要增强自我意识，铲除思想障碍，多做换位思考，要用“以人为本”的模式，引导参训对象自主探索，多做同理心工作，才能达到培训的目的。先秦思想家墨子提出的“尚贤事能”，直指“人本管理”的实质“能本管理”。孟子也说，“民为贵，社稷次之，君为轻”。任何时候，都是把“人”放到第一位，但“人”又是复杂的，那么就需要长期研究以探索适合的方法路径，来做好培训工作。一旦“人”的主动性被调动了，培训就达到了“正缘久不见云生，事半功倍扫萧索”的效果。

行到水穷处，坐看云起时。如何开展“人”的培训工作呢？旧价值观会不断受到新价值观的挑战，这种改变是受社会改革发展影响的。改革发展亦会受到“人”的影响，通过不断改变、提升、影响“人”的意志力，也就是增强“人”自主探索的积极性，从而推动社会的发展进步。“换位考虑”“学会倾听”“表达尊重”，通过不断跟踪评估，反馈学习，才能解决“人”的培训问题。培训和辅导不完全一样，培训更注重“人”的情绪引导，培训工作需坚持“多元化”方式，使学员心智达到“平衡”。

可资借鉴的企业态度培训理论*

态度是人们在自身道德观和价值观基础上对事物的评价和行为倾向，来源于人们基本的欲望、需求与信念。在企业培训中，态度培训是指为了培养员工的忠诚度、归属感和集体主人翁精神，对员工进行的观念创新、企业道德观、价值观等方面的培训。一般认为，相比知识、技能培训，态度培训是最难的。这是因为，第一，态度是人们思想认识的深层基础，是随着人们认知能力的发展，在环境、教育的影响下，逐步培养而成的。成年人经过长期积累，已经树立了自己稳定的世界观和人生观，要想改变它，靠一两次培训很难解决问题。第二，态度系统有自我防卫特征，当试图改变成年人的态度时，许多人并不是积极主动地反思自己的过错和局限性，而是不假思索、进而想方设法地找理由为自己辩护，以至于每刺激一次，就更加强化一次自己的观点和认识。如果外界刺激过度，有的人会感到人格尊严受到了严重伤害，会反唇相讥，或寻机报复，甚至大打出手，并由此造成一些意外事故。马克思认为：人处在一种对作为满足他的需要的外界物的关系中。要认识到，自我防卫就是人们维护个人人格、尊严荣誉的必然反应。这是开展态度培训必须面对的前提和基础。

凯尔曼提出了态度形成的三阶段理论，即依从—认同—内化。依从阶段，个体迫于外部的压力，在表面上接受，但在认知和情感上

---

* 《可资借鉴的企业态度培训理论》，《组织人事报》2011 年 4 月 21 日。

拒绝；认同阶段，自觉地接受他人或群体的观点和行为规范的影响，在情感方面与他人一致；内化阶段，将新观点与原有的观点或态度有机结合在一起，形成自己个性的一部分。霍夫兰德提出了一个态度转变模式，认为影响员工态度培训的因素主要有培训师变量、信息沟通变量、受训者变量和培训情境变量。按照现有研究成果，开展态度培训，必须遵循循序渐进的原则，持之以恒地进行，不能企冀一蹴而就。在培训中，要仔细观察员工的情感变化，不断满足其情感和社会需求，充分调动他们的主人翁心态，使他们真正从情感上接受培训者宣传的理念，不能居高临下、耳提面命。要选择值得信任和有说服力的培训师，使员工更容易认同并且接受你的观点。要运用恰当的培训方法使员工参与其中，克服单向说教、"我打你通"，特别是杜绝"念大报告"的方法。要选择合适的情境条件，帮助员工集中注意力，从而实现培训效果最大化。

从一定意义上讲，党性教育也是态度培训的一种，只是需要解决的问题更深刻、更重要。他山之石可以攻玉。学习借鉴态度培训理论，从党员领导干部的实际出发，积极探索党性教育规律，不断增强党性教育的针对性和实效性，提高干部教育科学化水平，是干部教育工作者应尽的职责。

述评

党性教育是共产党员的必修课，是共产党人的"心学"。有人认为，能力教育比党性教育的效果更直观，课堂上教会干部一个方法，回到工作单位就能用；带回去一套文件，回到现实就能推广。如果真是这样的话，党性教育的重要性又在哪里呢？

有一次，本述评者问一名学员，我们经常组织学先进，通过学习先进人物，你究竟学到了什么？他很朴实地告诉我，当遇到一件事的时候，会发现有些人这样做了，有些人那样做了，我虽然感到有些做法不对，但看到做的人多了自己也会陷入自我怀疑，这个时候对比一下先进，就知道不是自己傻，因为先进们也是这样做的，会发现是一群人在坚持，突然感到从我到我们，心里很有力量。还有一次，到一个乡镇去调研，乡镇党委书记是我们学院曾经的学员。当问他培训回来最大的收获是什么？他说，干工作的方法我们都会，但在课堂上听懂哪怕一个词，就忽然明白这件工作的重点在哪里，就找到了理论依据，明确了行动方向。

很多事实告诉我，党性教育的效果也许很难量化，但帮助学员产生干事的动机、坚定做事的方向，其效果可能更长久更重要。这样，看着一批又一批的学员参训结束，总是感到在做特别有意义的事。

从管理科学的角度学习把握党史与经典著作*

曾经有一次，在一个青年干部培训班上，提议大家认真读点党史和党的领袖们的著作。结束后，一个学员认真地问，那么枯燥的东西，怎么能学得进去？我告诉他，首先当作管理学、领导学、成功学的案例和专著来研读就可以了。

从一定意义上讲，各级各类领导干部都是管理者，都有追求成功的内在需求。当30年前现代管理科学引入我国后，彼得·德鲁克、彼得·圣吉、杰克·韦尔奇等便成了人们说事拉理的标准，这自然有它的道理。但是，研究中国的管理学首先要从中国的实际出发，这也是全世界做学问的通用准则。而在当代中国，最佳的管理案例莫过于党史，最好的管理学专著则莫过于党的领袖们的有关著作。

托尔斯泰说，幸福的家庭都是相似的，不幸的家庭各有各的不幸。将这句话套用过来，可以说，成功案例的原因都是相通的，不成功的案例各有不同的原因。放眼200年来的中国，还有比中国共产党的事业更成功的案例吗？没有了。同样，还有比带领这个党获得成功的领袖们的思想、观点更经典、深刻的吗？恐怕也没有了。这就是党史与经典著作的管理学魅力所在。对于这个问题，管理学界早就有认识，许多专家就是以党史、军史为例进行领导力、执行力教育的；而在政

* 《从管理科学的角度学习把握党史与经典著作》，《组织人事报》2011年6月16日。

治理论教育系统，并不是人人都有这样的认识。他们仅仅是依据教科书的教义对原理和历史事件进行阐释，本质上是割断了理论与实践的联系。

任何理论都来自于实际，其初始状态都是一件件活生生的人和事。在具体环境中，如何分析问题，如何选择策略，如何推动落实，如何反馈验收，都首先是一个个管理事件。面对这些事件，不同的人根据不同的需要，选择不同的立场、信仰和理念，采用不同的方法，取得不同的效果，这时才展现出深层的意识形态特征。不从研究分析具体问题出发，而从背诵、阐释条文出发，其党史和经典著作的教与学一定是枯燥的、无味的、令人敬而远之的。

之所以出现这种现象，除了基本理念陈旧外，还与培训教师的基本功不足有关。事实上，培训本身就是人力资源管理的一个重要环节，是管理科学的重要组成部分。作为培训教师，首先要精通管理科学，能够理解、解释各级各类干部的领导行为和领导艺术，才能帮助他们进一步提高领导水平和领导能力。但是，我们许多教师仅仅是历史学者，没有现代管理科学的理论与实践，所以，就与干部缺少共同语言，就难以胜任教学。

因此，教育者先受教育，搞领导培训的人先研究领导科学，才可能取得事半功倍的效果。这是摆在我们面前的不二选择。

述评

唯物史观是马克思主义哲学的重要组成部分，实践性是马克思主义的重要特征。从这个角度出发，各级各类领导干部管理的都是“经济社会发展”。从管理科学的角度来讲，领导干部学习把握党史与经典著作应该主要从中获取经济、政治的发展规律，而不能仅仅从文化层面解读，这是由物质第一性决定的。

经济发展是生产力的重要体现，政治运行是生产关系的重要体现，文化作为意识形态反映和记录经济政治运行，并反作用经济政治运行。这也告诉我们，干部教育培训的教师，分析问题不能从历史到历史，而要透过历史现象，去找到经济、政治运行的核心规律，回到生产力与生产关系的根本框架上做更为细致的解读，为干部解决当下问题提供参考。

组工干部要原原本本读经典*

中央刚刚颁布的《2013—2017年全国干部教育培训规划》要求，要组织干部深入学习马克思列宁主义、毛泽东思想、中国特色社会主义理论体系，原原本本读经典，掌握基本原理和科学体系，增强运用马克思主义立场、观点、方法分析解决问题的能力。这对组工干部的学习同样具有重要的指导意义。

除了原原本本读马克思主义经典著作，组工干部还要原原本本读党的组织工作经典著作。只有这样，才能全面系统地掌握组织工作的基本原理和科学体系，深化对组织工作规律的认识，不断提高把握大局能力、运用政策能力、知人善任能力、分析研究能力和改革创新能力。

在90多年的建设发展中，组织工作产生了许多经典著作。试举党的十一届三中全会以前的如下：

中国共产党第一个纲领（1921年7月）；

关于共产党的组织章程案（1922年7月）；

党内组织及宣传教育问题议决案（1924年5月中国共产党扩大执行委员会通过）；

组织问题议决案（1927年4月27日—5月9日）；

关于纠正党内的错误思想（毛泽东，1929年12月）；

---

* 《组工干部要原原本本读经典》，《组织人事报》2013年9月26日。

坚决肃清党内一切非无产阶级意识（周恩来，1929年12月）；

反对本本主义（毛泽东，1930年5月）；

按党的干部标准考察和提拔干部（刘少奇，1937年5月）；

反对自由主义（毛泽东，1937年9月7日）；

论干部政策（陈云，1938年9月）；

中国共产党在民族战争中的地位（毛泽东，1938年10月14日）；

组织工作要中国化（张闻天，1938年10月15日）；

在延安在职干部教育动员大会上的讲话（毛泽东，1939年5月20日）；

怎样做一个共产党员（陈云，1939年5月30日）；

党的支部（陈云，1939年6月10日）；

论共产党员的修养（刘少奇，1939年7月）；

略谈党与非党员群众的关系（张闻天，1939年11月7日）；

关于干部工作的若干问题（陈云，1940年11月29日）；

改造我们的学习（毛泽东，1941年5月9日）；

整顿党的作风（毛泽东，1942年2月1日）；

反对党八股（毛泽东，1942年2月8日）；

我的修养要则（周恩来，1943年3月18日）；

怎样做一个好的领导者（周恩来，1943年4月22日）；

群众路线是党的根本的政治路线，也是党的根本的组织路线（刘少奇，1945年5月14日）；

由群众考察领导干部乃是识别干部的一种有效办法（刘少奇，1945年5月14日）；

党委会的工作方法（毛泽东，1949年3月13日）；

共产党员标准的八项条件（刘少奇，1951年3月）；

为更高的共产党员的条件而斗争（刘少奇，1951年4月9日）；

在全国农村基层组织工作会议上的讲话（邓小平，1954年12月6日）；

关于修改党章的报告（邓小平，1956年9月16日）；

执政党的干部问题（邓小平，1962年11月29日）；

加强党的领导，整顿党的作风（邓小平，1975年7月4日）；

在中央军委全体会议上的讲话（邓小平，1977年12月28日）；

解放思想，实事求是，团结一致向前看（邓小平，1978年12月13日）；

等等。

述评

新时代的组工干部，是站在新的历史高度上继续开展党的组织工作的一代，也是享有丰厚的党的组织工作经典著作资源的一代。文章以党的十一届三中全会为例，列举了34种组工经典著作。通过学习阅读这些经典著作，有助于我们在开展党的组织工作时正本清源，加深对党的组织原则、组织路线、组织制度等内容的理解，从而厘清组织工作开展的历史逻辑、理论逻辑、实践逻辑。

党的组织工作经典著作，均是马克思主义中国化的理论成果，是党的重要文献，甚至一些著作还是马克思主义中国化的纲领性文献。组工干部要原原本本读经典，目的就是要真真实实学习马克思主义中国化的历史、逻辑、规律和成果等。党的十八大以来，以习近平同志为核心的党中央形成了一大批重要文献。以下从五个维度，对新时代组工干部应当研读的经典进行梳理。

一是重要著作的维度。这里所谓的“重要著作”，主要指的是以下已出版的书目：（1）《十八大以来重要文献选编》（上、中、下），《十九大以来重要文献选编》（上、中、下）；（2）《习近平著作选读》（第一、二卷）；（3）《习近平谈治国理政》（第一至四卷）。在这些系列重要著作中，同组织干部工作相关的篇目，均可视作组工干部重点阅读学习的篇目。

二是专题汇编的维度。这里所谓的“专题汇编”，特指习近平总书记署名的专题汇编或中央有关部门署名出版的论述摘编。由于新时代组织干部工作的覆盖面和相关工作的牵涉面均十分广泛，因此，对于组工干部而言，必须要花足够多的时间通览例如《论坚持党对一切工作的领导》《论党的宣传思想工作》《论中国共产党历史》等专题汇编，以及《习近平关于全面从严治党论述摘编》《习近平关于严明党的纪律和规矩论述摘编》《习近平关于总体国家安全观论述摘编》等。新时代的组工干部，应当将其作为“案头书”，并结合实践经验进行思考。

三是重点篇目的维度。对于组织工作而言，“重点篇目”的选定需要因应当下阶段的工作内容、工作要求、工作条件而定。总体而言，组工干部可参考一些文献发表路径来选定适当的“重点篇目”：（1）纲领性文献。这部分的文献，主要是党的十八大报告、十九大报告、二十大报告等党代会报告，以及《中共中央关于全面深化改革若干重大问题的决定》《中共中央关于坚持和完善中国特色社会主义制度、推进国家治理体系和治理能力现代化若干重大问题的决定》《中共中央关于党的百年奋斗重大成就和历史经验的决议》等；（2）习近平总书记发表的重要讲话，例如《在庆祝中国共产党成立一百周年大会上的讲话》等；（3）高频次被收录至重要著作中的文献，例如《全面贯彻新时代人才工作新理念新战略新举措》先后被收录至《习近平谈治国理政》(第四卷)与《习近平著作选读》(第二卷)中。这篇文献中列明的8个要点，成为党的人才事业发展的纲领；(4)时效性强、主题性鲜明的文献。这类文献，一般会刊发于《人民日报》《光明日报》和《求是》杂志上，阐发一定时期阶段中党的重要工作内容。组工干部可根据具体时段的工作重心，进行选择性摘录并组织集体学习。

四是党内法规的维度。在全面依法治国、依规治党的背景下，新时代组工干部应当选取一部分党内法规制度内容作为重要文件进行学习。党内法规制度文件，包括党的章程、准则、条例、办法、规则、规定、细则，由党章、组织法规、领导法规、自身建设法规、监督保障法规等类型共同构成。以《中国共产党纪律处分条例》(以下简称《条例》)为例，这部《条例》印发于2003年，并在党的十八大后，于2015年、2018年、2023年三次修改。2024年4月，全党开展党纪学习教育，深入学习贯彻修订后的《条例》。关于这部《条例》的学习，党中央要求要“原原本本学”。这就要求组工干部，必须要把《条例》学通、学熟、学精、学深，能够以其中的准绳来要求自身和提醒、勉励、警醒身边的同志，从深化党内法规学习和应用的角度来提升组织工作质量。

五是延伸书目的维度。这部分包括《中国共产党组织建设一百年》等权威书目，也涉及一些偏重学术性的书目。其中，学术性、释理性较强的书目，主要可用于阐释具体问题的机理、具体事件的脉络、具体人物的评价等。但是，在使用这些书目的过程中，必须要同党的重要文献结合起来学习，不能忽视党的重要文献中的重要论断和基本观点。在应用这些延伸书目的过程中，组工干部应当坚持大历史观和正确党史观，坚持历史唯物主义和辩证唯物主义的立场、观点、方法，科学对待书目中的论点，系统把握其中论据的上下文意、现实价值及启示作用，使这些书目和其中的篇目能够在组织工作中发挥资政育人的良效。

其实，这里只是对组工干部应学习的经典著作进行了简单罗列，各行各业也都应这样确定自己的必读经典书目。

组工干部怎样学党章？*

党章是党的总章程，是全党必须共同遵守的根本行为规范，是管党治党的根本标准和遵循。认真学习党章、严格遵守党章，是加强党的建设的一项基础性经常性工作。作为党的建设的重要操盘手，组工干部学党章既有与一般党员相同的要求，也有其特殊的要求。

特殊性主要表现在，党章的绝大多数规定与组织工作业务要求高度重合。这也难怪，因为党是以组织为载体建立的，党的建设首先体现在组织建设上。因此，党章的条文部分，第一章党员、第二章党的组织制度、第三章党的中央组织、第四章党的地方组织、第五章党的基层组织、第六章党的干部、第九章党组、第十一章党徽党旗，都是组工业务的具体内容，而第七章党的纪律、第八章党的纪律检查机关、第十章党和共产主义青年团的关系，也与组织工作密切相关。不仅如此，党章总纲部分，所有条款都是对党员进行教育管理的核心内容，也是组织工作须臾不可离开的依据和要求。从这两个层面讲，学习党章与学习业务，对组工干部来讲，是一而二、二而一的事情，任何人也不能从“政治”与“专业”的不同角度进行区分：学好党章就是学好业务，学好业务就必须学好党章。这就是组工干部学党章的最大特点，因而也是有别于任何其他干部的更高要求。因此，组工干部党章学得好不好，就不单是理解得深刻不深刻，贯彻得到位不到位，还应

* 《组工干部怎样学党章？》，《组织人事报》2015 年 12 月 24 日。

该是阐释得清晰不清晰，讲解得系统不系统。换句话说，在以党章为主要教材的讲党课活动中，组工干部应当义不容辞、理所当然地成为最专业的讲师。

就当前组织工作和组工干部队伍建设面临的突出问题看，组工干部学党章应强调以下重点：一是深入学习领会党的性质、宗旨、指导思想、奋斗纲领和重大方针政策。组工干部要引导广大党员、干部自觉学习党章、遵守党章、贯彻党章、维护党章，自己必须率先加强党性修养，增强党的意识、宗旨意识、执政意识、大局意识、责任意识，深刻理解马克思列宁主义、毛泽东思想、邓小平理论、“三个代表”重要思想、科学发展观和习近平总书记重要讲话的立场观点方法，把握精神实质，增强道路自信、理论自信、制度自信。二是深入学习领会党员的条件、权利、义务和党的各级领导干部的基本条件。要不断探索尊重和坚持党员主体地位、保障党员权利的途径、方法与体制机制，激发广大党员以主人翁的姿态在全面建成小康社会的伟大征程中发挥先锋模范作用。要以党章规定的标准，切实做好干部选拔使用、考核管理、教育监督工作，建设好党的执政骨干队伍。三是深入学习领会党的纪律。组工干部作为管党员的党员、管干部的干部、管人才的人才，政治纪律和政治规矩这根弦坚决不能松，应时刻牢记纪律、奉行规矩，行动上先行一步，做出表率。

述评

全党学习贯彻党章的水平，决定着党员干部队伍党性修养的水平，决定着各级党组织凝聚力和战斗力的水平，决定着全面从严治党的水平。不论是领导干部还是普通党员，要做合格党员，学习贯彻党章都是第一位的要求。

党章是党的最根本的党规，是党的根本大法，是规范和约束全党行为的总章程。党中央高度重视党员干部队伍对党章的学习，目的就是要通过深入学习贯彻党章来提升新时代党员干部队伍的党性。在紧密结合党性修养深入学习党章的过程中，干部教育工作者需要重视并正确把握四个问题：

一是通过党章来明确组织和个人的本质关系。党章之所以是党的“根本大法”，根本原因在于它规定了党员作为政治个体同党组织之间的本质关系。这种本质关系，不是简单的从属与服从，而是在一个共同的、长期的、与时俱进的奋斗目标感召与指引下，不同政治个体应当如何进行思想建设、理论学习、实践展开。借用哲学术语讲，即党章从本体论和认识论的视角规定了“什么是党员”，这也同时规定了“什么是党性”。党员的思想入党和党性修养，是需要下一辈子功夫的。这是因为中国共产党话语体系中的“党性”，不是一般的“政党—党员”的规范性体例说明。我们党所强调的党性，是“人”的人性、社会性、政治性、民族性、历史性、现实性等属性的特殊集合，不能脱离于历史的和现实的中国来进行理解。可见，党性基于人性，但也超越人性。这也是为什么我们党高度重视党章的历次修订工作，要求党员干部要把党章学深、悟透，切不可用想当然的态度看待党章对党员的要求。因此，对于新时代的党员干部而言，基于新的历史方位和时代任务来学习贯彻党章，就是要以正确的观点和方式来“革自己的命”。

二是强化党员队伍对于党章的敬畏心。畏则不敢肆而德以成，无畏则从其所欲而及于祸。党的十九大报告指出，要推动全党尊崇党章。党的二十大报告则要求各级党组织要履行党章赋予的各项职责。党章是党员思考与行动的根本遵循，是党员干部行事作风的最重要的依据。对党章的敬畏心，根本上是对党和人民的敬畏。需要指出的是，这种敬畏心并非是虚无缥缈的恐惧心，而是基于真真实实明白干部的角色地位、权益权利、现实权力的真正来源。如果不能明白这种敬畏心的本质含义，干部就难免会产生唯上而不唯实、唯服务领导而不服务人民等错误观念。对于上述问题及其他类似问题，党章已经有了清晰的界定及表述。澄清错误观念，坚持正确观念，对党章树立起敬畏心，是新时代党员进行党性修养的起点。因此，对于新时代干部教育工作者来说，应该在重视党员干部队伍对党章敬畏心的基础上，深入思考强化这种敬畏心的工作思路、教育方法和评价方式等。

三是用好批评和自我批评等武器来学习党章，提升党性。批评和自我批评是我们党的优良传统和作风，是马克思主义政党区别于其他政党的政治标志。在继承和发扬批评和自我批评这种传统与作风时，我们应当注重以党章作为批评和自我批评的对照标准。当今，世界正处于百年未有之大变局，变革格局之深刻超乎许多人的想象。因此，大力推动党员干部学习贯彻党章，目的就在于让党员干部时刻警醒，用批评和自我批评的武器来强化新时代的党性内涵，确立党性的时代要求，更新思想观念，避免由于因循守旧、刻舟求剑甚至顽固不化等观念和做派阻碍工作开展，甚至造成负面影响。

四是基于党章精神和要求做好相关教学设计。党的二十大修订的党章，是党团结带领人民推进和拓展中国式现代化的纲领性文献，要以新的眼光来看待新党章的历史地位和现实价值。对于干部教育培训工作者而言，应当把党章中的新变化进行仔细梳理，分析和领悟这些变化的深意，正确把握新党章对于如何坚持和加强党中央集中统一领导，如何坚持不懈用习近平新时代中国特色社会主义思想凝心铸魂，如何完善党的自我革命制度、规范、体系，如何建设堪当民族复兴重任的高素质干部队伍，如何增强党组织政治功能和组织功能，如何坚持以严的基调强化正风肃纪等。这些任务，归根到底是要让党员干部形成为党和人民根本利益而奋斗的党性，形成与时俱进、继往开来、埋头苦干、奋勇向前的党性。因此，在相关教学设计方面，干部教育工作者应当时刻把新党章作为实践遵循。

学读文件的五个层次 *

对于重要文件如党的十八大报告这样洋洋3万言、包罗万象、体系庞繁的经典性著作，绝非一蹴而就或一鼓作气就能学深学透的。从初步的情况看，应认认真真地经历5个层次或5个阶段。

通读，就是原原本本、一字一句地读。通读的目的，就是从整体上把握报告的框架和要素、体味报告的精神和意蕴。通读阶段，不能忽略整体而直奔所谓“重点”“亮点”，不必直接深入细节。这个阶段读得不扎实，学习就会只见树木不见森林，最终在深入的冲动下使学习难以真正深入。

导读，就是请有关专家就重要观点的来龙去脉、不同看法、微言大义、基本假设等进行解读，帮助人们从学术、理念、论据、逻辑的角度进行理解和把握，特别是对于非理论工作者来讲，这个阶段非常重要。现在，各级党组织都普遍重视这个阶段的工作，但是否能请到真正高明的、真正以干部学习需求为导向的教师，成了关键。

精读，就是再次对报告进行系统、深入的学读。这时因为有了相当基础，所以可能结合工作实际和自己的学养水平，发现报告中的“重点”或“新意”。同时，也更重要的是，可能发现报告坚持、继承了什么，“忽略”、舍弃了什么。在一个以渐进性变革为特征的社会里，这种发现无论对于提升思想还是指导工作，都是极为重要的。

---

* 《学读文件的五个层次》，《组织人事报》2013年1月24日。

研读。就是针对“重点”“新意”“坚持点”“继承点”及“忽略点”等，与同行或专家一起深入研讨，体味核心思想，把握精神实质。这是不可逾越的“深化”“精进”阶段，一般以各种研讨会为主要载体。需要提出的是，对于一般党员干部而言，参加研讨会的机会并不十分丰富，因此，需要各级党委特别是党支部能遵循组织学习规律，科学设计实施学习过程，争取学习成效最大化。

讲读。前四个层次的学读都是信息的输入和内化，要进一步提升学习成效，还必须经历讲读阶段，就是要求将自己的所学所悟，经过思维加工，结合某个专题，以讲课的方式呈现出来。讲读时，要注意不照本宣科，要用自己的语言讲自己的理解，要“两面讲”、注重思想性而不是简单称颂、表态。如果能够“离开”报告讲报告并随心所欲不逾矩，文件学习应该说就达到初步的目的了。

综上可以看出，文件的学习领会是一个环环相扣、逐层递进的过程，走不得捷径，来不得偷懒。扎扎实实地学了，就如同与习近平总书记进行了一次心领神会的长时间对话，春风入怀，受益无穷；浮皮潦草地一带而过，就真是入西天胜境空手而归，再浩叹“时不我与”“佛不我渡”，就天人两误了。

述评

文件是上下级沟通思想、交流工作的重要方式，学读文件是各级干部一项日常而又频繁的工作，学读得到位，就能准确把握上级的精神要求，并能够融会贯通抓好落实，推动各项工作健康发展。反之，学不全、学不准、学不深、学不透，就会把上级的要求搞偏、走样，或者打折扣、搞变通，或者照本宣科、脱离实际，给党和国家事业带来损失和危害。

文章从通读、导读、精读、研读、讲读五个层次进行分析，层层递进，每个学读层次重点突出，构成了学读文件的一个有效闭环，为广大干部正确学读文件提供了务实管用的方法。同时，文章在谈论讲授方法的过程中，也对干部的学风提出要求，那就是要静下心来、学得进入、深入研究，切忌浮躁，停留在表面，搞浏览式、应付式学习，不要搞形式主义。如果真正这样去做，一定会大见成效。

再谈增强干部教育培训的针对性实效性 *

刚刚结束的全国组织工作会议，提出了新时代党的组织路线，将“全面贯彻新时代中国特色社会主义思想”作为首要内容。全面贯彻习近平新时代中国特色社会主义思想，以深入学习、深刻领会这一思想为前提。在当前，研究增强干部教育培训针对性实效性，就是要按照全面贯彻党的组织路线的要求，将学习领会习近平新时代中国特色社会主义思想作为首要的、核心的也是基本的内容。或者说，要把干部教育培训的全部力量，聚集到学习贯彻习近平新时代中国特色社会主义思想上来。

之所以把习近平新时代中国特色社会主义思想作为党员、干部教育培训首要、核心、基本的内容，是因为，这一思想作为马克思主义中国化的最新成果，是指导当今中国这个世界上最大的发展中国家、最大的社会主义国家阔步前进的完整的战略体系和理论体系。党的十九大报告概括的“八个明确”“十四个必须”，涵盖了新时代坚持和发展中国特色社会主义的总目标、总任务、总体布局、战略布局和发展方向、发展方式、发展动力、战略步骤、外部条件、政治保证等基本问题，涵盖了我国经济、政治、法治、科技、文化、教育、民生、民族、宗教、社会、生态文明、国家安全、国防和军队、“一国两制”

* 《再谈增强干部教育培训的针对性实效性》，《组织人事报》2018 年 6 月 7 日。

和祖国统一、统一战线、外交、党的建设等各个方面。真正把这些内容都学好了，弄通了，做实了，高素质专业化干部队伍建设的目标就达成了，干部教育培训的目标也就随之达成了。

在方式方法上，总的讲，要坚持不断学、反复学、深入学，研机析理学，融会贯通学，避免不求甚解，浅尝辄止，一瓶子不满半瓶子晃荡，最终难以运用，解决不了工作、生活中的疑难问题。

第一步，把书读厚。要结合实际，围绕一个个具体观点、论断进行深入学习，切口可小，但研学要深，要从概念界定、理论阐释、经验总结、学理论证、背景解读、误区分析、案例研究等多角度、多维度学习研讨。要进行科学的概念界定，明确理论观点的外延、内涵，避免望文生义、别生歧义；进行系统的理论溯源，在马克思主义经典宝库中寻找理论来源，将最新成果与马克思列宁主义、毛泽东思想、邓小平理论、"三个代表"重要思想、科学发展观联系起来，把握它们之间既一脉相承又创新发展的关系，植厚理论根基；进行深刻的历史回顾，结合5000多年中华文明史、500年社会主义史、170多年民族抗争史、90多年党的奋斗史、60多年新中国建设史、40年改革开放史，总结经验教训，增强文化自信，启迪中国智慧；开展深入的学理分析，从学术的角度进行分析解读，而不是简单地以事实解释事实，以文件解读文件，深刻把握规律性科学性；进行深刻的背景分析，明确问题导向，开展针对性思考与研讨；进行全面、科学的误区分析与释疑，纠正种种"过"与"不及"的认识、判断，反对一切错误观点和混淆是非的观点，增强教育培训的斗争性；进行典型案例的分析、研究，巩固、强化认知效果，实现"举一反三"的成效。

第二步，通过设置一定的机制、场景，促使干部把自己摆进去，把职责摆进去，把实际摆进去。就是要组织干部按照学习内容对标找差，联系思想实际，列出问题清单，深挖思想根源，有针对性地提出整改落实的措施方法，而不是简单地发牢骚、讲客观，更不是站在门外指手画脚、批评指责。其中，反思与探询是两个至关重要的环节和技术。首先，组织干部追问自己对这个事物、观点基本上持什么样的看法或信念；其次，质询自己的看法所依据的“原始资料”是什么；再次，再问自己这个看法是否不够精确或有误导作用？最后，重新确认资料及自己的判断。在此基础上，大家相互再就上述问题进行深入的、具体的交流，看看自己与别人的不同点在哪里，从而发现新的认识、分析、解决问题的方式方法，做到不断地开阔视野、开阔胸襟，解放思想、更新观念，与时俱进、超越自我。

第三步，再把书读薄，深刻体会贯彻其中的马克思主义立场观点方法。再深刻的理论体系，说到底都来源于实践，都是由人创立的，其范畴概念、行为事件的背后，都站着具体生动的人，反映着基于实践的具体生动的立场观点方法。在深入学习、深刻剖析的基础上，要组织干部进一步体会习近平总书记坚持马克思主义、共产主义、中国特色社会主义的崇高政治品质，忧党爱党、坚持推进马克思主义执政党建设的政治站位，熟练运用辩证唯物主义和历史唯物主义的缜密思辨逻辑，统筹国内国际两个大局的宽广战略视野，深谋远虑、运筹帷幄的高超政治艺术，坚持问题导向、善于发现倾向性问题的政治敏锐性，保持强烈的忧患意识、坚持居安思危的底线思维，坚持党的群众路线、深厚爱民情怀、为民忧民的政治立场，治大国若烹小鲜、掌舵把航的政治智慧，始终从党和国家兴旺发达、长治久安谋划工作的战略思考等，进一步增强学习贯彻的自觉性和使命感。

从设计、保障上讲，还要注重科学的学习培训布局，特别是针对不同岗位、不同对象、不同情形设置不同的学习方法、学习资料、学习进程、学习班次和考核办法；要建设高水平的教学师资队伍，使教学师资既成为好的理论工作者，又成为好的教学工作者，能将博大精深的思想理论通俗化、大众化；还要进一步贯彻全面从严治党的要求，严肃党内政治生活，营造良好政治环境，尽力缩小党性教育与社会现实的差异性。

述评

从一定意义上讲，干部教育培训的主要任务就是组织干部学读文件。如何组织学员把文件学懂学好，文章给出了的“三步走”的学习方法，简单讲就是学好理论、结合实际、得出结论。要在教育培训工作中帮助学员实现这一目标，也要把握三个环节：

首先，要设置专门课程，在自学的基础上，安排专家学者深入解读相关著作、重要讲话和指示精神，帮助干部系统理解其核心要义、精神实质、丰富内涵和实践要求。

其次，要融入其他课程，如在现场教学中，有机融入习近平新时代中国特色社会主义思想的相关内容，利用与这一思想相关的实践基地、示范点等进行现场教学。

最后，要引导干部加强实践锻炼，把握好习近平新时代中国特色社会主义思想的世界观和方法论，坚持好、运用好贯穿其中的立场、观点和方法，自觉用党的创新理论武装头脑、指导实践、推动工作。

现场教学也要提高针对性实效性 *

现场教学最初是指培养劳动技能的教育实践活动，现在，成为一种被日渐重视的干部培训教学方式。现场教学的优势是，可以完成课堂教学难以实现的教学目标，如体验、实操、全息感知等。随着社会变革加剧、发展一日千里，许多现实领导干部工作中的复杂问题难以在课堂上用语言描述清楚，加之日常工作形成的人与人的疏离感需要在培训中加补，现场教学活动便越来越火，不仅在“红色教育”“党性教育”方面，日常工作交流研讨也大量采用现场教学的方式实现。

一般地讲，现场教学以现场方的讲解为主，有些做得好的地方，如较成熟的红色教学现场教学，还配合上培训方专业教师的点评和提升。这样一个流程下来，大致可以实现教学目标。但是，在经验交流类的现场教学中，流程就不都是这样规范，更重要的是，现场方的讲解往往过于基础化、细枝末叶化、自我表扬化，培训方又没有什么事先研究充分的现场点评，致使现场方讲的讲，学员走神的走神，花费很大的现场教学活动便变成了一次简单的观览。因此，提高现场教学的针对性实效性问题不得不提到重要议程。

如同做好一切工作一样，提高现场教学的针对性实效性，关键在于之前的认真准备。一是现场方讲解的准备。培训教学一般是针

* 《现场教学也要提高针对性实效性》，《组织人事报》2016 年 12 月 15 日。

对内行人的高端交流活动，不是一般性的参观旅游，因此，培训方要与现场方认真交换培训需求，首先确定“不讲什么”“讲什么”，不至于搞简单的、基础性的重复。主要原则是，不讲学员知道的，如中央文件的要求，全国已经普及的经验和做法等；不讲学员关注度差的，如具体入微的小细节，工作中发生的小故事，本地区或外地区领导人的肯定性意见等。要讲本地结合中央精神的创新实践、曲折经历、心路历程、失败教训，讲学习中央精神、分析存在问题、思考实践创新的范式、框架等，以增强讲解内容的针对性、深刻性。二是培训方精心做好引导学员学习思考的准备。现场教学不是走马观花。教学过程中，培训教师要如同课堂教学一样，认真准备相应的基本素材、思考题和适当的研讨方式，引导学员从多角度多层面充分感知现场提供的材料，有意识地激励、唤醒、鼓励学员与现场方有针对性地开展讨论交流，在发现问题、解决问题、又产生新问题的过程中迸发出新的火花。三是准备精准的主题点评。点评可以是总结式的，但更多是提出新的更深层次的问题，引发学员与现场方新的思考，共同研究推动工作的新思路。四是回到课堂后继续组织研讨，从理论与实践的结合、中央精神与本地实际的结合、他人经验与自己做法的结合上，深化认识，把握规律，提出思路，如有必要，可将这些研究成果送现场方参考。唯其这样的现场教学，才谈得上是真正的“教学相长”与“学学相长”，谈得上“上门取经”与“传经送宝”。

述评

现场是现场教学内容的实际或原本发生地点。这些地点承载了特定的人物活动和历史事件。特定的时空场所、人物活动、重要事件等共同构成了“现场”。现场教学实际上是以“现场”为“教材”的教学，而不是仅仅在“现场”开展的教学。这就意味着现场教学的资源有显性资源和隐性资源，能够看到的场景、原物等是显性资源，而背后相关的横向、纵向信息都是隐形资源，要完整深入挖掘这两方面的资源才能将问题讲深讲透。

现场教学与专题教学不一样，现场教学的“场”是开放的，专题教学的“场”是封闭的，大多在教室。这就意味着，在专题教学中很多信息需要教师来给予、来补充。而在现场教学中，学员可以从外部一切有形、无形的媒介中获得信息。如果将专题教学中教师讲授的信息定为100%，现场教学中学员看的、听的、体验的、感知的可能已经占到70%，剩下的30%才是教师需要讲的，也就是人们常说的点评、提升或催化。现场课需要去除学员来到现场之前已知的，还要去除来到现场之后了解到的，剩下的才是需要教师给予的“补充性”的知识，这些知识通常是“本地结合中央精神的创新实践、曲折经历、心路历程、失败教训，如何学习中央精神、分析存在问题及实践创新的范式、框架等”。

误区常常在于，教师自身对实践问题没有认识，也误以为学员对实践问题没有认识，现场讲解时教师只是给予了自己想要给予的，却并非学员想了解的，学员觉得走一走看一看，增长一下见识、见闻，也算差强人意，在评教时毫不吝啬地给出了好评，又让施训者以为本以为然。提高现场教学的针对性和实效性，首先要根据学员面临的问题设置教学内容，当然学员的问题可能是个体、岗位和组织问题形成的复合问题，在此基础上来确定“讲什么”“不讲什么”，不至于搞简单的、基础性的重复，这样，“针对性”“实效性”就显现了出来。

需要进一步探讨的是，什么样的现场适合开展教学。也就是说，不是所有现场都值得付出大量时间组织教学的。到拥有多大信息量的现场进行教学，比同样时间进行的室内教学的成效更好，值得认真研究。

现场教学要以室内教学为基础*

一般地讲，教学活动以室内为主要场所。得益于人们对党性教育、红色教育重要性紧迫性认识的大幅提升，也得益于航空、高铁和高速公路等现代交通事业的快速发展，现场教学特别是异地党性教育现场教学空前繁荣起来。与此同时，现场教学良莠不齐、鱼龙混杂的现象也大量出现，引起了人们的忧思。

所谓现场教学，简而言之就是“在现场进行的教学活动”。培训课堂之所以选择到现场而不是在室内进行教学，是因为有一些教学目标在现场实现起来更方便，比如全息感知、环境体验；比如有针对性地进行实操练习，等等。将教学活动由室内搬到现场，能实现“百闻不如一见”，达到事半功倍的效果。这些特点，恰恰适合于对培训要求较为复杂的党性教育。自然，党性教育不是只有现场教学一种方式，还有诸如理论学习、典型报告、研讨交流、自我剖析等多种有效方式。

然而，现场教学无论如何方便，其实质还是教学活动，要符合培训教学的基本规律。比如，要坚持问题导向，一班一策，因材施教，因人而异；要聚焦培训目标，坚持步步推进，促使学员学深悟透，举一反三；教学过程中既要有情况介绍，也要有理论运用，更要有问题剖析，还要有反思探询、概括提升，等等。基于这些规定性，一些现

* 《现场教学要以室内教学为基础》，《组织人事报》2018 年 5 月 17 日。

场教学课程，在室内也能进行，特别是在多媒体条件下，室内教学效果与现场教学效果相比，并没有悬殊差异。反过来说，好的现场教学，只有在室内准备充分，到现场去效果才会更好。这就是说，如果没有室内教学的底子，没有充分、确定的需求分析、目标定位、理论准备、问题研究、培训催化，现场教学的针对性、思想性、深刻度会大打折扣，其质量和效益不可能达到预期目标。也正是在这个关节上，展现出专业的教育培训与红色旅游的本质区别。特别是当党性教育要以理论教育为基础时，现场教学以室内教学为基础的意义会看得更加明白。现在，一些地方探索现场教学加室内教学，或者干脆提出现场教学“案例化”，就是将现场教学“回归”室内教学标准的具体体现。

当前，党性教育现场教学存在的一些“乱象丛生”现象，甚至给人一种党性教育什么人都能做、不需要任何资质要求的不良印象，其要害就在于，这些所谓的培训机构和教师并不具备室内教学的能力和水平，既做不到一班一策，有针对性地设计课程、组织教学，更做不到理论分析、问题研究、总结提升；而一些专业培训机构做的现场教学，受时间、场地和教学安排的限制，也只在现场进行了参观考察，有的还“一个稿子背到底”，用一套经久不易的“讲解词”“点评词”“访谈词”应对千万人和“回头客”，千篇一律，上下一般粗、左右一个样，显得有些“水”，并没有展现出与红色旅游的本质区别。这样，就提供了尴尬的红色旅游与党性教育、景点导游与培训教师同台秀技甚至可以相互替代的土壤和条件。从长远看，这种现象必将损害现场教学的声誉，损害党性教育的声誉，损害党的干部教育培训事业的声誉，绝不可等闲视之。

客观地讲，如果将室内教学作为现场教学的基础，强调培训组织中室内教学的比例，本身就是办干部培训班的门槛，会有效提升教育培训的效果，也会遏制现场教学“一哄而上”“乱象丛生”的现象。各级党校、行政学院旁边并没有更多的同类型培训机构和培训活动，就是明证。

述评

原文作者曾经过，“大腕儿讲现场，小腕儿讲专题”。当本述评者初听到这句话的时候，真是被惊了一跳，以为专题教学不重要。但继续聊下去，才明白这句话说的意思是，强调现场课和专题课一样重要。现场教学教师要在具备构建和讲授专题课的基础上，来准备现场课，并且能够驾驭更加复杂的现场要素，因时因地因人因势开展教育培训，因此，能把现场课讲的和专题课一样好的老师，需要具备比讲好专题课更扎实的素能，付出更多的努力。回过头来看这句话，其实不应该关注“大腕儿”还是“小腕儿”，而是首先要是“腕”，这才是对现场教学教师素能的要求。

现场教学是新兴起的党性教育干部学院高质量发展的基础。所谓基础，在于各干部学院的特色资源主要在现场，而一直以来现场教学存在着“碎片化”“表面化”“宣传化”“走马观花”等现象，现场教学质量难以达到和专题教学一样的深度和广度，是干部学院教学质量的短板。高质量的现场教学是干部学院高质量发展的必要条件，干部学院要想高质量发展必须补上现场教学这一课。

现场教学案例化是提升现场教学质量的一种尝试。新一轮干部教育培训五年规划提出，“推行课堂讲授、案例解析、现场感悟相结合的教学方式”[1]，具体到现场教学案例化来说，其实践要求，就是把一

---

① 《中共中央印发〈全国干部教育培训规划（2023—2027年）〉》，《光明日报》2023年10月17日。

个现场教学点的核心经验，作为习近平新时代中国特色社会主义思想的创新实践案例，在现场进行深度解析，引导学员在现场感悟，把理论、案例和现场贯通起来。

首先，案例教学基于对问题的深入分析，比如，在党史党性类现场教学中讲述英雄人物、红色故事、革命精神、优良作风等史实的同时，应更加侧重讲清楚上述内容的时代价值和逻辑内涵，特别注重在讲述过程中将习近平新时代中国特色社会主义思想融会贯通其中，切实讲出其中的理论价值、时代价值、实践价值。

其次，案例教学需要将丰富的资源内涵讲全面，比如一些革命旧址时间跨度较长，蕴含着不同方面的精神；一些教学点既有历史的启发，也折射出新时代的生动实践；一些史料既有经验又有教训等，都需要充分挖掘运用，多角度全方位进行阐释。

最后，案例教学需要做到系统地讲，一个区域、一段时间，特有资源往往拥有内在的联系和脉络，通过课程把这些资源串起来，把重要理论问题联系起来看，用特色资源体系支撑特色课程体系，用特色课程体系阐释特色资源体系。

利用地方素材不等于宣介地方品牌*

从创建到今天，我们党经历了近100年的奋斗牺牲，产生了许多可歌可泣的英雄事迹，涌现出数不胜数的先模人物，留下了遍布各地的革命遗迹，当然，也出现了一些负面人物、惨重教训。所有这些，都构成了开展党性教育难以复制的生动素材。

然而，在教学过程中，有些地方不是把着力点放在利用这些素材启发学员进行对照检查、反求己身上，而是放在对这些资源的评价宣介上，偏离了教学主题和目标，冲淡了培训效果。其一，有的整个教学内容都在赞叹本地党史事件、党史人物的特殊贡献、历史意义，并且往往进行“自我拔高”，比如在历史上是“第一次”；与某某重大精神、重大事件“齐名”；曾得到某某领导、某某专家的充分肯定；是某部文学作品、影视作品的“原型”；甚至是马克思主义中国化某个观点的起源地。为此，还有的刻意对其他地区相关主题的事件、人物进行“贬低式”评价，以彰显本地区党史事件的重大、高明。其二，有的热衷于研究介绍党史人物的家族迁沿、师门传承、文化修养、爱情故事甚至奇闻逸事，独独对其选择革命的心路历程一带而过甚至不置一辞。其三，有的对党史人物只做正面宣扬，不讲教训、不足，甚至对犯有严重错误、被开除党籍的党史人物，也是讲好不讲差、做与中央精神不一致的“辩护性讲评”。其四，有的对中央对本地工作的

---

* 《利用地方素材不等于宣介地方品牌》，《组织人事报》2018年5月24日。

具体指示、甚至对中央和上级党委在本地区所做的具体工作避而不谈，只谈本地的贡献及其“不可替代性”。其五，有的地方过于突出“布展教学”，大讲特讲展厅、纪念园的设计理念、人员资质、建设历程、领导题词、社会关注、文物价值，凡此等等，不一而足。

出现上述现象的根本原因，是以对本地品牌的“宣传推介”代替了对党员干部的“教育培训”，与电视里、车站上的旅游广告并无二致。当然，从经济社会发展的角度讲，对本地区特定产品进行宣介传播、提高知名度，是无可非议的，并且，党性教育现场教学也确能收到一定的旅游宣传功效，但是，这种功效仅仅是副产品。无论如何，各级组织出动资费选送干部奔赴千里参加的是党性教育，是要深刻接受理想信念宗旨教育、党史国史教育、革命传统教育、道德品行教育、法治思维教育、反腐倡廉教育，不能以了解了一些地方性党史知识代替党性教育的“初心”和“使命”。也就是说，党性教育关注的是学员思想问题的解决，而不是教学地区各种品牌的宣介。这就是二者的本质性区别。

2012年底，习近平总书记在河北省阜平县考察扶贫开发工作时，就开展红色旅游与进行爱国主义教育的关系问题，进行了深刻阐述。习近平总书记说，红色根据地，爱国主义教育，这是一个概念；发展红色旅游，是另一个概念。两者不要混在一起。旅游设施建设要同红色纪念设施相得益彰，指导思想要正确，不能把内在精神弄没了。习近平总书记讲话中蕴含着的重要思想、丰富寓意，必须认真学习，深刻领会，坚决贯彻落实。

述评

“第一”“首创”“谁不说俺家乡好”等，大约是地方干部学院讲解或课堂中比较容易出现的词语。其主观原因的确想推介自己一下，还有一种原因，就是现场课、讲解词的资料大多来自地方记载、报纸宣传、人物传记、当地讲解。文字材料一旦形成，就会带上作者的主观性，当现场课、讲解词引用的原始资料本身就含有宣传推介的成分，讲出来就不能“免俗”。但是，课堂是“讲理”的地方，讲求入情入理，最终要落在“理”上。一个培训者要对材料背后的立场、观点、态度进行判断和再加工，剔除原作者主观的东西，还原真正的“历史真实”。

还有一种现象，是一些地方以接待领导调研的方式来接待培训学员，其实这两者的要求是不一样的。接待活动中，当地一定会努力的讲出什么成效、讲出怎么好等。而学员关注的重点却是“怎么从不好到好的”，“变好的机制”是什么等，例如在发展中遇到什么共性问题、对这个问题当地是怎么认识的、采取了何种措施、措施的效果怎么样等。要解决《利用地方素材不等于宣介地方品牌》中提到的问题，就要有训练有素的讲授者，要有严谨备课形成的“稿子”，讲的是“课”，而不是其他的。

牢牢把握党的历史发展的主题和主线、主流和本质*

任何一个党史人物都是党的事业的产物，都是在党的历史发展的大背景下活动和成长的。所以，一方面，研究他们的功绩、品质、精神、能力离不开党的历史发展的大背景；另一方面，进行党性教育的本质还是进行党的“整体性”的初心和使命教育，不是单一学习宣传哪个个人。所以，以人观史观初心、以史鉴人鉴品质，应该是党性教育的正确基点。

为此，运用党史人物进行党性教育，要按照习近平总书记提出的，牢牢把握党的历史发展的主题和主线、主流和本质，旗帜鲜明地揭示和宣传党在中国的领导地位和核心作用形成的历史必然性，揭示和宣传中国人民走上社会主义道路的历史必然性，揭示和宣传通过改革开放和社会主义现代化建设实现中华民族伟大复兴的历史必然性，揭示和宣传党在革命、建设、改革各个历史时期领导人民所取得的伟大胜利和辉煌成就，揭示和宣传党在长期奋斗中积累的宝贵经验、形成的光荣传统和优良作风，坚决反对任何歪曲和丑化党的历史的错误倾向，促使党员干部不断增强历史意识，努力学会历史思维，自觉培养历史眼光，从党史国史中汲取经验和智慧，坚定对党的历史和党的事

* 原标题为《运用党史人物进行党性教育的思考（1）》，《组织人事报》2018 年 2 月 15 日。

业的自信，自觉按照历史规律和历史发展的辩证法办事，在对历史的深入思考中做好现实工作，不断交出坚持和发展中国特色社会主义的合格答卷。这是必须我们遵循的党性原则，也是应该履行的政治责任。

在具体方法路径上，要结合对5000多年中华文明发展史的阐释和总结，讲清楚中国的今天是从中国的昨天和前天发展而来的，讲清楚党的初心使命与“讲仁爱、重民本、守诚信、崇正义、尚和合、求大同”等中华优秀传统文化价值的传承、发展关系。要结合对世界社会主义500年历史的阐释和总结，讲清楚我们党在革命、建设、改革的探索实践中，经过反复比较和总结，历史地选择了马克思主义和社会主义。要结合对中国近代历史、特别是党的近百年发展史的阐释和总结，讲清楚一代代中国共产党人付出的鲜血、汗水、泪水，经过的苦难和辉煌、曲折和胜利、付出和收获。要结合对改革开放30余年历史的阐释和总结，讲清楚改革开放历史经验，讲清楚实践发展、解放思想、改革开放永无止境，讲清楚开创中国特色社会主义的历史必然性，讲清楚习近平新时代中国特色社会主义思想的重要历史地位和重大历史贡献。

要正确对待党在前进道路上的失误和曲折。我们党在复杂的国际国内环境中领导人民进行革命、建设、改革，从事的是人类历史上极其伟大而又空前艰巨的事业，在艰辛探索的历程中，难免会发生这样那样一些失误、遇到这样那样一些曲折，甚至付出惨烈的代价。要从正确的立场和积极的目的出发，正视失误和曲折，认真考察当时所处的社会环境，深入分析产生问题的社会根源、历史根源和思想根源，特别是要总结经验，汲取教训，从中探索出防止重犯错误再走弯路的正确办法和对策，不断提高水平增长本领。必须坚决反对历史虚无主义和歪曲、丑化党的历史的错误倾向，反对以所谓“还历史本来面目”“重新评价”等之名，行歪曲、颠倒甚至编造近代中国革命史和党的历史之实，反对从根本上否定马克思主义指导地位，否定中国走向社会主义的历史必然性，否定中国共产党的领导。

述评

人是社会环境的产物，讲好党史人物故事是开展党性教育的重要手段。但很长一段时间，教师在讲人物故事时，只是就勇敢说勇敢、就无私说无私、就牺牲说牺牲，学员在感动之余产生的是一连串问号，比如，“都是平民百姓，他们为什么不怕死？”“你们讲的这种品质难道在别的组织中就没有吗？国民党里没有这样的人？”可见，单向度地讲个人的贡献及优秀品质，学员很难得出“红色政权来之不易、新中国来之不易、中国特色社会主义来之不易”“中国共产党为什么‘能’、马克思主义为什么‘行’、中国特色社会主义为什么‘好’”的结论。

中国共产党领导中国社会变革及其取得的成就，是一个历史逻辑、理论逻辑和实践逻辑辩证统一的过程，在这一过程中充满敌我的较量、矛盾的交织、力量的互动、事物的扬弃。因此，要坚持用联系和发展的观点叙述历史中的人或事，防止孤立地、凝固地、片面地、绝对地来看待，使共产党的故事能够真实传递出特定历史时期的世情、国情和党情，反映出党筚路蓝缕的奋斗历程，演绎出立体丰满鲜活的共产党人形象。

具体要怎么做呢？那就是用结构的力量作深刻的表达。当我们叙述某个人的行为时，寻找它与社会发展、社会变革之间是什么关系；同时还要找到人物周围的人物，理清各角色之间的关系，将关系编织成一张“网”，把单一的线性叙述改为复杂的网状叙述；要挖掘事件背后的事件，只有发掘了更多的史实，才能获得更多的角度，只有教师的视角足够宽阔，认识事物才可能走向深处。

客观对待党史人物，学习优秀品质，克服历史局限*

历史是由具体的人物和事件构成的连续性的变化体。但是，人物和事件都是特定条件下的产物，对于具体的党史人物，无论是党的领袖、革命先烈、英模人物还是负面典型，都要从特定的历史条件、历史背景出发，具体问题具体分析，才能真正实现对它的科学认识，也才能达到最深刻的教育效果。正如习近平总书记指出的，“革命领袖是人不是神”，“对历史人物的评价，应该放在其所处时代和社会的历史条件下去分析，不能离开对历史条件、历史过程的全面认识和对历史规律的科学把握”。①

党性教育的基本理念是“照镜子、正衣冠、红红脸、出出汗”，将心比心，见贤思齐，见不贤而内自省。只有将党史人物还原成一个个活生生的人，还原到特定的、具体的历史情境之中，才能发现崇高，比出学习者的差距。需要指出的是，中国自古以来就有为尊者讳、为亲者讳、为贤者讳的传统，有耻而不忍明书，以示尊尊、贤贤、亲亲。这种态度，于日常交流是正常的、可以理解的，用来作学理分析、思想碰撞、行为借鉴，则不全面、不客观。英雄之所以成为英雄，是

---

* 原标题为《运用党史人物进行党性教育的思考（2）》，《组织人事报》2018 年 2 月 22 日。

① 习近平：《在纪念毛泽东同志诞辰 120 周年座谈会上的讲话》，人民出版社 2013 年版，第 12、11 页。

由于他们在党和人民的事业中，切实履行党员义务，平常时候看得出来，关键时刻站得出来，危急关头豁得出来，体现了一个优秀共产党员应有的样子，后人无需拔高，身躯自然伟岸。如刻意将正面人物“神化”，或将负面人物“妖魔化”，对党史人物作无限“放大”或“缩小”，犹如让学习者站在一面面哈哈镜面前，难以反映出党史人物真实的思想、境界、能力状况，也难以达到预期的教育效果。

需要注意的是，党的历史是党领导人民的奋斗史，不是由哪个英雄人物独立创造的。我们取得的一切成就，是一代又一代中国共产党人，团结带领全国各族人民接续奋斗，战胜了一个个难以想象的困难和挑战的结果。其中，以毛泽东同志、邓小平同志、江泽民同志、胡锦涛同志为主要代表的中国共产党人居功至伟，但说到底，人民是历史的创造者，是真正的英雄。作为党性教育机构，对于本地特色的党史人物和党史事件，其功绩、地位要以中央的论断为论断，不可自行拔高。当然，对于一些犯过严重错误又始终在党内工作的党史人物，不能用今天的时代条件、认识水平去衡量和要求他们，不能苛求前人干出只有后人才能干出的业绩来，也“应该放在其所处时代和社会的历史条件下去分析，不能离开对历史条件、历史过程的全面认识和对历史规律的科学把握，不能忽略历史必然性和历史偶然性的关系。不能把历史顺境中的成功简单归功于个人，也不能把历史逆境中的挫折简单归咎于个人”①。比如，习近平总书记在分析毛泽东晚年犯错误的历史原因时就深刻指出，在中国那样的社会历史条件下建设社会主义，没有先例，犹如攀登一座人迹罕至的高山，一切攀登者都要披荆斩棘、开通道路，因此，要一分为二地、站在历史长河的角度看，“毛泽东

① 习近平：《在纪念毛泽东同志诞辰120周年座谈会上的讲话》，人民出版社2013年版，第11页。

同志的功绩是第一位的，他的错误是第二位的，他的错误在于违反了他自己正确的东西，是一个伟大的革命家、伟大的马克思主义者所犯的错误”[1]。这就为科学评价历史人物树立了标杆，指明了方向。即使是对一些后期背叛党的事业的负面人物，也应坚持马克思主义历史观，全面分析人物思想、行为发展的主客观原因，使学习者真正引以为鉴。

述评

汲取我们党和国家的历史经验，正确了解党和国家历史上的重大事件和重要人物，这对正确认识党情、国情十分必要，对开创未来也十分必要。但忽略人物或用孤立事件叙述的历史，是没有生命力、没有感染力、没有启示力的。对历史人物的介绍、认识和评价，决定了时代主体对历史的根本态度，以及对现实和未来所要走的路的根本立场。

2024年2月，党中央印发《党史学习教育工作条例》，历史上首次以高位阶基础主干党内法规对党史学习教育工作专门作出全面规范，为新时代深入开展党史学习教育提供了基本遵循。以科学的方法和态度来认识与评价党史人物，强化党史学习教育工作，增进党性教育，是这部条例的重要旨趣。

正确认识和评价党史人物，是引导党员干部学懂、学精、学透党史，塑造和提升党性的基础条件。中国共产党的历史，是一部绚烂辉煌的历史。学界认为，党史的主线包括不懈奋斗史、不怕牺牲史、理论探索史、为民造福史、自身建设史等。这些主线，都是实现中华民

① 习近平：《在纪念毛泽东同志诞辰120周年座谈会上的讲话》，人民出版社2013年版，第11页。

族伟大复兴这一主题的展开，是无数党员干部同人民群众一齐通过艰苦卓绝的努力奋斗而取得的成就。在党史的这些主线中，蕴含着许多不可被遗忘的历史人物，包括党的领导核心、高级干部、基层干部、军事干部和指战员，以及人民群众中涌现出来的突出代表等。如何引导党员、干部对这些党史人物进行正确认识和科学评价，成为我们在新的历史方位上开展党性教育时必须认真回答的问题。

我们党长期重视党性教育，不断在党性教育的教学方式方法、话语叙事体系、传授感知媒介等方面推陈出新。党性教育的实践表明，在运用党史人物来进行党性教育的过程中，需要把握以下重点：

一是强化历史唯物主义和辩证唯物主义的方法论。对党史人物作无限“放大”或“缩小”“神化”“妖魔化”等，根本上是没有坚持以历史唯物主义和辩证唯物主义来看待党的历史及其中的人物。我们党学习和研究历史，最终是要落脚于教育当代的党员、干部，为他们提供历史镜鉴和智慧启迪。这与一些西方国家政党以历史人物进行“造神运动”和“信仰控制”，从而实现政治统治，存在本质不同。在运用党史人物进行党性教育过程中强调唯物史观和唯物辩证法的重要性，旨在从实践的角度出发向党史人物学习，既要认识党史人物的思想境界、坚定立场、博大胸怀，也要正确看清历史人物的历史局限性、规律有限性，切不可做脱离于时代特征、时代规律的判断，否则，党史人物就容易被“标签化”，生动的革命实践历程就会被肢解成为“零散化”的“事件堆砌”。这对于党性学习教育而言，看似可以加深党员干部对党史人物的印象，实则会产生解构的、非系统化的消极效果，久而久之让学员们产生对新时代党性内涵的曲解和错误认识。

二是把“六个坚持”作为认识和评价党史人物的原则。坚持人民至上，是正确认识和评价党史人物的首要标准。脱离人民性来考察历史人物，则往往难以挣脱过往历史和现实之间的张力和拉扯，陷入脱离现实来看历史的窠臼。坚持自信自立，是正确认识和评价党史人物的应有态度。党史人物何以能够留名青史？根本原因在于他们领导并参与了从中国国情出发来解决中国问题的实践，其中的正反经验铸成了党的百年奋斗成功道路。这种自信自立，决不是自傲地看历史、孤立地看人物，而是一种为历史负责、为现实负责、为未来负责的科学态度。坚持守正创新，是正确认识和评价党史人物的辩证方法。在不同的时代方位上，推动党员干部群体对党史人物的认识更新，首先要确保不能迷失方向和不犯颠覆性错误。为了做到守正创新，统一思想、澄清谬误，党在不同的历史时期分别制定了三个历史决议，为我们正确认识和评价党史人物提供了根本遵循。坚持问题导向，是正确认识和评价党史人物的逻辑起点。为什么要认真学习党史和党史人物？这一问题的答案的核心，在于要从历史人物的实践历程中领会正确认识事物的立场、观点、方法，从而提升党性的层次和境界，并在党性原则高度上来辨明什么是真问题、什么是真问题的主要矛盾及次要矛盾等。坚持系统观念，是正确认识和评价党史人物的科学方法。要“一分为二地、站在历史长河的角度”来看党史人物，不是对辩证法的简单套用，而是要掌握系统的观念和方法；这种系统观念及方法，不是机械结构的系统，也不是解构的系统观念，而是运动发展和辩证转化的“活”的系统观念及科学方法。坚持胸怀天下，是正确认识和评价党史人物的现实品格。中国共产党人是真正的国际主义者，站在全人类道义制高点上思考人类命运何去何从等重大问题。要历史地、科学地、全面地认识党史人物，体会党史人物的党性特质，必须要意识到：中国共产党既是为中华民族谋复兴的党，也是为世界谋大同的党。中国共产党人不是狭隘的民族主义者，反对以片面的历史观、世界观、政党观来看待一个国家和民族的发展道路及前途命运。

三是基于时代性来梳理党史人物对于现今党性教育的意义。党中央高度重视召开党的重要领导人物的诞辰周年纪念座谈会。每次座谈会的召开，不仅是更新了我们党对这一人物的历史性评价、政治性认识，更以此承载了中国共产党运用历史资源来观照现实的现实性责任。这些评价的新增，意味着我们必须站在新的时代高度来审视党史人物的重要历史作用、历史影响、历史价值等，必须要基于新的时代任务来审视党性的核心、内涵与外延，以时代的需求为标准，不断完善新时代党员党性的立体结构。

向毛泽东学习讲授方法 *

毛泽东作为一代伟人，其风采斐然，令人赞叹。在如何提高讲授水平方面，无论是理论研究还是实践探索，其思想之敏锐、措施之有用，也都达到了相当高的境界。

1.“我们共产党要学会一个办法，就是人家不听就不讲了。”① 这既是很高的要求，也是对讲授规律的尊重。它揭示了一个简单道理：形式与内容的统一。再高明的理论，也要选择人们易于接受的方式，不能简单搞我打你通、命令主义。

2.“在教学方法上，教员要根据学生的情况来讲课。教员不根据学生要求学什么东西，全凭自己教，这个方法是不行的。”② 这就是以学员为中心，以用为本，这是现代培训理念的核心。

3.“教员也要跟学生学，不能光教学生。现在我看要有一个制度，叫做三七开。就是教员先向学生学七分，了解学生的历史、个性和需要，然后再拿三分去教学生。”这是关于按需施教、教学相长的重要思想。毛泽东还举例说明：“这个方法听起来好像很新，其实早就有了，孔夫子就是这样教学的。同一个问题，他答复子路的跟答复冉有的就不一样。子路是急性子，对他的答复就要使他慢一些；冉有是慢

---

* 《向毛泽东学习讲授方法》，《组织人事报》2011 年 8 月 11 日。

① 《毛泽东文集》第 3 卷，人民出版社 1996 年版，第 113 页。

② 《毛泽东文集》第 3 卷，人民出版社 1996 年版，第 116 页。

性子，对他的答复就要使他快一些。”①

4.“废止封建的会场秩序。共产党的会场要是反映无产阶级之积极活泼的爽快的精神，把这些做成秩序。”②相互学习必须基于平等、民主。没有这一条，就没有学习的基本前提与基础。

5.“指导会议要采用很好的技术，要引导群众的讨论潮流奔赴到某一问题；但有重要意义的超出题外的发展，不但不要大杀风景地去喝止他，而且要珍重地捉住这一发展的要点，介绍给大众，成立新的议题。”③组织学习一定要有开放的心态，领导者或教师要有雅量，不能唯我独“革”、唯我独尊。

6.“关于战术学习，最好采用总结过去战例的互相批评的整风座谈办法，就是要学生报告自己的作战经验，或提出若干问题让学生发表意见，举行辩论之后，然后加以总结。这种根据实践的启发式的具体学习，最合我军干部的需要。以前照本宣科的办法，既不易注入，且难切合实际。”④互动和讨论是深入学习研讨和领会问题的可靠方法，而案例教学更是讨论交流的经典形态。

7.“思想这个东西很怪，要去掉那一部分坏的东西，不适合于马列主义的东西，不适合中国情况的东西，就要经过一定的阶段，就要有经验，单靠讲是讲不通的。列宁说‘要在经验中来教育人民’，因为人民是只信经验不信讲话的。但是讲还是要讲的。”⑤学习需要时间，时间要服从质量。用经验进行自我教育，效果才会更好。这也是行动学习的基本原理。

---

① 《毛泽东文集》第3卷，人民出版社1996年版，第116页。
② 《毛泽东文集》第1卷，人民出版社1993年版，第92页。
③ 《毛泽东文集》第1卷，人民出版社1993年版，第92页。
④ 《毛泽东文集》第3卷，人民出版社1996年版，第204页。
⑤ 《毛泽东文集》第3卷，人民出版社1996年版，第313页。

述评

1936年7月16日，毛泽东在陕北接见了美国记者埃德加·斯诺。他向斯诺讲述青年时代报考师范的经历时说："同时，我也在认真地考虑自己的'前途'，我差不多已经作出结论，我最适合于教书。"[①]一直到20世纪50年代，毛泽东还说："我没想到我会当共产党的主席，我本想当一名教书先生"。[②]回顾毛泽东的一生，他就是从做"教师"的愿望踏上其壮丽的革命生涯，最终将中国大地变成一所大学校，将中国社会变成一个大课堂，将中国共产党书写的辉煌历史变成一本大教材。

毛泽东对教学方法、讲授方法进行过深入实践，有极高的造诣。年轻时期，他曾做过湖南一师附小国文实习教员、一师工人夜校历史教员、修业学校高小部历史教员、一师附小校长兼国文教员、一师师范部国文教员。投入革命事业之后，担任过湖南自修大学、苏维埃大学、"抗大"、中共中央党校等学校校长，在三尺讲坛留下了弘文励教的足迹，展示了"教之以情""晓之以理""授之以趣""巧之以喻"的精湛教育艺术。文章对毛泽东关于讲授方法的观点作了简要罗列，使人们初步领略他的过人风采，为提升干部教育培训教学的感染力、吸引力树立了一个标识牌。

① 韩延明：《毛泽东的教师情愫》，《中国教师报》2021年9月8日。
② 韩延明：《毛泽东的教师情愫》，《中国教师报》2021年9月8日。

毛泽东谈以“问题”而不是以“概念”为导向*

我近来苦读毛泽东著作，包括四卷本的《毛泽东选集》和八卷本的《毛泽东文集》已快读完，有许多体会。读到1960年时，突然发现一段文字，论写文章应以“问题”而不是以“概念”为导向，摘录出来，与大家共享。

毛泽东是在读苏联《政治经济学教科书》时的谈话中提出这些观点的。毛泽东说，苏联的这本书“写法不好”，因为它“不从生产力和生产关系的矛盾、经济基础和上层建筑的矛盾出发，来研究问题，不从历史的叙述和分析开始自然得出结论，而是从规律出发，进行演绎”。他说，这本书的缺点是“先下定义，不讲道理。定义是分析的结果，不是分析的出发点”[①]。他再次强调，“这本书的写法很不好，总是从概念入手。研究问题，要从人们看得见、摸得到的现象出发，来研究隐藏在现象后面的本质，从而揭露客观事物的本质的矛盾。《资本论》对资本主义经济的分析，就是用这种方法，总是从现象出发，找出本质，然后又用本质解释现象，因此，能够提纲挈领。教科书对问题不是从分析入手，总是从规律、原则、定义出发，这是马克思主义从来反对的方法。原理、原则是结果，这是要进行分析，

---

* 《毛泽东谈以“问题”而不是以“概念”为导向》，《组织人事报》2011年9月29日。

① 《毛泽东文集》第8卷，人民出版社1999年版，第138、139页。

经过研究才能得出的。人的认识总是先接触现象，通过现象找出原理、原则来。而教科书与此相反，它所用的方法，不是分析法，而是演绎法。形式逻辑说，人都要死，张三是人，所以张三要死。这里，人都要死是大前提。教科书对每个问题总是先下定义，然后把这个定义作为大前提，来进行演绎，证明他们所要说的道理。他们不懂得，大前提也应当是研究的结果，必须经过具体分析，才能够证明是正确的。”①

这种思想，毛泽东是一直坚持的，并把它概括为实事求是。他指出，“实事”就是客观存在着的一切事物，“是”就是客观事物的内部联系，即规律性，“求”就是我们去研究。我们要从国内外、省内外、县内外、区内外的实际情况出发，凭客观存在的事实，详细地占有材料，在马克思列宁主义一般原理的指导下，从这些材料中引出正确的结论。

然而，现实生活中，许多情况与此恰恰相反，有些人动辄以“规律”“原则”“定义”开路、吓唬人，苏联《政治经济学教科书》式的说法、写法大行其道。为什么会这样？是人们对演绎法、对形式逻辑有特别偏好吗？不是。是人们偷懒、不愿意作深入思考、研究吗？也不完全是。究其本源，是存在于人们头脑中的“唯上”观念在作祟。这个教训太深刻了，中国共产党人当引以为鉴。

述评

以“问题”而不是以“概念”为导向，是国民教育中的知识教育与干部教育培训的重要区别或者理念性区别。国民教育中的知识教育是基于学科的、通识的概念，从已知的概念出发，系统学习接受人类

① 《毛泽东文集》第8卷，人民出版社1999年版，第139页。

已有的知识体系。而干部教育培训更多地是针对“问题”，关注的是基于已知的未知、基于已会的未会、基于已行的未行，要通过判断、推理、概括，尝试找到新的解决问题方法。掌握了这一点，就掌握了干部教育培训的核心理念。

听习近平总书记讲怎样才算学好历史 *

党性教育虽然不等于单纯地历史学习、历史研究，但一般情况下，还是以历史事件、历史人物为基本载体，两者犹如食材选配与菜肴呈现的关系。因此，学好历史、懂得历史，作为有效开展党性教育的基本前提，应引起高度重视。事实上，也首先在这个问题上，由于培训教师准备不足，使得并未受过专业训练的“红色导游”能堂而皇之地占据教学讲台。

怎样才算学好历史？2015年7月30日中央政治局进行第二十五次集体学习时，习近平总书记就中国人民抗日战争的回顾和思考作的重要讲话，为我们作了范例。

第一，准确把握历史事件的意义。习近平总书记强调，70年前，中国人民经过艰苦卓绝的浴血奋战，打败了穷凶极恶的日本军国主义侵略者，赢得了近代以来中国抗击外敌入侵的第一次完全胜利。这一伟大胜利，彻底粉碎了日本军国主义殖民奴役中国的图谋，洗刷了近代以来中国抗击外来侵略屡战屡败的民族耻辱；重新确立了我国在世界上的大国地位，中国人民赢得了世界爱好和平人民的尊敬；开辟了中华民族伟大复兴的光明前景，开启了古老中国凤凰涅槃、浴火重生的新征程。这一伟大胜利，也是中国人民为世界反法西斯战争胜利、维护世界和平作出的重大贡献。能对历史事件作出这种恰当其分的意

* 原标题为《听总书记讲怎样才算学好历史》，《组织人事报》2018 年 5 月 31 日。

义评价，是学好历史的重要标志。

第二，准确把握历史研究的方法。习近平总书记强调，要坚持用唯物史观来认识和记述历史，把历史结论建立在翔实准确的史料支撑和深入细致的研究分析的基础之上。要坚持正确方向、把握正确导向，准确把握中国人民抗日战争的历史进程、主流、本质，正确评价重大事件、重要党派、重要人物。要从总体上把握局部抗战和全国性抗战、正面战场和敌后战场、中国人民抗日战争和世界反法西斯战争等重大关系。我们不仅要研究七七事变后全面抗战8年的历史，而且要注重研究九一八事变后14年抗战的历史，14年要贯通下来统一研究。要以事实批驳歪曲历史、否认和美化侵略战争的错误言论。能真正坚持这样严谨的研究方法，而不是蜻蜓点水、好学不求甚解，不是从网上找点资料随意进行发挥，是培训工作者党性强弱的试金石。

第三，要准确把握历史宣传的着力点。习近平总书记指出，要通过多种形式的宣传阐释和主题教育活动，使全国各族人民牢记由鲜血和生命铸就的中国人民抗日战争的伟大历史，牢记中国人民为维护民族独立和自由、捍卫祖国主权和尊严建立的伟大功勋，牢记中国人民为世界反法西斯战争胜利作出的伟大贡献，弘扬伟大抗战精神。要推动国际社会正确认识中国人民抗日战争在世界反法西斯战争中的地位和作用。要推动海峡两岸史学界共享史料、共写史书，共同捍卫民族尊严和荣誉。习近平总书记对于历史宣传着力点的重要思想，也是党性教育的基本着力点。

第四，准确把握历史研究的现状。习近平总书记指出，长期以来，对中国人民抗日战争的研究，党史部门、军史部门、高等院校、社科研究机构等单位做了大量工作，取得了许多重要成果。宣传文化部门和社会各界也做了很大努力。同时，同中国人民抗日战争的历史地位和历史意义相比，同这场战争对中华民族和世界的影响相比，我们的抗战研究还远远不够，要继续进行深入系统的研究。习近平总书记这种冷静的判断，更应该成为党性教育工作者学习、研究历史事件、历史人物的基点。

述评

抗日战争史的研究一直是个学术热点。新中国成立70多年来，在唯物史观指导下，坚持实事求是与具体问题具体分析的原则，加强海内外各类抗战史料的搜集与整理，在研究方法上不断与时俱进、开拓创新，使我国抗日战争史的学术研究取得丰硕成果，并获得国际学术界的重视与好评。

对于社科理论界来说，纪念全面抗战爆发的最好方式，就是进一步深化对抗日战争史的研究。习近平总书记指出："同中国人民抗日战争的历史地位和历史意义相比，同这场战争对中华民族和世界的影响相比，我们的抗战研究还远远不够，要继续进行深入系统的研究。"① 作为党性教育工作者，要坚持历史唯物主义立场、观点和方法，把抗战史研究放在中华民族伟大复兴的历史坐标上研究和考察，全面把握抗日战争的历史进程，从总体上准确把握早期的局部抗战和全面抗战、正面战场和敌后战场、中国人民的抗日战争和世界反法西斯战争等多方面的关系，聚焦中国抗日战争的伟大意义、中国抗战在世界反法西斯战争中的重要地位、中国共产党在抗战中的中流砥柱作用、伟大抗战精神等重大问题，努力推出更多具有影响力

① 习近平：《让历史说话用史实发言　深入开展中国人民抗日战争研究》，新华网，2015年7月31日。

的学术成果。

这种基于大历史观的分析，对于把握党性教育的规律与特点，有重要的方法论意义。

党章的两种讲法分析 *

对基层党员干部讲党章，是对领导干部和党建专业工作者的基本要求。就目前情况看，党章有两种讲法，一种是考据式，即对从党的一大到十八大党章的修改过程进行罗列，从“历史考据”的角度分析“党章的历程”；另一种是交流式，即围绕党章中的一个或几个问题，如党的性质、宗旨、奋斗目标、指导思想、组织原则、党规党纪、党员的义务与权利、党的干部路线与标准等，进行深度交流。我们提倡第二种方式。

之所以对第一种方式不作普遍性提倡，是因为它针对的还是党章知识。自然，开卷有益，学一些党章知识对于党员了解党、理解党、相信党、紧跟党是有帮助的，但是，党章教育仅仅停留在知识的层面，一是难以深入党员思想深处，难以触及灵魂，对做合格党员触动远远不够；二是并不是所有领导干部都有丰厚的党史党建学养，难以真正讲明白党的历史重大关节点与党章的深刻关系，只好抄来抄去、读来读去，难免陷入人云亦云、浅尝辄止的境地，教育效果自然难以保证。

用交流的方式讲党章，就是讲本质、讲问题、讲现实、讲对策，如结合文本原意和党员个人思想实际、工作实际进行会收到很好的效果。比如，关于党的性质问题，其本质是党的纲领和党员的言行要站

---

* 《党章的两种讲法分析》，《组织人事报》2016 年 4 月 28 日。

在最大多数劳动群众一边，而不是站在少数有钱、有势的人一边。共产党的本意就是坚持共产主义的政党，而共产主义的根本属性是最大多数人过上好日子。按照这一质的规定性，党必须坚持全心全意为人民群众服务，在最大多数人民群众满意中实现自身价值。照此标准，讲课与听课的党员干部都要自审自问：我们的利己主义倾向是否严重？自己身上是否有漠视群众疾苦、与民争利、执法不公、吃拿卡要、假公济私、损害群众利益的现象存在？在人民群众生命财产安全受到威胁时是迎难而上还是临危退缩？能否正确处理公与私、义与利、个人与组织、个人与群众的关系？围绕这些题目，可以采用政策分析法，研究我们政策的出发点、执行中的社情民意、落实后的实际成效；可以采用案例分析法，针对大家关心的冲突性事例或特殊性事例，讨论这个事情应当怎样看？我们站在哪一边？应采取什么样的策略？应向先进人物学些什么？向落后甚至违法乱纪分子汲取哪些教训？如何克服自己内心的利己主义冲动？如何提升自己的素质和水平？如何教育引导广大党员干部践行共产党员的标准和社会主义核心价值观？还可以采用观点辩论法，将党员干部思想中存在的不同看法列出来，划出“边界四止”，组织党员作模拟辩论，等等。真理越辩越明，在一次次事实分析、逻辑论证、观点碰撞中，大家会不知不觉地明白道理，选择行为，不断提升思想政治素质和工作水平。

述评

对基层党员干部讲党章，是对领导干部和党建专业工作者的基本要求。文章直截了当地提出，党章有两种讲法，一种是考据式，另一种是交流式，提倡第二种方式，理由是用交流的方式讲党章，就是讲本质、讲问题、讲现实、讲对策。交流式的真谛是，在一次次事实分析、逻辑论证、观点碰撞中，大家会不知不觉地明白道理，选择行为，不断提升思想政治素质和工作水平。如能结合文本原意和党员个人思想实际、工作实际进行，会收到很好的效果。

讲好党章，是一门大学问。首先，一定要准确把握党章要点，确保对党章内容的解读准确无误，忠实于原文，以清晰的逻辑呈现党章的整体框架和各个要点之间的关系；其次，要明确党章的核心要点和关键条款，着重讲解，并且融入生动的事例，让抽象的内容变得具体可感；再次，要采用合理的结构，如按照党章的章节顺序逐步讲解，或围绕几个主题进行阐述，运用形象、通俗易懂的语言，避免过于学术化和呆板枯燥，鼓励听众提问、讨论，增强参与感；最后，还要结合图片、视频等多媒体资源，提升直观性和吸引力，结合当下的社会现实、工作实际，阐述党章的现实意义和指导作用等。

回忆那次在井冈山组织的培训*

2008年6月，奉命在井冈山组织全国组织部门处级干部培训班，主题是坚定理想信念、推进组织工作改革创新，时间10天。

第一单元，我们请当地学者介绍井冈山斗争的简要情况，意图给大家补充一些党史知识。同时，又介绍了一些关于组织工作改革创新的要求。

第二单元，我们驱车两个多小时来到三湾村。依原定路程看展览，了解三湾改编的过程及支部建在连上、士兵委员会、“三大纪律、八项注意”的产生与意义。讲解员的工作结束后，在离开展览馆集中时，我们提了一个问题，喧嚷的队伍立即安静下来，并许久无声：在不到20天的时间时，起义队伍从5000多人锐减到900人，大部分是离队脱逃；三湾改编中又有200人选择了离去。如果你当时在队伍中，选择坚持还是离去？这个问题成了此后培训班大家关注、思考的基本问题。返途看了黄洋界，回来后又上了会儿课。

第三单元，再次出去，到了八角楼。在八角楼听完讲解、学唱过红军歌曲后，我们抛出第二个问题：如果是你在当时白色恐怖的条件下领导井冈山斗争，你能看到胜利的前途吗？你准备怎样说服广大官兵和群众去争取胜利？可以看到，大家又处于深沉的思考之中。这个单元的意图是引导大家反思理论创新与理论教育的重要性，并直接促

* 《回忆那次在井冈山组织的培训》，《组织人事报》2011年6月23日。

进了对组织工作改革创新理论的研究。

第四单元，大家到了小井红军医院和曾志墓。听完对红军医院艰苦条件的描述特别是张子清师长宁死不多占医疗资源、曾志在新中国成立后不许家乡政府特殊照顾家人的事迹，我们抛出第三个问题：在革命生涯中充满了牺牲和艰苦，你感到值不值？你忍受得了吗？通过这个问题，促使大家反思共产党人的核心价值观和作风建设。

第五单元，我们拜谒了井冈山烈士陵园，对井冈山斗争的整个过程作了全景式回顾，并对新形势下组织工作改革创新问题进行了深入研究，大家依据自己的实际，提出了工作对策与行动方案。在总结交流会上，有一位安徽省学员的体会深深地打动着大家，形成了培训班的高潮。他的题目就是：坚持还是离去？

事情过去了整整三年，培训班的许多细节和学员们的音容笑貌还经常浮现在我的面前。我感到，革命传统教育资源取之不尽、用之不竭，是我们树立正确的人生观价值观、坚定理想信念、解决现实问题、推进工作创新的重要财富，干部教育工作者当宝之贵之、用好用活，使财富体现价值、学员取得收获、自己工作有效。

述评

这次培训是在江西干部学院举办的，当时它还不叫干部学院，叫“江西省委组织部井冈山党员干部培训中心”。培训中心的老师都是刚毕业的大学生或研究生，对如何做好干部教育培训工作没有清晰的理念与明确的思路。这期培训班让人们开始思考：什么是体验式教学？什么是干部教育培训中有效的学习？教师在整个培训过程中应扮演什么样的角色？

后来，人们认识到，体验式教学，是指根据学员的认知特点和规律，通过创造实际的或重复经历的情境和机会，呈现或再现、还原教学内容，使学员在亲历的过程中理解并建构知识、发展能力、产生情感、生成意义的教学观和教学形式。它完成的是充分的感性认识的过程，通过带动学员的“感性到场”带动“理性到场”，符合马克思主义认识论。在体验深处，宇宙问题、生命问题、历史问题和社会问题会贯通在一起。

在井冈山办的这一培训班，以问题为导向，把学员带到历史发生地，把学员在那里的所思所想升华。培训中五个单元中的几个设问，一下子就带学员穿越了时空，回到了革命者的奋斗现场，引发他们深入思考什么是共产党人的理想信念，什么是理论创新，什么是共产党人的核心价值观和作风建设，我们是选择“离开”还是“留下”。

这次培训算是江西干部学院正规办班的起点，也是模板，让我们知道了三个深刻的道理：第一，成功的教学是运用历史资源引发学员思考，而不是记住几个故事；第二，成功的教学设计是根据学员的特点和认知需求，围绕主题层层递进，而不是盲目组合；第三，成功的教学需要提升，而提升是适时根据此情此景，总结归纳，有时可以是教师提出提问，而不一定是自己长篇大论。

历史和现实总是惊人的相似，当我们跟着历史中的人一块把历史中的工作矛盾解决了，我们现实的工作困惑也就解决了……

少讲多听　其势煌煌*

领导者或培训教师讲课，一般是在同行之间就相关问题进行交流研讨。讲多少内容比较好呢？可以肯定的是，不是越多、越细越好。这里有个原则：突出重点，不及其余。

这个重点不一定是工作重点或问题重点，而应是学员“不知道”或“理解不到位”之点。它有时是中心战略，有时是基础理论，有时甚至是具体细节。为什么要这样？道理很简单，就是不去重复讲学员已知的信息，以引起他们求新求知的兴趣和欲望。从这一点看，讲与学的要求是完全一致的，即“要精”“要管用”，不必每次都成“体系”。

这样，在讲授之前，确定“不讲什么”就显得非常重要了。有研究表明，同行之间，大约75%的信息是共知的。由于学员群体的复杂性，讲授者可能面临这样的困境：讲任何一个问题，都可能有人未知、有人已知。因而，不论怎样选择，都会有人不满意。

解决这个症结的有效途径，就是“少讲多听”，就是让学员自己多讲，促使学员之间进行交流，“知道的讲给不知道的”。这样做的好处，一方面，能够调动大家积极性、创造性；另一方面，能够切实提高培训针对性、实用性。因此，好的培训课程都要设计许多环节，出一些针对性很强的题目，采用一些结构化方式，推进学员深入交流研

* 《少讲多听　其势煌煌》，《组织人事报》2011 年 8 月 25 日。

讨。在这个基础上，讲授者再谈一些有独到性的心得、体会，给大家进一步启发、提升，通过教学相长，形成完整的教学活动。

这种方式，有一点像开座谈会。只不过，与普通座谈会相比，有两点不同：其一，为了使大家发言踊跃，研讨深入，讲授人可以借助案例、场景模拟、影视资料等许多手段，使讨论的载体明确、主题清晰、环境宽松。其二，研讨结束后，主讲人要有针对性地做“点睛”式讲授。这时的讲授，要以学员的观点为主线，不回避讨论中提出的疑问、困惑，能够明确回答的当然好；明确不了、存在争议的，要详尽地介绍当前流行的多种观点；对于讨论中没有考虑和涉及的方面，要拾遗补阙。

做到做好少讲多听，需要讲授者熟练掌握“催化”技巧，善于调动大家积极性。要注意营造宽松、和谐、愉快的氛围，不断鼓励学员标新立异，尽可能地让每一个人都有发表自己见解的渴望、机会和条件。要把学员从沉重、压抑的境地引导到和谐、充满谐趣的氛围，进而产生创造性思维的共振和连锁反应。要善于捕捉学员发言中的闪光点，因势利导，对于有新意、有见地的观点及时地给以高度评价，并不失时机地推动其进一步拓展深入。要善于驾驭局面，肯定学员的积极性和创造性，启发换位思考，促使其全面、发展、辩证地看待问题，完成去伪存真、去粗取精、超越自我的过程。

述评

“少讲多听”，是对“××××大家谈”之类的教学方式的简明解读。本述评者第一次接受这种教学方式是在2019年。当时，中组部全国组织干部学院全国县委组织部部长班来新乡开展衔接教学，采用了这种教学方式。

教学是这样组织的：由一位理论素养较高的同志担任主持人，邀请不同层级的实践者担任嘉宾，针对同一个问题展开不同角度的交流，由专家进行点评。后来，把这个教学形式进行了推广，开展了“基层党建大家谈”“乡村振兴大家谈”，有时候还变化名字叫“乡村振兴思享会”，本质上都是鼓励学员多讲，通过层次较为丰富的交流，如不同地区、不同岗位的嘉宾之间、嘉宾与学员之间、嘉宾与专家之间、学员与专家之间等广泛交流，学员在有限的时间内可以获得饱满的信息。这种方式唯一的缺点在于费人，嘉宾要全省、全国去筛选，组织难度大。可是，当获得学员满满的好评时，会觉得很值得。从某种意义上说，这是基于教学组织的成功。

“少讲多听”，缘于干部教育属于成人学习的范畴。首先，成人学习有较强的目的性，在投入学习活动之前，需要知道自己为什么要学习、所学内容是否对实际工作、生活有用，因此，教师要重视教学组织，做好课前导入和课后总结；其次，成人学习有较强的自我指导性，他们认为自己有获取真理的能力，因此，教师要帮助他们识别自己的需求，指导他们进行自我学习，即“助人自助”；最后，成人带着丰富的经验参加学习，他们有大量可分享的心得，因此，要在培训中搭建一个讨论的平台，助力“教学相长”“学学相长”。成人的“三观”已经成型，鲜可能被外界改变，只有学习者自己能改变自己。因此，有效的学习不在于教师说了什么，而在于学员反思了什么。

师者，传道授业解惑也。在国民教育中，往往是学生向老师提问，老师给学员答案。所以我们最开始也认为，教学的结尾必须是一个答案，从来没有想过一堂课可以以无解或问题作为结束。在干部教育培训中，有时会问的是师父，会答的是徒弟。教师提问的水平，直接决定学员思考问题的深度与高度。

试为领导干部上讲台支招*

自古以来，领导干部上讲台都是职责所在、义不容辞，无论为着教化民众，还是为着教育干部。但是，台是上了，效果很不一样。有的确能武装思想、赢得人心；有的台上口干舌燥，台下昏昏欲睡。为什么会这样？主要因为，上讲台是一门专业，是教育学的重要内容，必须按规律办事，不是当了领导就可以自通其理、自明其要。有时恰恰相反。

试为领导干部支三招：

第一，角色定位要实现从领导者到教师的转变。应当说，领导者与教师有许多相同之处，特别是在学习型组织之中，领导者很重要的任务就是做一名好的教师，但是，二者毕竟又有许多区别。例如，领导者拥有法定权力，承担法定义务，其说话办事都“代表组织”；而教师仅仅是专业知识和经验的拥有者，说话发言“代表个人”，讲得不对的地方可以讨论、批评。许多领导者转不过这个弯，名曰讲课，其实还是作指示；名曰谈个人观点，其实还是讲组织意见。几个小时下来，还是进行工作安排，并没有结合个人实际，其效果也就可想而知了。

第二，讲授方式要实现从单向传输向多向交流转变。讲得好不好，关键要看学员收获大不大。领导者安排工作时，下级的任务是听明白

* 《试为领导干部上讲台支招》，《组织人事报》2011 年 8 月 4 日。

抓执行，因而一般单向交流即可。讲课则不一样，大家是在一起平等讨论问题、探究事理。如果观点不一致，理解有差异，听进去的东西自然大不相同，即使表面上说达成了共识，其实每个人心里都有数。因而，讲授过程中有提问、有讨论、有交流、有发言，每个人都把事实和思想摊出来，大家深入探询、相互学习、教学相长，才会各取所需，有针对性地解决问题。这就如同改大水漫灌为管灌、滴灌，看起来水流细了、碎了，其实效果得到了提高。

第三，资料准备要实现从“讲话稿”到教案的转变。这是前两个转变的必然要求。其实，无论在中央还是国务院的公文名录中，都没有领导“讲话稿”这个序列。但现实生活中，“讲话稿”不仅是一种公文，而且是使用很频繁的公文，往往会印成文件样式要求学习贯彻。赋予“讲话稿”这样沉重的责任，必然要求其全面、正确，那么，由秘书班子精心编写、领导干部照本宣科就理所当然了。需要提出的是，即使利用现代技术，将“讲话稿”内容抽出若干以幻灯方式展示，也不能改变其内在的规定性。教案则不一样。教案是根据教学目标和助人自助的理念，对教学内容、步骤、方法等进行具体安排和设计。其中既可包含对传授已知知识的安排，更包括安排讨论、交流等环节，跳出限制，搭建平台、虚势以待、以变应变，以期在教学过程中产生问题、发现问题、分析问题、解决问题。

我认为，如果能够实现“三个转变”，领导干部上讲台的效果就有了基础性保证。

述评

一位知名管理学家说，高管给员工上课是高效赋能的行为。一方面，高管的成长经历本身就是最好的示范；另一方面，高管对企业战略、行业和市场、企业组织文化、顾客价值的理解能直接帮助员工。对企业如此，对党政机关亦是如此。这段话，同样诠释了领导干部上讲台的意义所在，也彰显了领导干部上讲台的实践价值。

文章所讲的“三个转变”，最终要体现在第三个转变，也就是“从讲话稿到教案的转变”上。由此发散思考，干部教育培训的师资来源多元，不同来源的师资，实际上都存在类似“转变”问题。比如，高校教师要实现从给大学生讲课向给领导干部讲课的转变，科研人员要实现从学术报告到辅导报告的转变，干部要实现从工作汇报向教育教学的转变，等等。

不同来源的师资“转变”角度各有不同，但其本质是相同的，都是从自己所熟悉的叙事逻辑、话语体系和表达方式，转变为适应干部教育培训要求的叙事逻辑、话语体系和表达方式。这一转变应尽力做到三个突出：一是突出问题导向。紧扣中央要求、实践需求，重在讲解决问题的思路、做法、过程，而不是蜻蜓点水、泛泛地讲面上工作。二是突出学员本位。要换位思考，站在学员想听什么、而不是自己想讲什么的角度备课讲课，让学员听得懂、听得进、记得住、用得上。三是突出有效呈现。要体现案例化、故事化、生活化，用讲故事的表达方式，重点解剖几个具体事例，把每一个事例的来龙去脉，特别是克服困难的过程讲清楚。讲启示要体现思想性、学理性，往深处阐发，把道理讲透。

还应当提及的是，培训授课是一门专业，加强领导干部备课、讲课方法培训，也是干部教育培训工作的题中应有之义。

也谈课堂是允许出错的地方*

教育学认为，学生们的课堂是允许出错的地方，这自然是对的。其实，干部教育培训的课堂又何尝不是允许出错的地方。

出错，符合教育培训的任务和规律。教育培训就是从干部工作、生活中存在的问题出发，探讨根源，制订对策，校正行为。问题本身就具有“错”的属性，问题的根源也自然有“错”的属性，制订对策时也可能出“错”。把这些“错”切实暴露出来，才是培训产生实效性的起始。工作、生活中要求干部少出错，是因为那样对社会的影响太大、干部自己也会有强烈的挫折感。但课堂上出错，才能防患于未然。恩格斯说，“要明确地懂得理论，最好的道路就是从本身的错误中、从痛苦的经验中学习”①，讲的就是这个道理。培训课堂如果不允许说“错”话，做“错”事，就很可能将真实问题掩盖起来，表面上一片共识、一团和气，实际上并没有解决任何问题，培训也可能认认真真地走了过场。

之所以培训课堂上不允许出“错”，很重要的因素，是部分领导同志将学习简单地当作工作，将讲课简单地当作“作报告”，将研讨简单地当作“表态”。其实，工作、作报告、表态是组织行为，应当统一意志、统一步调；但学习、讲课、研讨是个人进修，只有讲真话、

---

* 《也谈课堂是允许出错的地方》，《组织人事报》2012 年 5 月 3 日。

① 《马克思恩格斯全集》第 36 卷，人民出版社 1975 年版，第 575 页。

求真理，才能发真愿、做真人。混淆了两者的区别，效率可能一时上去了，但人们的思想素质不一定能跟着提高。

课堂上不是不能“作报告”，而是要允许对报告内容有不同的理解并发表出自己的观点。在这种情况下，“作报告”的领导干部应不戴帽子、不抓辫子、不打棍子，能够与学员一起摆事实、讲道理，以理服人，实现共同进步。即使学员一时理解不了，也没有关系，可以耐心地与他们共同探讨思考问题的方法与路径，以求在今后的实践中逐步消化、解决。这就要求领导者懂得教育学基本原理，真正不负“讲台”的神圣，真正成为学员的“导师”。

允许课堂出错，还要求领导干部有雅量，容得下置疑。在延安时期的中央党校，曾有学员问“毛主席有没有主观主义”？校方不是对学员简单回复，而是让他们到毛泽东几十年革命实践和著作中去找，说找到就有，找不到就没有；还有学员对延安中央机关“过星期六”、搞“收发专政”有意见，毛泽东听到后，笑了。正是因为有这样解放思想、与人为善的氛围，有这样一次次“错问”“错议”，我们党才取得了整风学习的伟大胜利，才实现了在毛泽东思想旗帜下全党思想上政治上行动上的真正统一。而“文化大革命”恰恰又是相反的案例。

历史的经验值得注意，科学的原理应当尊重。课堂原本就是允许出错的地方，把握了这一条，通过培训加强各级领导班子思想政治建设和能力建设就可能取得更好的效果。

述评

公元802年，刚刚担任国子监四门博士的韩愈，写下了千古名篇《师说》并提出，人非生而知之者，孰能无惑？惑而不从师，其为惑也，终不解矣。韩愈的意思是，人不是一生下来就懂得知识和道理，谁能没有疑惑？有了疑惑，如果不跟老师学习，那些成为困惑的问题，就始终不能解开。思想穿越千年，至今振聋发聩。干部教育培训亦是如此，干部到培训机构接受教育，其中一个重要方面就是要解开思想上的疙瘩、补齐能力上的短板，如果连“出错”的机会都没有，那谁还会带着问题来培训？

在干部教育培训中，可以参考《关于进一步激励广大干部新时代新担当新作为的意见》，允许干部在学习过程中“出错”，激发他们主动学习和探索的动力，并通过纠错，让干部认识到自己的不足，及时调整学习策略和方法，从而在不断地试错和修正中提升自我，以避免在工作中真正出错。明确容错范围，让干部明白哪些错误是可以容忍的，哪些错误是需要严格纠正的。例如，对于学习态度不认真、敷衍了事等主观性错误，应予以严肃处理；而对于因知识理解不透彻、操作不当等客观原因导致的错误，则可以给予一定的容错空间。设立纠错环节，如课后讨论、案例分析、模拟演练等，让干部有机会反思自己的学习和表现，发现并及时纠正错误。强化反馈机制，及时向干部反馈他们的学习情况和存在的问题，通过定期的评估、测试和反馈，让干部了解自己的学习进度和水平，以便及时调整学习策略。

恩格斯在其名著《英国工人阶级状况》中指出，伟大的阶级，正如伟大的民族一样，无论从哪方面学习都不如从自己所犯错误的后果中学习来得快。这里面的意义的确深刻。

综合运用多种风格的语言*

提倡新文化，注重用群众语言沟通，是对几千年以文言文为正统的沟通方式的革命。这并不是说，仅有群众语言是“正统”的，其他风格的语言都不能用。恰恰相反，只有综合运用多种风格的语言，才能达到奇正相生、优势互补的功效。

据上海一位长期致力于教育工作的专家研究，在教学或其他演讲活动中，起码应综合运用四种风格的语言。

其一是马克思主义意识形态的语言。我将其称之为“文件风格的语言”。这种风格的优点是准确、到位，概念性很强，但缺点是有时不够生动。一篇好的演讲，没有文件语言作根基是很难立起来的；但是，如果全篇都是文件语言，则会非常枯燥，缺乏亲和力与感染力。有的同志政治思想水平和政策理论水平很高，但每每讲话都引人入睡，缘由盖出于此。

其二是中华传统文化的语言。我认为，可以将其扩大为“格言风格的语言”，以古今中外的格言、警句为主要形式。这类语言的优点是精练、传神，缺点是内涵有不确定性。在一篇演讲中，适度加入一些名言警句，会产生意想不到的强烈效果。温家宝在访问希腊时曾谈道：“古希腊崇尚智慧、崇尚理性、崇尚科学的精神，始终是我秉持的重要的人生信条。”他说：“亚里士多德那句‘吾爱吾师，吾更爱真

---

* 《综合运用多种风格的语言》，《组织人事报》2011 年 9 月 22 日。

理’的名言，至今仍然激励着我。”一下子拉近了中国与希腊两国人民的情感距离。接着，温家宝引用苏格拉底的话说“逆境是磨练人的最高学府”，中国也有句古话，“艰难困苦，玉汝于成”。[①]同时运用两国名言，就清晰而简捷地表明了两个民族共有的百折不挠的坚定信念和优良品格。

其三是基层百姓的语言。这种语言的优点是生动、时代感强，缺点是有时不太规范。总体上讲，这种风格符合人际沟通习惯，便于群众理解和接受，应成为演讲的主体语言。比如，干部培训坚持“干什么，学什么”“缺什么，补什么”，就通俗易懂，比增强什么“性”、什么“感”、什么“力”要来得直接和到位。

其四是现代西方语言。我将其改造为“学术风格”，主要是一些国内外经典作家和专家学者的论述。这种风格语言的优点是逻辑性和准确性强，缺点是不鲜活。长期从事学术研究的学者教授往往对这种风格习以为常，但一旦出了这个行业，人们是听不大懂的。在演讲中，适当吸收部分学术语言，可以增强科学性和说服力；但通篇都这样，就会像大夫的药方——令人望而生畏，摸不着头脑了。

述评

文章指出要在教学或其他演讲活动中，起码应综合运用四种风格的语言。这自然是成立的。除此之外，一个干部教育培训工作者还应该具备什么语言风格呢？本述评者的体会是，还有第五种——个人风格的语言。

对干部教育培训工作者而言，需拥有属于自己独特的语言风格。

① 《特写：温家宝在希腊议会演讲　获最高荣誉奖章》，中国新闻网，2010 年 10 月 3 日。

首先，熟练运用文中所说的马克思主义意识形态的语言、中华传统文化的语言、基层百姓的语言和现代西方语言，这是基础。其次，要清晰定位个人风格，如宋代词人有风格迥异的“豪放派”“婉约派”“醇雅派”之分。个人语言风格的形成过程，好似武侠小说中人物修武，开始学习的是少林、武当等各大门派的武功，成年累月地反复练习之后，不仅武艺达到一定高度，而且对原有的固定招式有了自己的独到领悟。他出招就不拘泥于某门某派，而是信手拈来、随心而动，也许第一招由“九阴真经”变化而来，第二招是“降龙十八掌”的创新幻化，整体招式就会或古朴浑厚或轻灵飘逸或繁杂隐秘，此时的修武者则成为身怀独门秘籍的高手，成为江湖中独一无二的存在。

简而言之，干部教育培训工作者要打破刻板印象，打破固定化、模式化，在综合运用四种语言的基础上形成自己的独特风格。

自我批评是组织和个人发展进步的基石*

严肃的党内生活，是解决自身问题的重要途径，也是党员干部个人发展进步的基本保证。当前，党内积极的思想斗争进行得少了，党内生活不经常、不认真、不严肃的问题比较普遍，使本来很好的制度成了摆设。严肃党内生活，最根本的是认真执行党的民主集中制，发扬党内民主，营造民主讨论的良好氛围，鼓励讲真话、讲实话、讲心里话，同时，正确提倡和鼓励自我批评，也是不可或缺的重要方面。

我们党对自我批评的重要性有非常深刻、清醒的认识。在党的七大政治报告中，毛泽东指出："以马克思列宁主义的理论思想武装起来的中国共产党，在中国人民中产生了新的工作作风，这主要的就是理论和实践相结合的作风，和人民群众紧密地联系在一起的作风以及自我批评的作风。"有无认真的自我批评，"是我们和其他政党互相区别的显著的标志之一"①。毛泽东指出，以最广大人民的最大利益为出发点的中国共产党人，相信自己的事业是完全合乎正义的，不惜牺牲自己个人的一切，随时准备拿出自己的生命去殉我们的事业，难道还有什么不适合人民需要的思想、观点、意见、办法舍不得丢掉吗？无

---

* 《自我批评是组织和个人发展进步的基石》，《组织人事报》2016 年 2 月 18 日。

① 《毛泽东选集》第 3 卷，人民出版社 1991 年版，第 1093—1094、1096 页。

数革命先烈为了人民的利益牺牲了他们的生命，使我们每个活着的人想起他们就心里难过，难道我们还有什么个人利益不能牺牲，还有什么错误不能抛弃吗？正是靠这种认真的自我批评、总结经验、汲取教训、改正错误，我们党才能够克服一个又一个重大挫折，最终取得一个又一个伟大胜利。

对组织如此，对党员干部个人来说也应如此。人们处于社会之中，都要受到环境的制约和影响。改善环境是人的本能，但通过自我批评，不断提高自己，为改善环境创造条件，也是所有成功者的必然选择。特别是当全面、彻底改善环境的条件不成熟时，通过认真的自我批评提高自己，更是成功者发挥表率带头作用、担当社会领袖角色的必然要求。中国共产党现在是执政党，党员干部是人民群众的先锋战士，其作用不是体现在行政权力上，而是体现在人格力量上。无论领导机关还是基层干部，都应当开展真诚的自我批评，以底调攒积人品，为引领、教育群众奠定道德基础。特别需要指出的是，认真的自我批评是有效开展批评的基础。自我批评的态度有多诚恳、认识有多深刻，批评的程度才可能有多深、效果才可能有多好。当前相互批评开展得不好，与自我批评作得不好密切相关。

正如习近平总书记所指出的，革命战争年代以至20世纪五六十年代，开展批评和自我批评，指名道姓讲问题、提意见、论危害，执行起来是很严格的。十年“文化大革命”对党内正常的政治生活造成了严重破坏，市场经济强调的高度竞争性与合作性要求，又对自我批评和相互批评产生很大压力。但是，人类总是要沿着前进的轨道行进，我们党更要向着自己的奋斗目标努力，人们心灵深处存在的症疾总要去面对，同志间被你好我好掩盖着的隔膜总要被打破，恢复自我批评的优良传统也就总要被真正地传承和发扬。

述评

曾子说，吾日三省吾身，为人谋而不忠乎？与朋友交而不信乎？传不习乎？在中国古代，儒家始终强调作为一名君子要自省、慎独，反思自己的所作所为有没有什么错误，说明了自我批评的重要作用。批评和自我批评是党的优良传统和作风，是党取得革命、建设、改革胜利的重要武器。

中国共产党走过百年光辉历程而风华正茂，其中一个关键因素就是我们党具有批评和自我批评的高度自觉，从而不断实现自我净化、自我完善、自我革新、自我提高。因此，自我批评是组织和个人发展进步的基石。

毛泽东曾对“批评”作出概念上的界定：“我们分析一个事物，首先加以分解，分成两个方面，找出哪些是正确的，哪些是不正确的，哪些是应该发扬的，哪些是应该丢掉的，这就是批评。”[①]可见，“批评”并非只讲错误，关键在于是否客观、公正、准确，自我批评同样如此。由此来看，自我批评可以分成对己和对人两个层面：

对己，需要反躬自省。每个人都既有优点也有缺点，但可能忽略了缺点的对面就是优点。缺点存在的意义就是让自己变得更好，勇于接纳自己的不完美、直面自己的缺点，是成为更好的自己的开始。

对人，需要开诚布公。心存顾虑是人之常情，只有营造一个有利于自我批评的大环境，才能让自我批评蔚然成风。特别是在培训中，敞开得越多，“风景区”就越多。首先，应当带动学员以坦荡的胸襟、“向我开炮”的勇气，多讲自己的短板，多查摆具体问题，多透过现象剖析本质；其次，应当旗帜鲜明地鼓励那些认真自我批评又虚心接

① 《毛泽东文集》第3卷，人民出版社1996年版，第253—254页。

受意见的学员，旗帜鲜明地鼓励讲真话、讲实话、讲心里话，让学员真正感受到自我批评是党内生活的习惯。

自我批评，既是党的建设的重要方法，也是干部教育培训的重要方法，组织学员开展自我批评，自我发现问题、改进问题，培训才可能真正发生。

挫折和苦难是最好的教科书*

无论是个人还是组织，其成长的过程一定是挫折和苦难占大多数，顺利和成功只是挫折与苦难之后的一个节点。或者推出另外的结论：经历过沉重的挫折与苦难的个人与组织不一定都能成功，但成功者一定都经历过不同程度的挫折与苦难。如果确有某个成功的人或组织未经过任何挫折和苦难，那么，失败就离他们不远了。

因此，人类思想和情感演进的一个重要脉络，就是从挫折与苦难中汲取智慧、力量和爱。佛陀的舍身饲虎是这样，基督的高挂十字架也是这样。只是这个传统在我国有些变异。因为佛陀和基督管理的都是宗教社会，而我国是个世俗社会；佛陀和基督分明是神，但必须以人的面貌出现，才能让人亲近；皇帝本来是人，必须将自己装扮成神，以彰显执政的合法性；因而，几千年来官方向黎民所宣扬的就不再是领导者所经历过的种种挫折和苦难，而是奉天承运、一呼百应。

因此，我们的教科书就写满了成功的必然性，所有的挫折都是缘于敌人的破坏；我们培育了属于自己的神，但后人应汲取哪些教训、经受哪些考验却一点也不知道了。于是，人们只能重新开始，并且很快发现现实与教科书是多么的不同啊！有些人便开始动摇了。

因此，绝不能忘记我们曾经历过的挫折与苦难，这是属于我们的宝贵财富，不能为了面子好看而将其弃之一隅。

---

* 《挫折和苦难是最好的教科书》，《组织人事报》2011 年 5 月 12 日。

要向挫折与苦难学探索、理解与感恩。世界原本充满未知，冥冥之中并没有神仙特意为谁指点路径，只有靠自己不懈探索。探索必然有对有错。学习探索、成为真正的探索者，就会理解探索者的艰辛，就会宽容，就会端正自己的感恩之心。

要向挫折与苦难学习忍耐、建设与坚持。在挫折与苦难中选择逃避是一种自我保护的本能。行百里者半九十，有多少英雄好汉逃避于成功之前的短暂黑暗之中，只有那些真正的勇士才能够再坚持一下。这种坚持不是怨天尤人的焦虑，而是不懈地建设，以量变求质变。没有忍耐、建设和坚持，何谈理想、信念与信仰？

要向挫折和苦难学习平等、民主与团结。真正从挫折和苦难中走出来，一定要有人民意识，平等地对待周围的每个人，无论他聪明、高贵还是卑微、低贱；一定要讲民主，听取大家意见，尊重大家的选择，而不是一意孤行；一定要团结一切可以团结的力量，搞五湖四海，而不是心胸狭窄，直把亲人当仇人。

我们民族的历史，我们党的历史，就是一部充满挫折与苦难的历史。静下心来，将自己置身于当年的艰苦环境和崇高使命之中，置身于一次又一次重大挫折与苦难之中，我们就会开启智慧的天窗。

述评

苦难和挫折是中国共产党党史的重要组成部分，因为我们党的事业从来就不是敲锣打鼓、一帆风顺的，而是充满了挫折和失败。所以要讲好历史，就要深刻、全面、系统地讲。过去我们总觉得不能讲党的错误，不能在伤疤上撒盐，其实这些东西是回避不了的。与其让别有用心者混淆视听，不如我们自己正面引导。在充分肯定成绩的基础上，也应承认革命斗争过程中出现的一些问题，并且认真分析原因。

革命不是请客吃饭，难免有血污、有代价。历史不容假设。许多事情后人可以总结反思，但很难说清哪些事应当或不应当。中国革命如大江大河，洪流滚滚，难免泥沙俱下，不可能清澈见底。只有把整体与局部、成就与挫折联系起来看，才能看到主流和全貌，才能感受到共产党人坚韧不拔的信仰、逆境中的坚守，才能感受到做逆境的英雄更崇高和伟大。

党性教育工作者与党性教育者*

这是一个极具针对性、挑战性的问题，思考了许多，也没得出明确的答案。直到有一天，听到一位专家提出并分析这个问题，豁然开朗。

专家说：我问某革命圣地的教师，是你在向各级干部进行党性教育吗？可能是。但是，你真能教育得了他们吗？或者说，你的党性修养水平比他们更高吗？不一定。那么，是谁在教育干部？是这里长眠的烈士，是这里的一草一木，是党在这里的所作所为，是这里曾发生的那些可歌可泣的事迹。教师，只不过是史料的提供者、教学的组织者。说到底，是一名党性教育工作者。

诚哉，斯言。

由此，联想到种种党性教育活动。在这些活动中，谁应是教育者？换句话说，领导者或教师是教育者吗？他们应承担哪些责任？对于这个问题，不唯学界已有相应的研究成果，中央也早有明确要求。比如，要坚持“自我教育”为主，“领导”要“带头”。但是，有的同志对这一要求理解不到位，将领导带头“自我教育”理解成带头进行“教育”，将党性教育工作者理解成了教育者，角色发生了变化，所言所行也就由“接受教育”变成了“实施教育”。这时，也难免有下级会问：您比我们做得更好吗？效果也就大打折扣了。

---

* 《党性教育工作者与党性教育者》，《组织人事报》2011 年 8 月 18 日。

出现这种情况，主要是将知识教育与党性教育混同起来了。这是两种不同的教育。知识教育是教师将已有的知识按计划向学员进行传授。在这个过程中，教师是先学者，是中心和主导，学生是被动的接受者；而党性教育则是党员干部比照党章党规和楷模榜样，对自己的世界观、人生观和价值观进行检测和反思，从经验、感受出发，发现问题、寻找原因、制定改进措施，这是一种主动探索、发现式的学习。在这个过程中，他们自己是中心、主体，教师只是辅助者。党员干部自己如果不被吸引、没有产生学习愿望，什么样的外力也无济于事。这也是革命历史教育能够打动人的原因所在。

当然，在现实工作中，并不都有革命圣地那样的典型环境和典型个人，特别是各级领导干部，并不都有老一代革命家那样的丰功伟绩和完美人格。但是，江山代有才人出，在波澜壮阔的改革开放和现代化建设中，总是会涌现出一大批英雄模范和优秀人物，他们可能更多来自基层和一线，但他们有资格做党性教育者。将他们请上讲台，就会大大提升教育效果。

所以，对各级领导干部和培训教师而言，要认真研究和把握党性教育规律，学会向基层学习，向英模学习，学会带头反思、自我教育、相互交流、共同学习，不断改变方式方法，做一个好的学习组织者。这样，党性教育之花就会结出更加绚丽之果。

述评

文章从标题看，讲的是党性教育工作者队伍建设问题，仔细品味，讲得却是教育理念与方式方法问题。将党性教育工作者与党性教育者这个概念进行区分，的确给人以深刻的触动。

应当说，党性教育工作是一项事业，党性教育工作者是一个职位、岗位，但党性教育者却是一个标杆、一面镜子，从一定意义上讲，也是一种极其难得、极其珍贵的教育资源，是伟大建党精神的重要承载与体现。文章告诉我们，党性教育者可以直接上讲台现身说法，必要的授课技术训练可以帮他如虎添翼；党性教育工作者则要不断提升自己的理论水平和党性修养，从政治上、品行上、实践上向先进学习。

一次，在井冈山革命烈士陵园现场教学后，学员问本述评者："你们怎么知道烈士被刺了28刀，是有人数么？""国民党至于这么残忍么？历史都是胜利者书写的。""中国人的历史包袱是不是过重？就不能轻装上阵往前看么？""你觉得中国现在是在走社会主义的道路么？我自己都不觉得我是在为人民服务，而是在给资产阶级卖命。"学员的问题让我进一步思考：我们今天为什么要讲党史？如果听完故事后，只有对烈士牺牲的悲痛或者对国民党的仇恨，对今天的工作有什么推动作用？革命者的人生底色是惨烈吗？如果他们不能获得某种幸福，何以能前仆后继？你抓到事情的本质了吗？为什么还没有爬到山顶就要在半山腰上嚎啕大哭？学员的质疑有没有在你的脑子里？你想要寻找答案吗？这是一名教育培训工作者必须回答的基本问题。

当我开始倾听并尝试在教学中回应这些问题时，收到的教学评价就不止是感动了，更多的是学员在听课时不断地点头、皱眉，下课后继续与我交流、探讨，说课程解决了他们的许多困惑，发人深省。

教师在备课时不应该把自己当成教师爷，不能以教育者、指南者、点评者、批判者自居，不简单想"我应该怎么教"，而应该把自己当成学员，把职责、工作和自己摆进去，针对这个主题想"我想怎么学"。只有这样，我们才会与学员站在一起，不停地向灵魂深处发问，解决我们对这个世界共同的好奇，以平等的交流、思想的碰撞、经验的互补、精神的交融，实现教学相长、学学相长。

这里的关键是，我们有没有发现问题的能力与开诚布公讨论问题的勇气。发现问题的能力，源于对学员的理解和共情：我们能不能从历史、书本、楼房走出去，关注学员的处境，体会他们的喜怒哀乐？而讨论问题的勇气，则源于教师与学员对“问题”的态度，问题到底是麻烦，还是推动时代进步的力量？

党史教育研修会的发现与感悟 *

前几天，参加了一个专门的党史教育研修会。参会的教师中有许多是党史界的大家，参会人员主要是部分干部培训机构中专业从事党史党性教育的教师。大家对如何看党史的重要性认识是深刻的，学习态度是真诚的，站的立场是正确的，但是，许多同志展现出来的党史党建学养，则与其从事的工作有较大差距。从这一点上，可以看出目前党员干部理想信念集模糊抑或动摇的部分缘由。

作为一名准专业党史党性教育工作者，结合正在全党开展的“两学一做”活动，有如下体会。

其一，党史党章应一体双修。党史是党的发展进程的记录，党章是党的历史经验的最高总结。学习研究党史到了能够讲党章的地步，才算有成；学习研究党章能够用党的历史去解读，才算合格。党史党章一体双修，融会贯通，才不会犯历史虚无主义的错误，才能算是一名合格的党性教育工作者。

其二，用大道理串起小故事。大道理就是规律，就是立场，就是原则，就是观点。讲党章，开展党史党性教育，就是明辨道理，指导实践，因此，一定要讲大道理，并且用大道理管住小道理。但是，从大道理到大道理，不符合成人学习规律，教育效果难以保障。事实上，无论什么样的道理，都是通过一个个故事总结出来的，都蕴含在一个个

* 《党史教育研修会的发现与感悟》，《组织人事报》2016 年 4 月 14 日。

具体的故事之中，以事说理，以人说理，往往是成人教育最有效的方法。需要注意的是，讲故事的人心中应瞄准大道理，用大道理串起小道理，否则就会一地鸡毛，陷入无序的争论之中，越扯越扯不清楚。

其三，站得越高，看得越清楚。历史是一连串事件的集合，只有站得高，才能看得见，因而也才真正能看得清。“不识庐山真面目，只缘身在此山中。”站在规律的高度、人民的高度、中央的高度、管理的高度、英模的高度，就可以看到，所有的细节都是自然历史进程，所有的是非对错都是山峦间的起伏，所有的部分都是整体中的局部，就会切实增强自己的唯物史观。

其四，党史党性教育应科学化、技术化。历史是复杂的，人也是复杂的，将复杂的历史观点注入并内化到复杂的人心之中，一定不能简单化，要有复杂思维，要综合运用场景教育、研讨式学习、案例教学等一系列“兵法”手段。

其五，活到老，学到老，改造到老，收获到老，造福到老。教育者必须先受教育，而受教育是没有尽头的。教育工作者只有不断深化学习，丰富自己，才能不断增加对党史党章的体悟，才有在收获的喜悦中不断增添教育的动力，也才能将党史党性教育越做越好，造福于民，造福于党。

其六，一个人走得快，一群人走得远。做好党史党性教育，既需要个人苦学深思，更需要集体学习集体攻关，在有志者的带领下，相互碰撞，沟通协作，协同攻关，形成乘法效应，实现“一加一大于二”“阶段、部分之和大于整体”的效果。

述评

在教学过程中，有时基于特定的教学需要，我们往往容易将历史切割成若干平行的叙事单元，或者将历史人物、历史事件拆解，通过分化、切割、叠加、包装等方式进行筛选和重组，如果不恰当，则很容易犯“断章取义”的错误，造成“理解失真”；有时基于自身主观思想和褊狭视角，还可能对故事作出“偏颇性”解读，则造成“事不对理”的“认知假象”。

其实，历史唯物主义既是世界观也是方法论，马克思主义的方法论与马克思主义基本原理有着天然的联系，方法论就是马克思主义基本原理的应用。讲课是逻辑的递进，而非素材的堆砌。教学的深度与高度，取决于教师思想的深度与高度，只有不断加强自身的马克思主义学养和党史党建学养，才能有效防止和避免肤浅化和碎片化，确保党史教育的完整性、深刻性、彻底性。

提高水平没有别的捷径，就是练好内功，加深对马克思主义立场、观点、方法的理解和运用，只有不断深化学习，丰富自己，才能不断增加对党史党章的体悟，增强自己透过现象看本质的能力，找到每段故事之间的关联，用史实和逻辑证明结论的合理性，才有在收获的喜悦中不断增添教育的动力，也才能将党史党性教育越做越好。

注重发现和培育干部内心的善*

加强道德教育是干部教育培训的重要任务。其中，一个重要方面就是发现和培育干部内心的善。

关于人之初“性本善”还是“性本恶”，人们争论了几千年。其实，人具有动物性、社会性和精神性三重属性，即是由善恶相糅而成，既有天使的一面，也有邪恶的一面，单纯归结为哪一面都是不正确的。当然，不同的人自然禀赋不同，善多一些还是恶多一些都有可能，但总体上看人与人的差别是不大的。所以，孔夫子说，性相近也。我国自古是“性善说”占主导地位的国家，仁、义、礼、智、信、恕、忠、孝、悌等成为官方意识形态，使得人们尽可能弃恶扬善，以崇善、行善、劝善为主流，维系着社会的正常发展与进步。

当前，我国正在发展社会主义市场经济。市场经济的负面效应对几千年来倡导的传统道德造成了很大冲击，恶的成分大有繁衍之势。就干部队伍看，拜金主义、个人主义、享受主义、历史虚无主义等也甚嚣尘上。在这种情况下，是不是人们内心中固有的善就消失了、就不可复原了呢？肯定不是。善依然是所有人生命中强大的从未离开的天性，只不过正在新的条件下换了另一种方式新生，并且是永久地新生。具体表现为两种状态，一种是对党和政府提倡的崇高道德内心认同与追随，虽然，囿于认识水平在实践上并未表现出足够的坚定性，

* 《注重发现和培育干部内心的善》，《组织人事报》2014 年 10 月 9 日。

甚至在投机心理支配下，也做出一些违背道德的事来；另一种是对所有违背人类良好的思想和行为进行内心否定与谴责，特别是对领导干部、“社会公知”的不良思想和行为在互联网上进行极端的、无底线的谩骂与攻击。这种选择，其行可伐，其心则是可许的。

干部的言行引领社会核心价值的取向与发展。毛泽东指出：“只要我们党的作风完全正派了，全国人民就会跟我们学。党外有这种不良风气的人，只要他们是善良的，就会跟我们学，改正他们的错误，这样就会影响全民族。”[①]当然，干部作为个体的人，也会在思想和行为上产生迷茫和错误，但心内的善同样坚韧地存在着。干部教育的任务就是真正地去发现它、培育它，使其压制内心的恶，理直气壮地占领人们的全部心灵。人类历史上，曾经有一些时候与我们今天所处的时空条件极为相似，这就是公元前800年至前200年之间由学者们定义的“轴心时代”。面对物欲膨胀、激烈争夺、相互蚕食、思想偏颇，人类演出了一幕幕反文明、反进步的恶剧。这一时期产生的古印度佛教却认为，人的本性是清净、善良的，只是由于种种物欲作祟，致使本性遭受蒙蔽。只要加强道德修养，便能去掉蒙蔽，恢复自身固有的佛性，从而在极乐世界得到永生。我国先贤孟子说：“恻隐之心，人皆有之；羞恶之心，人皆有之；恭敬之心，人皆有之；是非之心，人皆有之”，所以要“吾养吾浩然之气”；古罗马哲学家奥勒利乌斯说：“善的源泉是在内心，如果你挖掘，它将汩汩地涌出。”这些重要思想都值得我们今天认真学习与借鉴。

述评

种树者必培其根，种德者必养其心。新形势下，面对具有许多新

① 《毛泽东选集》第3卷，人民出版社1991年版，第812页。

的历史特点的伟大斗争，习近平总书记提出要修炼共产党人的“心学”这一重大命题，从更深层次上实现了党的建设与中华优秀传统文化的链接交汇、融会贯通。

“心学”的精粹和核心是知行合一。其中，知是心的本体，指人的道德良知，亦为本文中的“善”；行是心的表现。知是前提基础，行是重点关键，必须以知促行、以行促知。这就要求，干部教育培训以发现人的道德良知即“本善”为重要内容，激励干部奋发有为，多做贡献。

共产党人的道德良知即“本善”“心学”，是写入党章的，是人们入党时就赞成了的，就是共产主义信仰、社会主义信念，就是党的理论路线方针政策、党的立场观点方法、党章党纪党规和党作出的决策部署。修炼共产党人“心学”，就是通过培训学习，进一步唤醒党员干部内心的“本善”，坚定理想信念，贯彻落实党的决策部署，为实现党的目标而奋斗。

在革命历史纪念馆受到的教育与思考*

前日，再次到黄麻起义和鄂豫皖革命历史纪念馆学习。从1927年到新中国成立，大别山区有近百万革命烈士献出了自己的生命，馆中展示的只是其中260多位先烈的英勇事迹和崇高风范。其中，有的满门英烈，有的兄弟豪杰；有的对敌斗争英勇无比、视死如归，有的面对自己人的错杀政策依然忠心耿耿、情动云天。这是一些怎样高贵的灵魂？

每个时代都需要真正的英雄。中华民族也从来不缺少英雄。只不过，在严酷的战争条件下，真的英雄容易站到时代前列，主动经受生与死的考验，立起顶天立地的精神丰碑。而今天，我们党成为执政党，领导人民过上了和平、稳定的生活，许多真心英雄便“采菊东篱下，悠然见南山”，隐迹于市井之中，使一些相对普通的人占据了令人关注的位置。正因为这样，人们有时便失掉了自惕之心，不断膨胀着自己有限的才情和无尽的欲望，不去理解英雄的高贵，身处重位但以做一个物质贵族、精神侏儒自鸣自得，甚至以小观大地“解构崇高”，这是不得不令人嘘吁的。

在严重的白色恐怖下，在革命事业血雨腥风之际，为什么那么多英雄豪士情愿生做共产党的人、死做共产党的鬼？因为他们既是崇高的理想主义者，又是彻底的现实主义者。他们站在公平生存和人性尊

* 原标题为《革命历史纪念馆受到的教育与思考》，《组织人事报》2014年10月2日。

严的制高点，确实看清了共产党宗旨的无私、纲领的正确、理论的科学和前景的光明。而今天，这些当年先烈们的追求阳光已普照人间，变成了人们置身其中的大背景。过去先烈们是“横看成岭侧成峰，远近高低各不同”，今天的许多人则“不识庐山真面目，只缘身在此山中”了。不能从历史的角度、发展的角度看问题，妄自尊大或妄自菲薄地下结论、作选择，又是不得不令人嘘吁的。

在无数烈士中，被自己人错杀的不在少数，包括曾中生、许继慎这样一些民族栋梁，深刻地刺虐着我们的心；当烈士临终前请求执行刀刑以便省下子弹多消灭一些敌人时，我的整个身体被撕裂了。然而，革命或者建设事业固然需要科学的顶层设计，但谁也不是上帝，做不到严丝合缝。有一个大致的目标，然后摸着石头过河，在曲折、挫折甚至倒退、绝望中最终前进和胜利，这是历史唯物主义的基本态度。不以这样的观点分析问题观察现实，不加条件地苛求先人和领袖，还是不得不令人嘘吁的。

所有的先行者都值得我们尊重，但是，个人的基本修炼是最终走得多远、登得多高的决定性因素。从大别山区走出了董必武、李先念两位共和国主席，走出了徐向前、徐海东等一大批彪炳史册的共和国将帅，但是也出现了张国焘、戴季英等被开除党籍历史人物。相同的起点，完全不同的结局，其中的是非因缘更是不得不令人嘘吁的。

述评

李大钊说，将来的环球，必是赤旗的世界。夏明翰说，砍头不要紧，只要主义真。方志敏说，敌人只能砍下我们的头颅，决不能动摇我们的信仰。

这些视死如归、大义凛然的誓言，生动地表达了共产党人对远大理想的坚贞。从来没有哪个政党像中国共产党一样经受了这么多的磨难和考验，几经挫折而不断奋起，历尽苦难而淬火成钢。而归根到底，能够支撑我们走到今天的是心中始终坚定执着的远大理想和革命信念，是始终闪耀着火热的信仰光芒。

为什么这么多先烈在死亡面前如此坦然，丝毫不感到畏惧？他们明知道自己看不到新中国成立，看不到共产主义实现，为什么在那么艰苦的环境中依然相信中国有个可赞美的明天？那是因为那一代共产党人对自身的信仰有着高度的理论自信，他们在反复的比较中，在流血和牺牲中看到了只有共产党才能救中国。坚定的信仰是建立在对社会发展客观规律深刻认识的基础之上的，他们相信共产主义可以深刻改变中国。

中国共产党是使命型政党，也是实事求是、特征鲜明、感染力强的情感型政党。近年来，党史学界提出从情感的维度来研究中国共产党历史的重要意义和独特价值，提出中国共产党在长期的革命、建设和改革的过程中，形成了独特的情感规则、情感话语、情感文化、情感制度等。[①]革命历史纪念馆就是情感表达和情感制度的一种集合。透过革命历史纪念馆这种情感表达及情感制度的规约，我们能够获得政治情感的强大能量，以此冲击内心与思想，从而提升党性修养。

一是对历史的敬畏之情。我们党长期以来重视对革命历史的保存和传播，尤其是在党的十八大以后，更多的红色资源得到开发和利用，有关党的历史记忆得到更加充分的建构。以此，党史中的革命情感得到强化和传播。党在长期的革命斗争与治国理政过程中，形成了“情

① 陈金龙：《中共建党纪念活动的情感意蕴》，《中山大学学报（社会科学版）》2021年第4期。

感制度化”的工作方法。所谓“情感制度化”，指的是情感实践的主体，运用情感资源形成具有规范性、通用性、文化性等特征的情感规约和情感准则，表现为可明文规定的制度条例与虽没有明文规定、但具有较高默契的行动共识等。中国共产党重视通过革命历史纪念馆等形式来教育党员、干部，旨趣之一就是要用情感制度化的手段使党员、干部对党的光辉历史形成敬畏之心。革命历史纪念馆，不仅记载的是历史的人物和事件，更重要的是通过党史人物与事件的情态化表达，深刻展现党的革命所蕴含的重要历史意义和现实意义。保存历史的记忆，关键在于通过情感制度化手段来使当代人重温革命岁月的腥风血雨和烈士、英雄们的大无畏牺牲精神。对于当代人而言，只有充分地感受到革命情感的冲击和洗礼，接受革命情感对自身所带来的震撼与蜕变，才能领会到革命历程的无比艰辛和当代生活与新的奋斗起点的来之不易。这是革命历史纪念馆承载我们党对历史的敬畏之情的现实作用点。

二是对英烈的崇敬之情。中国的革命成功、建设成就和改革成绩，都是无数英烈用宝贵的生命和鲜血换来的。革命历史纪念馆，浓缩着我们党对英烈的崇敬之情。我国不同地区拥有不同主题的革命历史纪念馆，主要立馆依据是依托当地的红色资源及其在党史中的重要地位、全局角色和现实影响等。但无论纪念馆的主题是什么，对英烈的崇敬情感的呈现和叙述，都是革命历史纪念馆之中各个主题得以串联的一条重要脉络。永垂不朽的烈士精神，不仅需要依靠激情饱满的话语进行表达，还需要通过真实的历史物件、历史文件、历史叙事等无声息的方式进行填满。在当代，如何能够培育对英烈的崇敬之情，而且还要使这种情感不走偏、不走样、不肤浅，就必须要通过情感制度化的方式方法加以强化。通过革命历史纪念馆的参观和深度阅览，就是这种情感制度化的具体表现。

三是对马克思主义真理的信仰之情。革命历史纪念馆不是单维度和线性的革命历史叙事地，其本质是传播马克思主义科学真理的阵地，是让当代人们感悟马克思主义中国化时代化伟大力量的基地。革命斗争常有牺牲，但这种牺牲究竟是为了什么？追求英烈口中的“真理”，何以需要付出鲜血乃至生命？要回答这些问题，必须要深刻地在革命历史重现的场景中，感悟中国共产党人对真理追求的迫切性和必要性。正如文中所言：那么多英雄豪士情愿生做共产党的人、死做共产党的鬼，是因为他们既是崇高的理想主义者，又是彻底的现实主义者。对真理的追求，是一刻也不能停止的行动。在找寻到马克思主义理论之前，近代无数仁人志士在不懈探寻能够拯救中国和中华民族的科学理论。马克思主义对人类社会发展的理念，以及列宁主义对共产主义运动的实践发展贡献，让中国社会的先进分子看到了接受科学理论指导的希望。在马克思列宁主义的指导下，中国共产党通过艰苦卓绝的斗争，实现了马克思主义中国化。在各个革命历史纪念馆中，我们要领略的不仅是革命斗争的光辉一面，更加要深入到其中，领会“中国共产党为什么能，中国特色社会主义为什么好，归根到底是因为马克思主义行”的深刻蕴意。

四是对人民的关爱之情。革命历史纪念馆不仅呈递的是中国共产党的奋斗历程和革命斗争叙事，更重要的是通过革命历史来塑造中国人民在民族解放斗争中的地位和作用，表达我们党对人民群众的关心爱护之情，彰显党的人民情怀，反映党同人民群众保持的血肉联系。这是中国共产党坚持唯物史观、人民史观的具体展现。通过运用革命历史纪念馆资源来强化干部教育培训内容质量，需要关注党的革命历史叙事中的人民地位是如何展现的、人民力量是如何施展的、人民智慧是如何发挥的、人民福祉是如何得到提升的，让党员干部深刻意识到“全心全意为人民服务”的深刻意义与“以人民为中心”的思想内涵。

五是对同志的付出之情。文章专门提及了我们党的同志之间的革命情感。这种革命情感，表现为甘于牺牲自我生命，而去成就革命事业目标的超越人性的行为。对于一些不理解中国共产党的人而言，这样的行为举止仿佛是天方夜谭。但对于那些较充分地接受过中国革命历史教育的人来说，这样的行为举止对于其他党派和信仰的成员是少数甚至极少数，而对于中国共产党人而言，确是屡见不鲜的。为大局而着想，为革命成功而考虑，成为老一辈党员的实践自觉和理念共识。因此，在当今这个时代中，号召广大党员干部更多地关注革命历史纪念馆，用好革命历史纪念馆的教育启示功能，以学习领会并传承我们党所具有的同志之情，超越那种狭隘、个人、私密的情感。

对国学热的思考*

据张岱年的说法，“国学”之名兴起于20世纪10年代初，最早的代表作是章太炎作的《国学概论》演讲。自此以后，对国学的学习与研究，虽不乏大家，如梁启超、王国维、郭沫若、胡适、许地山、成仿吾等，但终究难成时尚。直到20世纪90年代中后期，突然兴起一股国学热。

什么是国学？严格意义上，到目前为止，学术界还没有作出统一明确的界定。一般地讲，国学有两个层次，表现出的是以中国传统经典著作为载体的学术体系，核心则是中华传统文化，即数千年来浸淫在每个中国人血液和灵魂中的思维方式、行为方式和生活方式。

“国学”一说，产生于西学东渐、文化转型时期。鸦片战争之后，为救亡图强，许多仁人志士开始向西方学习，以求师夷之长技以治夷，中国领域内的文化也因此分流转型。为了中华传统文化不灭亡，国学作为一门独立的学问和思想在与西学的对抗中诞生。100多年来，中国始终处于学习、追赶西方的过程之中，国学的式微就是再正常不过的了。

今天，中国的现代化建设取得了阶段性成果，中华民族伟大复兴的愿景得到了初步实现。在这样的历史条件下，重整国学、承续传统就被提到了议事日程上。首先是因为国学中包含有极深的经世济民之

* 《对国学热的思考》，《组织人事报》2011年6月9日。

道，而这些道理已不可逆转地沉淀在中华儿女的血液中，如修仁政、民为贵、天人合一、和谐共生等。其次是因为经过几十年的高歌猛进，我国经济社会发展和人的自身发展中出现了许多新情况新问题，而国学包含的价值观和方法论正好可以为解决这些问题提供良药。最后是国学中蕴藏着深厚的民族自豪感，可以让中华儿女扬眉吐气于世界之林。因此，许多企业家、科技工作者、领导干部对国学也就更加重视了。

我们为国学骄傲。但是，国学热到这般程度，却又不能不引起我们进一步思考。国学诚可贵，但国学教育是否就是完整的历史教育？如何处理传统文化与社会主义核心价值观的关系？如何将学习国学与学习马克思列宁主义、毛泽东思想、中国特色社会主义理论体系相衔接？如何将修身养性与党性修养相结合？这都对干部教育工作者提出了重大挑战。

充满信心、毫无惧色地迎接这个挑战，是新时期干部教育工作者的使命，也是一份沉甸甸的光荣。

述评

这篇十几年前的文章，现在读来更深有体会。国学是一个笼统的说法，与汉学相类，与西学并称。100多年来，国人对国学的态度经历了起起伏伏的变化。近些年来，又兴起了一场场国学热，尤其是短视频、网络直播盛行的今天，一大批“国学大师”登场，有的妙语如珠，有的滥竽充数，有的道理深刻，有的似是而非，这让国学更加神秘莫测。

文章言简意赅地讲述了国学的定义、产生背景以及现实意义，篇幅短小精悍却勾画清晰、引人深思。国学热的背后是曾经的国学冷。

近代史上，国学两次被推至风头浪尖，一是五四运动时期，以孔孟儒家为代表的国学受到猛烈攻击；二是“文化大革命”期间，国学又一次遭受巨大抨击。诚然，西学东渐有客观的历史原因和现实必要性，然而国学蕴含着数千年来中华民族的智慧，沉淀着丰富的哲学思想、人文精神和道德理念。面对社会道德的滑坡，面对精神迷茫空虚的出现，面对令人忧心的青少年“哈日”“哈韩”潮流风尚，国学是治愈我们的一味良剂，因为“有文化自信的民族，才能立得住、站得稳、行得远”。

文章提出的关于国学热的思考，让人在为国学热欣喜的同时冷静下来。国学虽然浩如烟海、博大精深，但国学教育不是完整的历史教育。对待国学，要坚持辩证的观点，既要看到其体大思深、可穷尽物之理，也要看到它包含着封建落后的一面。比如某些打着国学幌子出现的女德班，实则企图将一些畸形的封建意识强加于女性。故应秉持毛泽东提出的“批判地继承”。我们需要学习、研究和传承的是国学中的中华优秀传统文化，这一点是从事国学相关工作的前提。

说是国学热，其实当下我们更应关注的是中华优秀传统文化。我们的文化根植于5000多年独特的文明，具有很多明显的特质，其中蕴含的天下为公、民为邦本、为政以德、革故鼎新、任人唯贤、天人合一、自强不息、厚德载物、讲信修睦、亲仁善邻等，是中国人民在长期生产生活中积累的宇宙观、天下观、社会观、道德观的重要体现，同科学社会主义价值观主张具有高度契合性。

我们欣喜国学热起来，但是我们更应当把笼统的国学聚焦中华优秀传统文化，取其精华去其糟粕，将它与人民日用而不知的行为和价值观念相连接，做好马克思主义基本原理同中华优秀传统文化相结合的文章，让马克思主义真理之树根深叶茂，让中华文明绽放新的光彩。

朝圣与读经*

前几天到西藏讲学，领略了随处可见的经幡和朝圣者，对朝圣与读经有了新的感悟。所谓朝圣，就是到圣地包括寺庙、圣山、圣湖等地去拜谒，体验神圣，探寻灵性，得到启示，坚定信念；所谓读经，就是在固定的时间地点或在劳作之余，读经典，诵警句，听讲解，悟神意。问了一些在寺庙周围朝拜、转山的人，大致分四类。第一类人对宗教极其信仰，而这种信仰并不完全取决于这次朝拜，而是取决于多年在故乡的读经与修持，他们已经有了较深厚的佛学修养，来圣地转山是为了发宏愿、上层次。第二类人主要是本地的，自称“随波逐流”，说转转山总是没什么坏处，况且在全民信教的大环境中，人家转你不转显得过于另类。第三类人大体来自内地，对神佛是相信的，但从不读经修持，一点宗教修养也没有，抱持实用主义的态度，想通过这次虔诚地朝拜、上供，求神佛能帮忙办事，实现自己难以达成的心愿。第四类人完全是为了参观，体验一下另类的生活方式。同样的行动，动机竟然如此不同，效果也大相径庭。

由此想到了干部理想信念教育问题。目前，我们采用的重要方法类似于“朝圣”，或到革命圣地或到先进单位去作“体验”，走小道、唱红歌、搞参观、听讲解，自然会产生一定效果，感动一段时间，有的同志甚至发愿“保证半年内不犯错误”，但这是不是党性教育的全

---

* 《朝圣与读经》，《组织人事报》2014 年 6 月 12 日。

部呢？其中，有没有如西藏朝圣者中的第二类、第四类甚至第三类人呢？值得关注和研究。

倒是第一类人的动机和行为给了我们深刻启示。坚定的信仰并不完全取决于某次朝圣，而是取决于多年在故乡、在工作中默默读经修持形成的深厚的理论素养，靠理论上的清醒指引保证信仰上的坚定。也就是说，加强干部理想信念教育，首先不在于是否去过井冈山、延安、西柏坡，而在于是否真正阅读、诵读、领读、教读马克思主义的经典著作，是否把握了其中的精神实质，是否用这些精神实质真正规范、指导自己的思想和行动。事实上，对于这个问题，人们讲的是多的，但真正落到实处，情况并不令人乐观。特别是对于马克思恩格斯列宁的著作，对于《共产党宣言》《资本论》《哥达纲领批判》《反杜林论》《路德维希·费尔巴哈和德国古典哲学的终结》《怎么办？》《唯物主义和经验批判主义》《进一步，退两步》《国家与革命》等经典著作，更是如此。这种情况，怎样能保证信仰坚定？

因此，在干部理想信念教育中，要坚持朝圣与读经相结合，并且将主要精力放到读经上来。然而，组织部门的同志作为干部教育培训的责任人，受工作性质的制约，形成了独具特色的能力素质，就是往往强于组织协调、弱于理论探究，这个问题怎么办，值得深入研究。

述评

中国古代的朝圣与西方的宗教式朝圣不同，中国的圣人也都是凡人而不是神仙。中华5000多年文明史中，不仅仅将儒家所说的古先贤称为圣，在某行某业做出了巨大贡献的也可以称为圣，比如有“书圣”“药圣”“诗圣”“医圣”“史圣”“画圣”“草圣”“茶圣”等尊称，就连《西游记》里的孙悟空，也称自己为“齐天大圣”，诚如古人所讲："人皆可以为尧舜。"圣不同，自然"朝圣""圣地"也不同，中国人的朝圣更多的是对先贤的礼敬，是对当世的关怀。

读经亦然。世界上有很多经书，譬如《圣经》《古兰经》《吠陀经》和各种佛经，也多和宗教有关，中国的经又自不同。"经"的本义是丝织物上的经线，织布的时候，先将经线绷在织机上，然后才能编织纬线，引申为基础、重要的意思。那么，什么是经典？词典上解释说：经典是经久不衰的万世之作；经典是具有典范性、权威性的著作；经典是经过历史选择出来的"最有价值的书"。中国古代最经典的经，是"四书五经"，扩展一些称为"十三经"，这些书都是为当时社会现实服务的。中国当代有没有经？如果按上述经典的解释，我想也是有的，如文章中写到的马克思恩格斯列宁的著作，也包括毛泽东、邓小平等党的领导人的著作，可以说就是当代的"经"。毛泽东十分重视对全党开展马克思主义基本理论的教育，多次提倡全党尤其是高级干部学习马克思列宁主义经典著作。他曾说："如果有二百个干部真正理解了马列主义就好了。"[①]可见读经的重要性，也说明当时毛泽东认为党内懂马克思列宁主义的干部太少了。原原本本读经，才有扎扎实实的基础，基础不牢地动山摇，是感悟，也是对自己的提醒！

其实，朝圣也好，读经也罢，都是为了增强理论修养，提升文化素质，寻求内心平和，涵养高尚品德。古人讲，人能弘道，非道弘人。这其中的关键就在于要发挥主观能动性，去学、去做，在实践中多积累、多思考，学以致用、知行合一，真正做到理论与实际、历史与现实、经验与教训相结合，推动工作取得实实在在的效果。

---

① 转引自龚育之、逄先知、石仲泉：《毛泽东的读书生活》，生活·读书·新知三联书店 2010 年版，第 31 页。

队伍与机构

关于干部教育培训者应具备的三种思维*

日前，听领导同志作报告，提出干部教育培训者应具备三种思维：教授式、专家式、机关式，豁然开朗，深以为然。

其一是教授式思维。教授是传道、授业、解惑者。教授的职责，不仅要使人们“知其然”，还要使人们“知其所以然”。归结起来，教授式思维的重要特点是求“理”，是教给人们事实背后的道理、学理、原理、定理、公理等。人们掌握了这些“理”，就可以举一反三，以达到灵活运用、随心所欲不逾矩。人们经常说，大学里学的东西现实生活中用不上，但上没上过大学又大不相同，大约就是“理”的作用使然。因此，“理”是一种修养。理性思维能力强、理论水平高，都是对这种修养的表述。对于干部教育者来说，只有自己真正掌握“理”、确实会讲“理”，才能完成理论教育的任务。如果不讲理，一上来就要“必须”这样、“不得”那样，正确性没有问题，但效果未必最佳。

其二是专家式思维。专家是某一方面的专门性人才，能做他人做不了之事，探究他人未能及之领域。从这一点上说，专家式思维的重要特点是求“异”，是追求人无我有、人有我优。专家是时代的宠儿，种类繁多，从科学家、艺术家、人文学家到军事家、政治家等。干部

* 《关于干部教育培训者应具备的三种思维》，《组织人事报》2012 年 4 月 12 日。

教育者以提高人、培养人为已任，必然要求其是某一领域的专家，要比别人在这一领域知道得更多、做得更好，充分发挥启迪、引领、示范作用。如果教育者不是专家，其教学只能是以其昏昏、使人昭昭。目前提倡的“领导干部上讲台”“一线工作者上讲台”，就是充分发挥专家作用的有效手段。

其三是机关式思维。机关是按照法定职责、执行法定任务的工作部门，其决策实行民主集中制，其运转实行首长负责制。决策一旦确定，执行压倒一切。从这一点上讲，机关式思维的重要特点是求“同”，是在保留个人想法、意见的前提下，不折不扣地执行已定的部署、安排。干部教育说到底是机关工作的重要部分，最终目标是使人们心往一处想、劲往一处使，将干部的思想和行动统一到中央精神上来，统一到实现中华民族伟大复兴的宏伟大业上来。达到这一目标，干部教育培训的任务就完成了大半。

求理、求异、求同是辩证的统一，缺一不可。其中，求理是基础，求异是手段，求同是目的。好的干部教育培训工作者可以实现三者的有机统一，如毛泽东。如果一个人的能力不够全面，就要借用团队、整体的方式来工作，通过人员互补，实现工作目标。

述评

三种思维，语短意深。

作为干部教育培训工作者，首先要具备的思维方式就是要有讲授式思维，在讲授的过程中，既要让受教育者知道“是什么”，又要让他们了解“为什么”，还要让他们知道“怎么办”，做到知其言更知其义、知其然更知其所以然。不仅要讲清楚其中的道理，还要讲清其中的学理与哲理，让他们真正能够做到学懂、弄通、做实。

其次，要有专家式思维，不仅要有通识能力，还要有“精”和“专”的能力，要在“求同”的基础上“求异”，在某一新的领域要有所建树，要能探究到他人未能及之领域，有自己独特的术语体系和思维框架。

最后，要有政治性思维，就是要不折不扣地执行党中央制定的部署和安排，把党员干部的思想和行动统一到党中央决策部署上来、把智慧和力量凝聚到完成奋斗目标任务上来。只有这样，才能让广大党员干部心往一处想、劲往一处使，更好地为实现中华民族伟大复兴而努力奋斗、砥砺前行。

当然，把政治性思维排在最后，不是说不重要，而是说它是“压轴”的、起根本性作用的。

干部教育培训教师的品德修养 *

作为干部教育培训教师，应当具备基本的品德修养、学术水平、实践经验、领导艺术与培训技能。

说起品德修养，有人可能感觉很“虚”，或者认为是领导者用来“教育”下属的口号，其实并不是这样的。品德修养是“实”的，既看得见，又摸得着。品德修养其实就是人的“形象”和“味道”。

培训教师的品德修养，首先是一种“人缘”，通俗地讲，是要让学员“看得起”。学员中可能有极个别腐败分子，但更多的是踏踏实实、勤勤恳恳为党和人民利益艰苦奋斗的公仆。没有他们，就没有这30多年来我国改革发展的高歌猛进。

作为领导干部，主要工作之一是识人用人。培训教师的胸襟如何，价值观怎样，内驱力是什么，境界有多高，格局有多大，“行家一张口，便知有没有”——实际上，是培训教师借讲课这个平台，给各级各类领导干部作专题思想汇报。如果培训教师确实不堪，出于礼貌，学员们会客气几句，但心里究竟怎样想的，大家是都会有感觉的。人之相交，贵在交心。如果讲完三小时的课，居然没有可深谈之人，就要考虑自己品德修养的水平了。

政治坚定性是品德修养的核心，而政治立场又是政治坚定的基础。这个问题对于培训教师非常重要，它不以人的意志为转移，不容回避

---

* 《干部教育培训教师的品德修养》，《组织人事报》2011年6月30日。

或“超越”。

可能有的同志会认为，这个观点太“左”了，太抽象了，太不“以人为本”。但是，当你试图回避或超越它的时候，实际上你已经选择了一种政治立场。因为，在现实生活中，人们总有自己对人对事物的立场、观点和方法。比如，无论你表达得如何振振有词，如果一事当前只考虑自己的利益，就总难以获得更多人的支持，这就是一种最基本的“政治立场”。

心中有了学员，真诚地为人民着想、为社会服务，你表达的内容就会有新的视角，就可能受到学员的广泛好评，你的脸上就会闪耀出崇高的光芒。如果真是这样，无论是自觉还是不自觉，你都是在为中国共产党做宣传工作，你已经初步站在了党和人民的立场上。因为党的宗旨就是全心全意为最广大人民群众谋利益，而广大领导干部则是党的宗旨的忠实践行者。如果明确了自己的立场并且不再动摇，就形成了政治坚定性。

在自然科学领域，政治立场和政治坚定性已然引起了高度重视。人们常说，科学没有国界，但科学家有国界，就是证明。

在人文和社会科学领域，政治立场、政治坚定性更加成为学术研究、探索的重要基础。诺贝尔经济学奖得主、美国学者阿瑟·刘易斯提出：“经济学在解释过去20年所发生的种种现象，可以说是驾轻就熟。但是谈到预测未来，则常沦为意识形态上的论述。”这又是一则证明。

述评

才者，德之资也。德者，才之帅也。北宋司马光认为，才干、能力只是德行的支撑、凭借，而德行是才能的统帅。文章同样强调了品德修养的重要作用，尤其是对干部教育培训教师的重要作用，认为政治坚定性是品德修养的核心，而政治立场又是政治坚定的基础，认为站稳政治立场、保持政治坚定是涵养品德修养的关键所在，指出了干部教育培训教师加强品德修养与成长成才的具体路径。

政治立场与政治坚定性也一直是中国共产党高度重视并反复强调的话题。关于政治立场问题，毛泽东曾说过，立场问题或者态度问题，也就是世界观的问题。[①]习近平总书记也曾多次指出，立场，是人们观察、认识和处理问题的立足点。这个立足点，从根本上讲是由人们的经济政治社会利益和地位决定的。[②]人民立场是中国共产党的根本政治立场。因此站稳政治立场与保持政治坚定性内核上是一致的。理论上清醒，政治上才能坚定。干部教育培训教师必须在站稳政治立场、保持政治坚定性上涵养品德修养、提高学术水平、增强实践锻炼、提升培训技能。

修身立德是为政之基。干部教育培训教师还应在加强品德修养方面坚持更严标准，要崇尚对党忠诚的大德，做到始终忠于党、忠于党的事业，做到铁心跟党走、九死而不悔[③]；要崇尚造福人民的公德，站稳人民立场，始终同人民风雨同舟、生死与共，勇于担当、积极作为，切实把造福人民作为最根本的职责；要崇尚严于律己的品德，努力做一个高尚的人、一个纯粹的人、一个有道德的人、一个脱离了低级趣味的人、一个有益于人民的人。这些要求实际上是我们党的精神特质、

---

① 《毛泽东文集》第 7 卷，人民出版社 1999 年版，第 273 页。

② 习近平：《深入学习中国特色社会主义理论体系　努力掌握马克思主义立场观点方法》，《求是》2010 年第 7 期。

③ 《坚持以人民为中心深化改革开放　深入推进青藏高原生态保护和高质量发展》，《人民日报》2021 年 6 月 10 日。

根本宗旨与先进品质的集中体现。唯有在一步一个脚印中培养正确的世界观、人生观、价值观，提升自己的品德修养，才能成为一名对党和人民高度负责、忠诚干净担当的新时代党员干部。

干部教育培训教师的学术水平 *

按理说，作为教师，学术水平应该很高，能够胜任“传道授业解惑”，达到给学员“一碗水”自己有“一桶水”的程度。但与国民教育很不一样，在干部教育培训中，这个要求并不容易达到。究其原因：一是学员与教师一样，也是学有所成的人，甚至是某个方面的专家学者，他们这一刻坐在台下听课是学员，另一刻站在台上就成了教师。二是干部教育培训面临的大都是需要探索的创新性问题，而学员是这些问题的拥有者与解答者，培训教师与之比，处于“二线”的位置，不可能凡事都比学员更加有发言权。

当然，术业有专攻，培训教师也应该有自己的学术专长，从某个方面给学员以启发和帮助。那么，能不能要求培训教师都是“教授”“研究员”呢？可能也很难。主要在于，培训教师在很大程度上属于“操作工”“应用型”，如果作理论研究、引领学术潮流，在时间、精力上得不到足够保障。好多年前，干部教育主管部门就动议要建立与国民教育和专业研究相区别的、具有干部培训特色的职称体系，就是这个考虑。但受种种因素制约，工作一直未果，难度也可见一斑。

就个人的体会，培训教师在学术上虽然不能要求有多少原创性成果，但总要有个最低限度，这就是“跟得上”，即努力“跟踪”前沿，做一个好的“二传手”。也就是说，培训教师首先应是一个好的学习

* 《干部教育培训教师的学术水平》，《组织人事报》2011 年 7 月 7 日。

者。在此基础上，再与已经学有专长的学员们“教学相长”，就可能顺利完成培训任务。延安时期的中央党校，没有专职教师，大家互为师生，创造了干部教育史上的辉煌。国外也有类似的范例。诺贝尔经济学奖得主、美国发展经济学家阿瑟·刘易斯就讲过，他开始在伦敦经济学院教授产生经济学，1945年的一天，系代主任哈耶克请他开一门探讨两次大战之间世界经济形势的课，他回答说：“我的答案很简单，那就是，我自己也搞不清楚两次大战之间究竟发生了什么。”但哈耶克说：“那正好！学习某个学科的最好方法，就是教这个学科。”这次教课，直接促成刘易斯四年后出版了《1919—1939年的经济回顾》。

除了跟踪本专业前沿，对培训教师来讲，还应是个“杂家”，即知识面尽量宽、关注的问题尽量杂，对经济、政治、文化、社会、科技等领域都有相当了解。因为干部培训以解决问题为导向，但问题从来就不是以某个专业领域为边界产生的，所以，要求培训教师对相关领域的知识有较多涉猎。这种涉猎，要达到“专”比较难，但一定要达到能与学员对话的程度，能陪同学员走完研究探索的历程。所谓“一专多能”，就是指这种状况。

述评

“用学术讲政治”是干部教育培训工作的题中应有之义，也是对干部教育培训教师的必然要求。这就意味着，干部教育培训教师要有与干部教育培训目标要求相适应的学术水平。

讨论干部教育培训教师的学术水平问题，首先要搞清楚何为“学术”。按照一般定义，学术是指有系统的、较专门的学问，是对存在物及其规律的学科化。这就是说，虽然干部教育培训课程多为针对某一具体问题的专题课程，但其背后也有相应的一个或多个学科作支撑。缺乏必要的学科和学术支撑，就难以讲出学理性，“用学术讲政治”就难以实现。这就意味着，遴选干部教育培训教师要充分考虑其学科背景和学术水平，在培养干部教育培训教师的过程中，也要引导和鼓励他们紧跟学术前沿、加强学术研究。

“学术”的一般定义，可以理解为“学”的“术”。“学术”还有一个理解维度，即“学”和“术”，也就是理论和实践相结合，用系统性知识研究解决实际问题。“学习的目的全在于运用。领导干部加强学习，根本目的是增强工作本领、提高解决实际问题的水平”①。当年在中央党校发起的真理标准大讨论，就是典型的用马克思主义基本原理这一“学术”的观点解决人们的思想认识问题，也是典型的“用学术讲政治”。在当时的政治环境和话语体系下，要讲清楚“实践是检验真理的唯一标准”这个命题，不仅对党校教员的理论功底是个严峻考验，同时更考验着他们理论和实践相结合的本领。因此，从这个意义上看，从“学”和“术”的角度来理解“学术”，对探讨干部教育培训教师的学术水平亦有强烈的现实意义。

① 《习近平谈治国理政》，外文出版社 2014 年版，第 406 页。

干部教育培训教师的实践经验*

这里特指教师对所教内容的实践经验。在这方面，人们反映的问题最多，意见也最大。比如，讲“三农”问题的没有乡村工作的经验，甚至直接的调查研究也没有，只是从各种资料中得到一些观点；讲“应对突发事件”的没有直接经验，甚至事后的直接采访也没作过，只是收集了网上的信息；讲“组织工作创新”没有组织工作的经历，甚至连一些阶段性工作也未参与过，只是从“社会舆情”中得到一些印象，等等。这种状况下，无论理论研究的水平有多高明，运用的学术模型有多玄奥，学员听起来都总是望梅兴叹：意思对头，不能解渴。

这种教学，体现在效果上，就是理论联系实际不紧，这是干部教育培训中最大的问题。

这种现象久而久之延续下去，会给教师与学员在认知上、心理上甚至情感上造成隔膜：由于没有亲历亲验，教师“听不懂”学员讲的话。即使从语义上听清楚了，也会认为学员讲的是“个案”，是偶然的、小概率的事件，并没有“普遍意义”和“普适价值”，不但拒绝听取他们的意见，反而会固执地认为他们“不尊重科学”“不执行中央政策”“说一套做一套”，是两面派，有严重的经验主义、本位主义倾向。同时，如果学员不认同教师讲的理论，便会认为教师不从实际

---

* 《干部教育培训教师的实践经验》，《组织人事报》2011 年 7 月 14 日。

出发，“站着说话不腰疼”，不体恤基层，只顾空对空放空炮。前一段某知名研究员与地方官员关于拆迁问题的争吵便是一例。

在这种情况下，谁应先做改变？自然是教师。因为教师在教学过程中总是处于主动的位置，同时，教育培训总要以学员为中心，总要以学员学懂会用、有所改变为目的。所以，教师应当往前先走一步，去积累一些实践经验。总的要求是，学员从哪里来，教师就要到哪里去，实地工作，解剖麻雀，了解科学发展的生动实践，直接帮助学员解决问题，在这个基础上，再从理论与实践相结合的高度加以总结，形成自己的认识与观点。从培训工作讲，这也是个深入进行需求调查的过程。

当然，不是要求教师有与学员同样丰富的实践经验，这也是不现实的。我感到，定期到一线工作一段时间，对问题形成基本的感知，把握基本规律，能够与学员产生一定的感情，能体会他们的辛劳和不易，明了他们的探索、收获和困惑，“听得懂”他们说的话，就可以了。如有可能，从实践一线而不是高校毕业生和研究部门中选拔教师，则是师资队伍建设的理想之道。

总的讲，检验培训教师是否有实践经验，就是让学员评价：教、学之间说的话是否都“听得懂”。

述评

读罢这篇文章，让本述评者想起一件往事。新冠疫情期间，我们约请一位公认授课水平很高的专家上网课，学员对课程的好评溢于言表。下课后，这位专家打来电话，问“这堂课大家能听得进去吗？”我起初认为，这不是在刻意谦虚就是在“凡尔赛”，并非真心提问。后来他的话让我明白提问是真，并加深了对他的敬重。他说，“我是真的担心大家听不进去。疫情之前，我每年都要拿出至少两个月，带着我的硕士生、博士生到下面去蹲点调研，我课上讲的都是自己调研来的第一手资料，我知道基层的干部在干什么、想什么，所以讲起课来有底气。现在因为疫情，我天天关在学校里面，已经两年多没有出门，感觉与实际脱离太久，脑袋里面空空的，对自己讲的课没有信心”，并且还诚恳地作了自我批评，“我举的例子没有一个是新鲜的，对不起大家”。

这番话让我记忆深刻、感慨良多。这位专家能够把课讲活、把理讲透、把人讲服，靠的就是深入细致的调查研究，靠的就是理论和实践的紧密结合、有机融合。广阔的基层是思想的田野，是培训教师特别是专职教师的“氧舱”和“电源”。应当进一步完善相关机制，用好考核这个“指挥棒”，引导培训教师常态化、制度化走出书斋、走进基层、走向火热的实践一线，将理论、实践与民情紧密联系在一起，既“把论文写在祖国的大地上”，又把基层的鲜活经验带到教学和科研中。

接通地气，才有底气。真是这样。

干部教育培训教师的领导艺术*

在管理学中，恐怕没有几个术语像“领导”的定义这样不统一。因而有人说，有多少管理学家为“领导”下定义，就有多少个“领导”的定义。但总的讲，人们认为领导力主要有两种要素构成：一种是法定权力；另一种是个人影响力。本文显然不是从法定权力、管理职责方面谈教师的领导问题的，主要谈个人影响力特别是教学中的灵活处置能力。

当将一队学员交给教师时，在讲课的这段时间内，教师无疑就是学员们的“领导”：指出课堂教学的方向并带着他们实现预定的目标。第一个问题就是，他们——这群可能级别比教师高、学识比教师广、经历比教师丰富、年龄甚至比老师长、基础不同、情况各异的人，能听教师的安排吗？

当然，主办单位往往有纪律要求。但是，学员们听与不听、需要互动的时候动与不动，却完全要看教师的个人能力。特别是当培训班属于“自主选学”、并没有非常严格的纪律约束时，教师的领导艺术就是教学成功的重要保障了。

我个人的体会，课堂教学中的领导艺术，第一重要的是真诚沟通，即建立在诚实、信任、平等、理解基础上的沟通。诚实就是有啥说啥，知之为知之不知为不知，绝不装腔作势摆架子；信任就是相信学

* 《干部教育培训教师的领导艺术》，《组织人事报》2011 年 7 月 21 日。

员是爱学习的，如果“不遵守纪律”，必定有更重要的事情要做；平等就是教学相长，教师不借自己的位势“仗势欺人”；理解就是相信大家尽了力了，没听进去、没听明白是教师的讲课水平需要提高。第二是“不严格要求学员”，将自己的精力集中到对教学内容的精彩阐述上，相信真、善、美的吸引力和感染力。我个人在讲课过程中，一般是“要求”学员不做笔记，“纵容”不愿听课的学员开小差，“鼓励”他们随时打断、反驳我的阐述。这样做，只能逼着自己时刻注意课堂动向，尽量提高讲课质量。第三是注重热身，快速发现“明星学员”，在最短的时间内凝结学习团队，促使学员自我管理。

应该说，只要有两个人的地方，就会有“领导”产生。在人的一生中，总有机会做这样那样的“领导”。然而，高超的团队领导艺术不是天生就有的，也不是一两天就能掌握的。更何况，课堂领导艺术与正式组织的领导艺术虽然机理相同，毕竟状况、要求都不一样，特别是外部环境、利益方向、“下属成熟度”等方面相差更大，要想游刃有余地“领导”课堂教学过程，在指定的时间内将学员“带得动”，需要更长时间的积累。还要指出的是，并不是只有当过“领导”的人才拥有领导艺术，有时候恰恰相反。当然，能有效“领导”课堂教学，也不标志着在其他工作中就具备了当领导的水平。但总的讲，只要功夫深，无论什么岗位，领导艺术这根铁杵都可以磨成绣花针。

述评

领导力的本质是影响力。干部教育培训教师在课堂中扮演着多重角色，是信息的传递者、教学的设计者和课堂的组织者等。这些角色综合起来，就需要有相当的“领导力”作支撑。教师在课堂上的“领导力”怎样得到体现并产生效果？有几个环节是需要注意的：

首先是课程质量。技术本身就能产生权威性。教师“领导力”最直接的体现是课程质量。尽管领导干部可能级别比教师高、学识比教师广、经历比教师丰富、年龄甚至比教师长，但是他们也不是“万能者”，他们可能有知识“盲区”。教师要取长补短，在深入分析学员需求的前提下，一定要把自己的特长拉长。例如，在教学中体现理论的高度、历史的厚度、实践的力度，讲清楚道理学理哲理，就会得到学员认可。

其次是教学方法。干部教育培训是一项专业性很强的工作，不是谁都能够从事和驾驭的。干部教育培训师资除了在内容上讲准讲全讲深讲透外，还可以掌握一定的教学方法辅助教学过程，同样会引起干部的兴趣和认可。从文章中，我们能感受到，只要每个教师从实际出发，综合运用多种能力与方法，我们是可以胜任这项工作和驾驭课堂的，关键在于“打铁必须自身硬”。

最后是纪律示范。当年，季康子向孔子询问为政方面的事，孔子回答说“政”的意思就是端正，您自己先做到端正，谁还敢不端正？古人十分注重为政者的模范带头作用，认为在上位的为政者能够做到正己，就可以不令而行，上行下效，使天下人都归于正道。这种思想也可以迁移到教室里，作为干部教育培训教师，如果自己率先遵守纪律、端正作风，自然能产生领导力。

干部教育培训教师的培训技能*

毫无疑问，培训技能是教师的工作之基、立足之本。在这方面，学员的程度可以为“0”，教师的水平应当是“100”。

培训技能分三个层次。一是对组织学习的管理。能够对组织的发展状况进行分析、判断，找出薄弱环节，提出哪些可以通过学习培训得到改进，有针对性地制定出学习改进计划并组织实施，促使组织成为学习型组织。这是培训教师的最高境界。目前能达到这一要求的不多。二是对培训流程进行管理，包括能够针对特定对象进行科学的需求分析，结合实际进行课程设计，运用现代培训理论组织实施，对培训效果进行有效评估和跟踪，提出下一步改进意见。做好这些工作，要求培训老师应当是一个好的培训管理专家、项目管理专家、心理学专家、人际沟通专家、后勤管理专家、行政工作专家。只有这样，才能站在培训全过程的高度看待具体教学工作，才能做到应讲则讲、应议则议。这一条许多教师也比较欠缺，他们只从自己的准备、习惯出发组织教学，不顾及上下衔接，其教学效果往往事倍功半。三是课堂教学能力，能够根据不同学员的情况，综合运用案例式、研讨式、情景模拟式、行为训练等多种方法按需施教，使教学效果最大化。做到这一点也不容易，要求培训教师成为好的教学组织者、导演或主持人、教学资源提供者、催化者和学习者。就目前情况看，达到这些要

* 《干部教育培训教师的培训技能》，《组织人事报》2011 年 7 月 28 日。

求的教师，我感到，企业培训领域相对较多，党政干部培训领域相对偏少。

与上述分析相一致，还有研究认为，培训教师可分为5级。最初级为“一般性”培训教师。这类教师要么是“学院派”，理论知识较为丰富；要么是“实践型”，现场经验较为丰富；要么是“技能型”，课堂组织较熟悉。但都是一个或两个方面较为突出，缺项较为明显。第二级为“全面型”培训教师。这类教师在理论知识、实践经验和教学方法等方面都达到了胜任要求，他们是各级培训机构的骨干力量。第三级为培训咨询师。这类教师熟悉培训需求分析、课程设计、组织实施、效果评估等环节，又有较丰富的学术修养、实践基础和教学经验。任何培训机构拥有这样的人才，都会底气很足，腰杆很硬。第四级为学习咨询师。这类教师熟悉组织学习的整个要求，在制定学习培训计划、推进学习制度建设、促进学习任务落实等方面有较深的研究和心得。除培训教师外，这实际上是对各级领导干部提出的要求。第五级为组织变革咨询师。这类教师在建设学习型组织、推进组织变革方面有独到研究和实践成果。好的“一把手”都应当是这样的人才。

无论哪种分类或者要求，都具有极强的专业性，需要经过艰苦的、正规的训练。

述评

干部教育培训教师的培训技能是近年来提得较多的话题，因为它关系到培训机构的高素质人才队伍建设、关系到培训机构的高质量发展，是一项“百年树人”的工程。

本文中讲到培训技能的三个层次，都是必须的、必要的，但要实现却不那么容易。因为人才的成长需要遵循一定的规律，必须经过一定阶段的试炼。就本述评者的成长看，胜任教学组织、课程开发和课题研究等工作能力，大约需要8年左右的时间。当前一些培训机构的教师队伍相对年轻、经验不足，对于他们的培训不能仅是“导师式”的理论讲解，还必须配套以“教练式”的实践演练，才能起到效果。

一般说来，一名刚入职的教师，首先需要半年多的带班历练，熟悉学员、熟悉教学组织、熟悉工作环境、熟悉培训资源及培训全流程全链条。其次需要讲授能力的训练，通过十几分钟现场讲解、微党课等形式，由简入繁，慢慢向访谈课、研讨课、案例课、专题课过渡。最后需要训练备课能力，从撰写讲解词做起，由小及大，撰写研讨课主持词、访谈课讲稿、专题课与案例课讲稿等。总之，极强的专业性出自艰苦卓绝的个体修炼与集体修炼。

君子人格是立德的基础*

在中国延安干部学院学习，听老师臧否党史人物。对于那些犯了错误的早期领导人，老师不仅畅谈功过是非，而且，在人物结尾处，都作了人格分析。比如，向忠发，流氓无产者；王明，投机分子；张国焘，权力痴嗔者；对于陈独秀、博古则青睐有加，认为人格高贵，值得肯定。这些意见且不论准确与否，但给我们以深刻启发——除了政治标准，评价历史人物还可以有人格标准。这不能不使人们想起早已沉淀在历史深处的一组老词：君子人格与小人人格。

君子人格与小人人格是传统儒家思想的重要范畴。有研究者提出，在《论语》中，孔子直接言及君子是什么样的人、该做什么样的事的论述就有数十条。比如，君子“怀德”“不忧”“不惑”“不惧”“不器”，强调其内在品格；君子“耻其言而过其行”“疾没世而名不称焉”，强调应正视名利；君子“喻于义”、小人“喻于利”，“不义而富且贵，于我如浮云”，强调应道义至上；君子“成人之美，不成人之恶”“和而不同”，强调应和谐处世；君子“求诸己”，小人“求诸人”，强调应反思学习；君子“坦荡荡”，小人“长戚戚”，君子“视思明，听思聪，色思温，貌思恭，言思忠，事思敬，疑思问，忿思难，见得思义”，强调行为规范等。

应当说，君子和小人是人格的两极性描述。现实生活中，完全意

---

* 《君子人格是立德的基础》，《组织人事报》2012 年 11 月 15 日。

义上的君子或小人并没有，我们每个人都在两者的区间生存。连孔子都认为自己达不到“不忧”“不惑”“不惧”。但是，一个人就内在人格讲，是以君子为主，还是以小人为主，还是看得出来的。这里的君子或小人，并不以“阶级”“党派”“立场”划线，纯粹是对人生意义的领悟和坚守。有了君子人格，人们就会向善，就会“修己以敬”“修己以安人”“修己以安百姓”，就会“其行己也恭，其事上也敬，其养民也惠，其使民也义”，就会正确对待自己、正确对待组织、正确对待百姓；就会言行一致、表里如一；在当前的社会条件下，就会诚心实意地与中国共产党和中国人民站在同一条战线，为党和人民事业取得的任何一点进步着实欢喜、为党和人民事业遭受的任何一点挫折真切担忧，而不是做看客、骂客、溜客、窃客。

由此看来，君子人格是领导干部队伍建设的第一道基础，在此基础上，才谈得上共同的理想信念和事业追求。诸葛亮曾就此总结说：“亲贤臣，远小人，此先汉所以兴隆也，亲小人，远贤臣，此后汉所以倾颓也。”但是，识别君子人格，要比简单地看知识、看业绩评价人难得多；培养君子人格，要比简单地教知识、教能力难得多，需要我们以君子之心、之情、之志、之力奋力而为。

述评

文章探讨的是评价历史人物的政治标准和人格标准的问题。

明代末年有个学者型官员叫钱谦益。清顺治二年（1645年），清兵要攻下南京城时，钱谦益准备投水殉国。他走下水池试了一下水，说：“水太冷，不能下”，后来钱谦益率诸大臣在滂沱大雨中开城向清军投降。但是，他并不真正忠于清朝，而又在降清后从事反清活动，力图在传统道德观上重建自己的人生价值。这种反复无常的尴尬状态，令他的评价充满争议。乾隆皇帝曾评价说，平生谈节义，两姓事君王，进退都无据，文章哪有光。其实这不但否定了他的人品，也否定了他的学问。

其实，在这个故事中，我们可以看出，政治标准其实是人格标准最重要的一个方面。政治立场错误，就没有完善的人格，屁股坐歪了，人格就不能正。因此，政治标准才是君子人格的首要标准，也是修身立德的关键。故此，我们才说“明大德”是第一位的，大德不明，理想信念不坚定，那么公德、私德也就显得苍白无力。君子修德，首先要明大德、修大德，把政治标准放在第一位，在这样一个基础上，才能真正完善人格，堪当大任。

历史教师的学术素养*

毋庸讳言，现在的领导干部历史教育不尽如人意。其中，教师的学养是瓶颈性制约因素。一个好的历史教师，除了有丰富的历史知识外，还应具备以下学术素养：

经济学，特别是经济地理学。人类的活动首先是经济活动，而在早期生产力水平极低的情况下，地理环境对经济发展方式产生着重要影响，这些影响又直接决定着人们生存与生活方式的不同。比如，受特定地理环境影响，在古代中国，农业经济占据着统治地位；而在古希腊，商品经济占据着统治地位。这种不同的经济方式，对政治、文化和社会方式提出了不同的要求。也就是说，从一开始，中西方就走上了不同的发展道路，也决定了在不同生产力条件下，必然各领风骚。没有经济学知识，就难以将中西方具体发展道路作区分，就会妄自尊大或被西方的发展理论牵着鼻子走。

政治学。政治是经济的集中反映。具有丰厚的政治学修养，才能解释清楚人们政治行为、政治体制、政治关系的动因和趋势。比如，适应农业经济的发展，中国长期以来实行家天下、君主制的政治制度；而在古希腊，受商品经济影响，则长期实行共和制、具有高度民主和法制精神的政治制度。应当特别指出的是，现代意义上的政治学发源于西方，自然以西方政治发展状况为参照标准。好的历史教师必

---

* 《历史教师的学术素养》，《组织人事报》2011 年 6 月 2 日。

须深入学习掌握马克思主义的政治学理论，才能全面正确地看问题，理直气壮地作判断。

文化学。文化是人类活动的记录、历史的沉积，是人们认识自然、思考自己、承托精神的框架，是一个民族保持独特性的基因。由于经济、政治具体形态不同，各个民族的具体文化形态也呈现出较大差异。比如，适应农业经济和家天下、君主制的需要，中国传统文化充满了国家至上、重整体性思维、辩证思维的特质；而西方长期以来适应商品经济、共和制的需要，其文化则表现出个人主义、绝对主义、重逻辑思维的特质。这就是中西方看问题的不同方式与角度。弄清两者的异同之处，就可以正确地理解对方，游刃有余地推进改革、引导发展。

社会学。社会本义是指特定土地上人的集合。社会的经济、政治、文化形态不一样，其存在方式也不一样。比如，中国自古以来讲究“民为贵”，士农工商“四民”成为社会主体；而在西方，有产阶级始终是共和制的主人，即使近代的人权宣言，也只是代表“国民”、公民——商人、企业家、银行家、律师和官吏的权利，而无视农民特别是新兴无产阶级的权利。理解这一点，就会对中国共产党选择走社会主义道路有理论上的清醒与坚定。

此外，还有法学、军事学、教育学等知识需要学习掌握。

述评

文章令人感触甚多。不仅是历史教师的学术素养，任何一个从事干部教育培训工作的教师，也同样如此，非广博无以专精。就日常体会来说，经济基础决定上层建筑，学好经济学才能通晓经济运行规律，从而得出准确的判断。比如，讲好今天的乡村振兴问题，就应该懂一些乡村产业体系、利益联结机制等。经济学、政治学、文化学、社会学等，是形成通识的基础。这些学科提供了科学依据、学术框架，是打通思想堵点、加强对习近平新时代中国特色社会主义思想阐释的有效“工具”和“桥梁”。

实践是丰富多样的，问题也是丰富多样的，我们很难用某个具体学科阐释清楚一个问题，通常需要较为复合的知识背景、较为复合的思维。

怎样才算懂干部？*

干部是干部工作的基本对象。做好干部工作，一个重要前提是懂干部。懂得了干部，做起工作就会心中有数、遇事不慌。怎样才算懂干部？

其一，懂他们的职责。职责是开展工作的基本依据。这个干部与那个干部要求不同，不在于别的，主要在于职责。对于这个常识性问题，并不是所有环节都能把握好。比如，面对基层组工干部要求他们“积极推进干部人事制度改革”，面对组织部部长要求他们“努力提高干部考察材料写作水平”，即是一例。

其二，懂他们的业务。在提高党的建设科学化水平的今天，业务水平包括领导水平越来越成为对领导干部的核心要求。懂他们的业务，就可以从特定的专业而不是一般化的角度与他们进行交流，以唤醒他们的自豪感和自尊感。

其三，懂他们的环境。干部情况不同，工作环境很不相同。有的环境较好，有的环境较差。特别是对于那些工作环境艰苦、条件较差的干部，要怀有高度的同情与崇敬之情。一味地共性地、不加区别地提要求，难以使其心服。

其四，懂他们的素质。由于每个人的学习条件、成长历程不同，其基本素质也不相同。比如，城市出身的干部与农村出身的干部不同，

---

* 《怎样才算懂干部？》，《组织人事报》2012 年 11 月 1 日。

学理工出身的干部与学文史哲出身的干部不同，学生出身的干部与部队转业的干部不同等。懂干部的素质，就是懂他们的优势与差距，可以有的放矢地做工作。

其五，懂他们的甘苦。各级干部都是活生生的人，他们工作、战斗在第一线，面临大量繁杂的事务，有甘甜，也有苦恼。只有体谅他们的甘苦，在他们收获时鼓掌，在他们疲惫时加油，在他们挫折时安慰，在他们困难时援助，才会真正与他们有共同语言和战友情谊。如果不体谅他们的甘苦，立在岸上瞎指挥，“站着说话不腰疼”，很难与干部贴心同气。

其六，懂他们的问题。与任何人一样，干部在工作生活中也会产生许多问题，有工作上的，有情感上的，还有身心上的。对这些问题，要客观对待，抱着一颗悲天悯人、治病救人的心，指出并帮助其改正，切不可听之任之骄之纵之、坐待其毙时以先知者自居；也不可无限放大、把干部说得一团漆黑要一棒子打死。找准问题对症下药，是干部工作者职业素养的重要体现。

其七，懂他们的希望。希望是任何人得以努力的原动力，有希望才有未来。干部的希望有的切合实际，但有的并不切合实际，或过高，或过偏，抑或不符合人类发展的基本道德和大趋势。不过，希望毕竟只是希望，在未付诸实践之前，都处于论证阶段。所以，要下大力气分析干部的思想状况，把握其希望的方向、程度，有针对性地采取对策，引领干部始终走在正确的轨道上，救人于未病之时。这既是医者的最高境界，也是干部工作的最高境界。

述评

教育培训干部的前提是全面了解干部、深入体察干部。诚如毛泽东当年在延安提出的那样，“我们看一个干部，不能（只）看他一时一事，要看他的全部的历史、全部的工作”[①]。

当前，我们在工作中，懂干部的渠道多停留在工作层面，对干部的个人生活、家庭条件、合理诉求等方面关注较少，可以讲有时是不“懂”干部的。

那么，怎样才算懂得干部？不知人之短，不知人之长，不知人长中之短，不知人短中之长，则不可以用人，不可以教人。对干部的认识不能停留在感觉和印象上，还必须健全培训需求调研分析的机制和办法，多渠道、多层次、多侧面深入了解。

这篇短文提出的“七懂干部”很有针对性和操作性，为我们懂干部提供了一个立体式的路径。

---

① 《毛泽东选集》第2卷，人民出版社1991年版，第527页。

向老百姓学些什么？*

中央一再号召，各级领导干部要深入基层，向老百姓学习。各种培训班上，也将基层的同志请上讲台做老师、讲体会。在这种情形下，作为领导干部，可能要有一个理性思考:向老百姓学些什么?

首先，应有一个基本判断：要求领导干部向老百姓学习，并不是领导者事事不如老百姓。事实上，由于受教育程度、承担责任等不同，领导干部往往应成为老百姓的引领者。毛泽东提出的“严重的问题是教育农民”，讲的是这个道理；古之圣贤提出的“民以吏为师”，讲的也是这个道理。但是与老百姓相比，领导干部同样受地位、职责、成长路径等影响，也有很大的局限性，这些局限性严重制约了工作开展，也不利于自身进步。只有抱有这样的态度，领导干部才不会对向老百姓学习心存抵触或妄自菲薄。

那么，与老百姓相比，领导干部的局限性表现在哪些方面？或者说，应向老百姓学些什么呢?

其一，学习老百姓对党的宗旨的拥护和对党的事业的坚守。党的宗旨是全心全意为人民服务，党的事业是让最广大人民群众过上幸福安康的生活。老百姓既是党的宗旨和事业的直接承惠者，也是这一宗旨和事业的天然支持者。而领导干部虽说也是承惠者和支持者，但毕竟“服务者”的身份有时总会使部分人将自己的辛劳、收获看得过重，

* 《向老百姓学些什么？》，《组织人事报》2011 年 12 月 15 日。

久而久之，会自觉不自觉地忘却出发点和初衷，自觉不自觉地偏离党的宗旨和事业的轨道。

其二，学习老百姓悲天悯人的人本精神与乡土情怀。老百姓生活在社会最基层，最知道创业艰苦与守业艰难，最知道群策群力与众志成城，因而，对乡里、对亲邻、对家园总有一种天然的依赖、眷顾与关爱。而领导干部生活在基层之上，拥有资源优势，对人、对组织的尊重和理解往往会有所折扣。

其三，学习老百姓的自我安得和人生智慧。老百姓生活的环境非常感性、复杂，面临的问题非常具体、现实，因而，他们也最能体会生活百味，最理解生命的意义，最能适应社会变革。孔子说的三十而立、四十不惑、五十知天命、六十而耳顺、七十而随心所欲不逾矩，就首先体现在老百姓身上。而领导干部由于工作和生活环境相对优越，对人生与社会的理解有时偏于直线式、简单化，从而影响了决策与执行的效力。

总结上述观点，领导干部就是要向老百姓学习最基本的做人做事的原理与方法，正确对待组织、正确对待群众、正确对待自己。近些年来，社会管理研究有一种返璞归真、回归常识的倾向，提出先廓清基础、理顺源流、明晰目标，再来作顶层设计，这对于理解和指导领导干部向老百姓学习同样具有指导意义。简而言之，作为百姓公仆，先来看看老百姓的现状与需求，才能说在点子上、做在关键上。

述评

“没有满腔的热忱，没有眼睛向下的决心，没有求知的渴望，没有放下臭架子、甘当小学生的精神，是一定不能做，也一定做不好的。必须明白：群众是真正的英雄，而我们自己则往往是幼稚可笑的，不了解这一点，就不能得到起码的知识。”[1]80多年前，毛泽东在《农村调查》的序言中的这段告诫，时至今日仍然振聋发聩。

按照毛泽东的意思，“起码的知识”也需要从群众中获得。“起码”的意思是最低限度。领导干部也好，干部教育培训工作者也好，受教育程度和文化水平普遍高于一般群众，但工作实践中所需要的大量基础性、常识性知识，无法从学校教育中、书本中获得，只能向实践学习、向群众请教。

想起焦裕禄在洛阳矿山机器厂工作时，看到有位工人随便拿起一块钢往砂轮上打一下，看火花就知道是什么品种，非常羡慕，就拿着钢片向他请教。这位老工人说：“您这当领导的学这干啥？坐在办公室里指挥不就行了。”焦裕禄说：“我不习惯坐办公室。屁股和板凳结合得多了，会长出3个毛病，腿会软，脚跟站不稳；人会懒，浑身没劲；神会散，和工人感情会疏远！”这位老工人被焦裕禄的谦虚好学所打动，于是就把多年总结出来的“磨钢花识钢号”的方法毫无保留地教给了他。不久，焦裕禄就能识别出各种钢材，对钢铁生产情况也了然于胸，被大家称为“最棒的车间主任”。到兰考工作后，焦裕禄同样像学生一样弯下腰到群众中学习请教，凭借与当地农民交流得来的经验，总结出“锁、贴、扎”治沙三步法。

新时代新征程，与领导干部一样，干部教育培训工作者只有敬畏“起码的知识”，始终“老老实实做小学生”，才能答好“赶考”路上的每一道“考题”，向学员交出合格的答卷。

---

① 《毛泽东选集》第3卷，人民出版社1991年版，第790页。

组工干部的角色要求*

由于组织工作的地位和作用越来越重要，组工干部也越来越成为人们高度关注的群体。这个群体的角色应是怎样的呢?

可以肯定的是，我们党的组工干部与古代的吏部官员、与西方公共人力资源管理者相比，有共同之处，也有很大不同。共同之处在于，都是干部、人才资源的管理工作者，都要忠于自己的国家；不同之处在于，我们的组工干部还负责“党员教育管理”与“基层组织建设”，其工作成效直接关乎巩固党的执政地位，因而要求更高。

其一，组工干部是各级党委推动工作的“近卫军”。近卫军本义是指军队中的精锐之师。据研究，在卫国战争时期，为了鼓舞士气，苏联红军开始授予那些战功卓著的部队、舰艇、兵团和军团“近卫”称号。1943年6月11日，苏联最高苏维埃主席团提出，近卫军部队必须是全军的表率。组工干部作为党委重要工作部门的干部，必须成为精锐之师，特别能战斗、特别能吃苦、特别能奉献，成为党委关键时刻攻坚克难的王牌部队。因此，组工干部必须对党高度忠诚，切实讲党性重品行作表率，成为党员中的优秀党员、干部中的模范干部，真正使党委信得过、靠得住。

其二，组工干部是党员干部和各类人才的“娘家人”。党员是组织部门代表党委发展的，干部是组织部门代表党委管理的，人才是组

---

* 《组工干部的角色要求》，《组织人事报》2012年8月30日。

织部门代表党委联系的。党员干部和各类人才生活、工作在基层一线，非常辛苦，经常遇到这样那样的困难，还要承受许多委屈和不公正待遇。回到娘家，组工干部要给他们以同情、安慰和关心，同时，负责任地为他们排忧解难，帮助他们提高素质能力，使他们带着问题来、带着答案去。

其三，组工干部是党委识人用人的“参谋官”。“名爵者，公器也。”有史以来，在我们这个以中央集权为主要形式的国度里，官爵就是很重要的执政资源，识人用人也就是一件朝野高度关注的大事。这一点与西方国家有很大不同。我们党坚持党管干部原则，组织部门是党管干部的参谋部门，地位重要，责任重大。组工干部作为党委识人用人的参谋官，要有一颗公道心，讲良知讲公平讲正义，无论远近亲疏，做到一碗水端平；要有任劳任怨的精神，按陈毅对部队参谋人员的要求，“多作事，少要东西，多埋头苦干，不出风头，不图享受”；要有远大的眼光，善于从全盘上着眼；要不断提高工作水平，将科学的方法技术内化为智慧和艺术。

“近卫军”“娘家人”“参谋官”是对组工干部角色定位的形象比喻。承担起这三种角色，就可以初步回答进组织部门为了什么、到组织部门干些什么、在组织部门与别人比些什么的问题。

述评

组工干部是“管干部的干部，管党员的党员、管人才的人才”，是党的组织路线和具体工作的实践者。组工干部的政治修养、理论修养、能力修养、品德修养等，直接决定着组织工作的效率和质量，关系党在群众中的形象。习近平总书记提出，新时期组工干部要“讲政治、重公道、业务精、作风好”[1]。

党的事业永远在路上，组织保证永远在路上。文章以“近卫军”“娘家人”“参谋官”等三个角色，对组工干部的职责定位进行了生动形象的比喻，并回答进组织部门为了什么、到了组织部门干些什么、在组织部门与别人比些什么的问题，对持续深化过硬队伍建设，推动广大组工干部始终做到政治上绝对可靠、对党绝对忠诚，对建设一支高素质专业化的干部教育培训工作者队伍，具有重要意义。

① 习近平：《在全国组织工作会议上的讲话》，人民出版社 2018 年版，第 35 页。

当代干部的角色制约*

一个基本达成的共识是，我们这一代干部与老一代相比，做群众工作的效果是大大不如了。究其原因，有客观上的，有主观上的。客观上的原因有两条，一条是中国处于社会转型期，人们的思想状况前所未有的复杂，同时，世界对中国的不良影响前所未有地加大；再一条是党领导人民成立新中国时积累的“崇拜效应”严重递减，人们在几十年承平环境中形成的审美疲劳则日益加剧。这些都造成同样的群众工作，其效果大打折扣。主观上的原因，则首先归结于我们这一代人成长环境和经历的先天不足。“学生牌”就是一个重要的不足。

老一代干部中有许多读书人。但是，由于革命战争生活的残酷和周围工农出身的干部占大多数，长久习染，这些读书人已很大程度地工农化，他们身上学生的稚气已基本脱尽，思想方法、工作方法都同质于工农但高于工农。电视剧《亮剑》中的赵刚就是一个典型的艺术形象。他们去做工作，群众从心理上、情感上首先感到是亲切的、靠谱的，语言上是相通的，效果自然不差。而我们这一代干部，只有读书的经历，没有工农化的过程，其思维方式往往是“学理性”的，行为方式是“实验室性”的，无论怎样看，都还是“学生牌”。群众可能会认可我们的学业成就，但从心理上、情感上的亲近感欠缺，做起群众工作来，往往是“公式推导”，不知不觉中犯了毛泽东在延安文

---

* 《当代干部的角色制约》，《组织人事报》2013年9月19日。

艺座谈会上指出的知识分子的通病，犯了群众工作之大忌。

在70多年前，毛泽东曾说，有这样的知识分子，“连群众的语言都有许多不懂”，“你的一套大道理，群众不赏识。在群众面前把你的资格摆得越老，越像个‘英雄’，越要出卖这一套，群众就越不买你的账”。毛泽东还以自己的情感变化为例：“我是个学生出身的人，在学校养成了一种学生习惯，在一大群肩不能挑手不能提的学生面前做一点劳动的事，比如自己挑行李吧，也觉得不像样子。那时，我觉得世界上干净的人只有知识分子，工人农民总是比较脏的。知识分子的衣服，别人的我可以穿，以为是干净的；工人农民的衣服，我就不愿意穿，以为是脏的。革命了，同工人农民和革命军的战士在一起了，我逐渐熟悉他们，他们也逐渐熟悉了我。这时，只是在这时，我才根本地改变了资产阶级学校所教给我的那种资产阶级的和小资产阶级的感情。这时，拿未曾改造的知识分子和工人农民比较，就觉得知识分子不干净了，最干净的还是工人农民，尽管他们手是黑的，脚上有牛屎，还是比资产阶级和小资产阶级知识分子都干净。这就叫做感情起了变化，由一个阶级变到另一个阶级。”毛泽东的心路历程值得我们深刻研究。正如毛泽东所指出的，“我们知识分子出身的文艺工作者，要使自己的作品为群众所欢迎，就得把自己的思想感情来一个变化，来一番改造。没有这个变化，没有这个改造，什么事情都是做不好的，都是格格不入的。”[1]

述评

有所思，莫能道；道可道，非常道。毛泽东曾提出“从群众中来，

① 《毛泽东选集》第3卷，人民出版社1991年版，第851—852页。

到群众中去”。[1]老一辈的领导干部同人民群众一起经历了抗日战争、解放战争，军民同心，一起抗战，取得了革命的伟大胜利。领导干部能设身处地为人民群众着想，人民群众也主动关心支持领导干部的身心健康和工作生活。

毛泽东的心路历程更是告诉我们，同甘苦，共患难，齐努力，赢未来。随着社会的发展进步，我们正处在社会的转型期，主观的、客观的原因多种多样，这就需要领导干部下基层、转作风，查实情、出实招，找症结、办实事。只有取得实实在在的实效，才能得到人民群众的拥护。

教育培训是党的领导、党的建设事业的重要组成部分。从一定意义上讲，干部教育培训工作者也是党从事领导工作的重要力量，特别是党进行“思想领导”领域的重要力量，与领导干部一样，也有一个自我改造、自我提升的要求，其能力结构、情感倾向也要按照新时期好干部标准不断进化。如果不加注意，没有这个变化，没有这个改造，将自己置身事外，也会像毛泽东指出的那样，什么事情都是做不好的，都是格格不入的。

① 《毛泽东选集》第3卷，人民出版社1991年版，第899页。

组工干部应培养经济工作情怀 *

举世瞩目的中央经济工作会议结束了。学习贯彻会议精神，将是全党当前和今后相当长时期内的重要任务，组织系统自然也不例外。经济工作会议年年开，组工干部年年学，如何认识和把握这个学习？

最直接的任务，是按照中央精神确定新一年组织工作的定位与方向。组织工作属于政治上层建筑，说到底是由经济基础决定的。因此，组织工作必须服从服务于经济社会发展这一党和国家的工作中心和大局，按照这一中心和大局谋划布局、抓好落实。每年的中央经济工作会议，都是按照新形势新要求，对经济社会发展进行新总结、新判断、新部署。因而，组织工作也要不断适应这些新总结新判断新部署，作出新谋划新布局新调整。比如，按照会议要求确定干部教育培训主题和重点；按照会议要求提高领导班子决策力执行力；按照会议要求做好育才引智工作；按照会议要求动员基层党组织和广大党员群众创先争优，等等。如果对中央经济工作会议精神不学习、不理解、不掌握，我们的工作就会失去定盘星、脱离主轨道，就会陷入经验化、程式化、一般化，其价值和意义就会大打折扣。

深一层次的目标，是开阔组工干部视野。今天的经济工作，已经远远超越了经济本身，与政治、文化、社会及军事、外交等相互作用、密不可分；远远超越了一个地区、一个国家，与世界各个国家、各个

---

* 《组工干部应培养经济工作情怀》，《组织人事报》2011 年 12 月 22 日。

地区相互交融、密不可分；也远远超越了当代、时下，与一个民族、国家的过去与未来相互联系、密不可分。有了经济工作视野，组工干部看国际形势和国家间竞争的趋势、看科学发展与社会稳定的形势、看党的建设与组织工作的布局就会更加清晰、明确，就会得出更加符合历史发展规律的结论，从而增强必胜的信心与信念。

再深一个层次的追求，是养成经济工作思维方式。经济工作的原理很简明、很抽象，但现象很复杂、很具体。这其中，局部与整体、需求与供给、扩张与紧缩、实体与虚拟、均衡与波动，纷繁复杂，云波诡谲，相生相克，混沌难觉。做好经济工作，必须以辩证唯物主义与历史唯物主义为指导，辩证地、联系地、发展地判断形势、分析问题，做到既把握整体，又关注重点；既鼓励优势，又照顾弱小；既着眼当前，又观照未来；既做好自己，又参与别人。有了这样的思维方式，就可以透过现象看本质，实现由自然王国向自由王国的飞跃。

要想完成这些任务、目标与追求，必须不断学习、不断修炼。长此以往，就可能形成有组工干部特色的经济工作情怀。

述评

邓小平深刻指出：“离开了经济建设这个中心，就有丧失物质基础的危险。其他一切任务都要服从这个中心，围绕这个中心，决不能干扰它，冲击它。”[①]发展是第一要务，没有坚实的物质技术基础，就不可能全面建成社会主义现代化强国。高质量发展是全面建设社会主义现代化国家的首要任务。新的时代条件，要求领导干部深化对经济发展规律的认识和把握，不断提高领导经济发展的能力和水平。

党的组织路线是为政治路线服务的，围绕中心、服务大局是组织

① 《邓小平文选》第2卷，人民出版社1994年版，第214页。

部门的优良传统，也是组织工作、教育培训工作使命所系、价值所在。不了解不掌握中心大局，服务中心大局就是一句空话。干部教育培训工作者要做到围绕中心、服务大局，必须学习经济工作、研究经济工作，拓宽知识“广度”，找准服务中心大局的切入点、着力点，努力成为专家型、复合型人才，真正以服务中心、服务大局的成效彰显教育培训工作的价值。

组工干部培训工作者应修炼五门功课*

组工干部培训工作者在组织工作体系中具有特殊重要的地位，担负着提高干部能力素质、推进组织工作改革创新、建设学习型组织部门的重要任务。组工干部培训工作要履职尽责，必须修炼好五门功课。

一是干部教育培训理念与方法。干部教育培训作为一项专业性很强的工作，有自己内在的规律和要求。特别需要指出的是，干部教育培训作为交叉学科，既有“教育学”的规定性，承担学习知识、提高素质的功能；也有“管理学”的规定性，承担促进工作、提高绩效的功能。经过国内外200多年的研究总结，目前已经形成了一整套的培训理论和方法体系，应认真学习借鉴，不可简单地搬用国民教育的路子搞干部培训，也不可置先贤探索于不顾、从头开始低层次探索。

二是管理科学与领导艺术。组工干部培训的对象总起来讲是领导干部，即使一般组工干部，因为工作对象和岗位任务的特殊性，也要求其具有领导者的素质和水平。因而，组工干部培训工作者必须具备相当的管理知识与领导素养，才会与学员有话可谈、有心能交、有疑能解。

三是组织工作政策法规与业务流程。党的组织工作一路走来，形成了繁杂的政策法规和业务流程体系。这些法规和流程是组织工作赖

---

* 《组工干部培训工作者应修炼五门功课》，《组织人事报》2012 年 7 月 5 日。

以运行的骨骼和肌肉。随着干部人事制度改革和基层党建创新的不断深化，又有许多新规定、新要求层出不穷。干部培训的本质是经验的交流分享与思想的碰撞激发，如果没有一定的业务修养，无论培训需求分析、课程设计，还是组织催化、效果评估，都可能以其昏昏使人昭昭，效果是可想而知的。因而，理解、把握并不断学习组织工作业务，成为组织工作的行家里手，是做好组工干部培训的基础和前提。

四是党史与党建理论。组织工作说到底是党的建设的一个组成部分，要深刻、完整地理解、把握组织工作的精神实质，离不开对党史与党建理论的理解与把握。只有站在历史的高度、理论的高度，才可能看清事实真相、洞察问题本质，从而给学员以指引和启发。

五是经济学和哲学知识。经济学作为“社会科学之王”，以其对人性和社会的深刻体察与分析，以其对数学、逻辑学的充分运用，为理解个体、组织和社会提供了钥匙，为政党学、政治学、社会学、组织行为学和人力资源管理科学提供了学理基础。而哲学作为全部科学的科学，又为所有学科的发展提供了价值观和方法论。掌握了经济学和哲学原理，党的建设、组织工作和干部教育培训的理论与实践就可以融会贯通、浑然一体。

当前，组工干部培训工作面临许多挑战和难题，修炼好以上五个方面的课程，我们的工作就可以由自然王国走向自由王国。

述评

使鸡司夜，令狸执鼠，皆用其能，上乃无事。文章告诉我们，不仅组工干部培训工作者要修炼这五门功课，任何一名干部教育培训工作者都要修炼这五门功课，要摒弃泛泛之论，追求专业精准之术。

培训工作涉及党建学、教育学、管理学、经济学、哲学等学科，要充分融合归纳，应对新时代面临的各种挑战和机遇。特别是在高质量发展的新时代，更要积极探索，主动把握，踊跃实践，用“生来左癖称专业，手课儿童为教忠”的状态，帮助各级干部离成功更近一步。

“路漫漫其修远兮，吾将上下而求索。”干部教育培训工作者要怎样系统掌握这五门功课呢？就是学习借鉴、提高素养、思想碰撞、洞察本质、分析逻辑，快速让实践与理论相结合。

组织工作者应关注“过渡人”理论*

学界认为，“过渡人”是过渡经济时代的产物。所谓过渡经济时代，是一个社会学概念，是指社会经济形态从传统经济向现代经济的过渡时期。这种过渡，以经济形态转型为动力，带动政治形态、文化形态、社会形态的全面转型。在这个过程中，“过渡人”不可避免地产生了。

专家指出，过渡人兼有传统人的特征和现代人的特征，是一种双重人格。据有关学者概括，“过渡人”的发展趋向为：一是顾虑他人褒贬观念倾向渐弱，而尊重自我感受与意见的倾向渐强；二是优柔、谦逊及顺从他人的倾向渐弱，而自主、独立及支配他人的需要渐强；三是权威的态度（严守习俗、盲目接受权威、相信命运、爱用“二分法”、缺乏想象力、认同权势、易于敌视和怀疑他人）渐弱，而与权威性态度相反的平权性态度渐强；四是认为自己的祸福与生活大多为外在因素（如命运、机会、人事关系及权力组织）所控制的想法渐弱，而认为自己的祸福与生活大都为内在因素（如自己的能力、努力及其他个人条件）所控制的想法渐强；五是在人与自然的关系中，认为“人应该顺从自然”的观念渐弱，而认为“人应该主宰自然”的观念渐强；六是在人与人的关系中，重视上下级人际关系的程度渐弱，而强调伙伴关系及个人因素的程度渐强；七是在时间观念方面，重视

---

* 《组织工作者应关注“过渡人”理论》，《组织人事报》2011 年 11 月 17 日。

过去的观念渐减，而强调现在与未来的程度渐增；八是在生活价值方面，重视默想与内修的程度渐减，而强调成就与活动的程度渐增，为成就而成就的心理需求也渐大；九是对于有不同于自己信仰、意见及价值观念的他人，愈来愈能不存情绪化的偏见，而予以宽容、容忍或尊重；十是思想行为的可塑性和适应性渐大，对变革与新奇事物的爱好也渐强；十一是压抑退缩、羞怯多疑、谨慎敏感等气质渐弱，而轻松活泼、积极健谈、坦率自然等气质渐强；十二是在遇到挫折后，责怪他人或事物的倾向渐弱，强调引起挫折的障碍的倾向渐强。用丹尼尔·勒纳的话说，这些人一眼向“过去”回顾，一眼向“未来”瞻望，一脚刚从“传统”拔出，一脚则踏上“现代”。生活在双重的价值系统中，因此经常遭到“价值的困窘”。由于对价值失去信仰，他们无所遵循，所以经常出现为人做事上形式与内容相脱节。

过渡人理论是对世界各国经济社会转型期人的发展状况的系统总结和概括。我国当前也正处于这一“三千年未有之大变局”之中，关注、研究并运用过渡人理论，对于我们加强干部培养教育、做好新形势下的思想政治工作，尤其是做好“80后”“90后”年轻干部的工作，会有积极的方法论意义。

述评

这些人一眼向“过去”回顾，一眼向“未来”瞻望，一脚刚从“传统”拔出，一脚则踏上“现代”。这些话何其深刻！本述评者17年的工作经历中，13年在党校，5年多在干部学院，其中有几年既在党校又在干部学院。主要体会是，干部学院和党校的工作节奏是不太一样的。在干部学院工作之后，又有一个明显的感受，如今干部培训的形势与任务、要求，与2015年、2019年相比又有很大不同。用本述评者所在的学院来说，2015年刚成立的时候，搭着外部环境的顺风车一路高歌猛进，一直持续到2019年底。2020年疫情开始后，培训进入了另一种形态。党性教育干部学院办学质量评估后，学院建设从大规模扩张转向了高质量发展。

有一个组织理论，讲的是一个组织的发展总是这样：外部环境的顺风车—行业竞争结构（品牌卡位）—战略定位（权衡取舍）—组织能力—战略延展性。干部学院作为一个组织，如果其形成发展过程也遵循这样的规律，学院中的个人也必将跟随着干部学院的发展而发展。我们一边回望着过去，希望汲取历史的经验办好今天的事情，一边瞻望着未来，希望更好回答时代之问，不负历史传承，在突破困境中不断蝶变升华。

“要奋斗就会有牺牲”*

早在70年前，毛泽东就指出：“要奋斗就会有牺牲，死人的事是经常发生的。”[①]这是告诫当时的共产党和共产党所领导的八路军、新四军，作为一名共产党员，作为一名八路军、新四军官兵，不能把自己当成普通百姓，要把愿意牺牲、敢于牺牲作为坚持信仰的前提条件。只有牺牲在前，才会成为民族的先锋、道德的楷模，才会赢得广大人民群众的真诚信任和拥待。否则，就会党不像党、兵不像兵，甚至党不如民、兵不如匪，就会被人民抛弃、唾弃。我们党和军队就因为牺牲在前而取得了战争的胜利。这个启示，将永远散发出真理的光芒。

今天，我们党成了执政党，共产党员、各级干部自然不会像战争年代那样，时刻面临牺牲生命的危险。但是，党员干部要想获得人民群众的真诚拥待，依然要把愿意牺牲、敢于牺牲作为前提条件。事实上，这个要求，对于所有执政者都一样。被称为现代经济学之父的英国人亚当·斯密，不仅写出了《国富论》，成为“自由企业的守护神”，同时还写了《道德情操论》，提出人要获得别人的尊重和认可，必须能够“利他”，必须对自己的原始欲望进行节制和改造。斯密说，“对遵守道德准则的人，人们认为他有责任感，值得信赖。不遵守道德准则的人，则认为不值得信赖。正是这种对道德准则的尊重，构成了有

---

* 《“要奋斗就会有牺牲”》，《组织人事报》2014年5月29日。

① 《毛泽东选集》第3卷，人民出版社1991年版，第1005页。

节操的正直的人与卑劣者之间最本质的区别”。作为一名领导干部，如果他“厚德”，即使业务素质不高，但在权势面前不屈服，在利诱面前不贪欲，对科学决策和公正用人执着追求，也会使社会各界肃然起敬，其工作成果容易获得认同。也就是说，各级领导干部虽然也是普通公民，但毕竟承担社会管理的责任，手握公权力，工作性质要求他不得不接受“社会道德领袖”的角色，国家和社会公众对他们必然有更高的政治伦理要求。因为党和政府各项工作得到的尊重与威望，很大程度上取决于各级干部的知识广度和社会责任感的性质与强度。因此，人们往往把党和政府的工作与大千世界的方方面面联系起来，在空间和时间上进行无限延伸。这样，作为一名领导干部，受“社会道德领袖”的角色制约，就必须牺牲其作为普通公民应享有的部分自由：言论自由、宗教信仰自由、经济发展自由、社会活动自由，甚至是家人居住自由。

然而，对于这种牺牲，并不是所有人都准备充分了，因而出现“官不好当”“公务员不好做”的感慨，有人因家人移居国外被调整工作岗位而唱叹“悠悠岁月，欲说当年好困惑”。这里有两种情况：一种是将较长时间以来超职务行使的一些权力交出去后，感到很不适应，这是需要坚决批评的；另一种是将自己作为公民的部分自由牺牲后，感到很不适应，这也是需要深刻教育的。

述评

“要奋斗就会有牺牲。”[①]毛泽东这一重要论断，在今天依然是每名党员干部应该谨记的。入党誓词最后一句话就是“随时准备为党和人民牺牲一切，永不叛党”。在革命战争年代，党员干部靠牺牲在前、

① 《毛泽东选集》第3卷，人民出版社1991年版，第1005页。

享受在后，赢得了人民的衷心拥护，取得了革命的胜利。

新时代、新征程，我们党提出以中国式现代化全面推进中华民族伟大复兴的使命任务。各种敌对势力绝不会让我们顺顺利利实现中华民族伟大复兴，我们面临的环境只会越来越复杂，甚至会遇到难以想象的惊涛骇浪。我们面临的这种环境不是短期的而是长期的，将伴随实现第二个百年奋斗目标全过程，必须准备为此付出更为艰辛、更为艰巨的努力。

革命时代的牺牲，多表现为抛头颅、洒热血、英勇战斗、敢于牺牲等。和平年代的牺牲，是多种多样的，如无数英模模范以党的事业、人民的利益为首要，立足岗位，舍小家顾大家，勇于担当，甘于奉献，守得住清贫，耐得住寂寞。培训工作是做“人”的工作的，要提高历史站位，结合世情、国情、党情，结合干部成长规律，深入研究“人”的问题，做好“人”的工作，为建设高素质干部队伍贡献力量。

明确好干部的成长路径 *

怎样成长为好干部？在2013年6月的全国组织工作会议上，习近平总书记深刻指出，一靠自身努力，二靠组织培养。

习近平总书记指出：“从干部自身来讲，个人必须努力，这是干部成长的内因。”① 将自身努力确定为成长为好干部的内因、第一位因素、决定性因素，是对唯物辩证法的科学运用。内因和外因是唯物辩证法关于事物发展原因和动力的一对基本范畴。内因指事物发展变化的内部原因，即内部矛盾；外因指事物发展变化的外部原因，即外部矛盾，是一事物和他事物之间的外在联系和相互作用。唯物辩证法认为，任何事物的产生、发展和灭亡，总是内因和外因共同作用的结果，但内因是事物发展的根本原因，外因是事物发展的第二位的原因，即毛泽东所强调的，“外因是变化的条件，内因是变化的根据，外因通过内因而起作用”②。将自身努力作为干部成长的内因、决定性因素，可以从根本上纠正一些干部只讲客观条件不讲自身努力的“外因论”的错误意识，特别是将成长不顺利的原因简单地“归罪于外”“归罪于组织”的错误倾向，指引干部从自己做起、从此时做起，活到老学到老改造到老，不断加强理论学习、加强党性修养、加强品格陶冶、改造主观世界、丰富知识储备、完善知识结构，时刻用好干部标准严

* 原标题为《组织工作的历史发展》，《组织人事报》2021 年 7 月 22 日。

① 《习近平著作选读》第 1 卷，人民出版社 2023 年版，第 135 页。

② 《毛泽东选集》第 1 卷，人民出版社 1991 年版，第 302 页。

格要求自己，时刻自重自省自警自励，努力做到“心不动于微利之诱，目不眩于五色之惑”，老老实实做人，踏踏实实干事，清清白白为官。

按照唯物辩证法的观点，内因的变化离不开外因，只讲内因不讲外因，忽视事物发展的外部条件，也是片面的、形而上学的。所以，成长为好干部，在自身努力的基础上，还离不开组织的认真培养。习近平总书记指出，形势越变化、党和人民事业越发展，越要重视干部培养。不去有目的、有计划地培养干部，指望干部通过自己的一己之力就成长为党和国家的栋梁之材，既不符合唯物辩证法，在当今这个快速变化的世界，也基本上等于痴人说梦. 所以，各级党组织都要把培养干部当作自己的重要责任，抓紧抓好抓出成效。

如何培养干部？习近平总书记明确指出，在新的历史条件下，培养干部，要抓好理论教育这个主题，抓好党性教育这个核心，抓好道德建设这个基础，加强宗旨意识、公仆意识教育。要强化干部实践锻炼，加强对干部经常性的管理监督，让他们习惯于在监督的聚光灯下工作、学习和生活，始终有如履薄冰、如临深渊的警觉。

习近平总书记关于干部成长路径的重要论述立足马克思主义的基本立场观点方法，廓清了一个时期以来干部队伍建设中的一些不正确认识，具有重要的现实针对性和长远的指导意义。

述评

什么样的干部是好干部？怎样才能成为一名好干部？习近平总书记在2013年6月召开的全国组织工作会议上提出了明确要求，要成为一名好干部，一靠自身努力，二靠组织培养，两者缺一不可。

要成长为好干部，就要不断改造主观世界，高标准严要求，不断克服成长道路上的不良心态，始终铭记为人民服务的宗旨，不断加强党性修养、思想觉悟和道德水平，不断提升自己。

要成长为好干部，组织的培养也至关重要，要全面加强思想淬炼、政治历练、实践锻炼、专业训练，不能搞大水漫灌，更不能任其自然生长，要坚持在培养中使用、在使用中培养，严管与厚爱结合、激励与约束并重，久久为功。

重新认识干部培训机构建设问题*

我国有4500多所干部培训机构，几十年来，在改革开放和现代化建设中作出了巨大贡献。这是基本结论，是不容否定的，否则，就不能解释在经济社会发展突飞猛进的今天，干部队伍素质能力能够与时俱进，基本适应形势任务的需要。更为重要的是，我国是个世俗国家，变革时期全社会核心价值观的凝聚，并没有西方国家的“新教伦理”作支撑，而主要是靠“党员先锋模范作用”，靠“干部是决定因素”。这其中，干部培训机构的作用难以替代。

但是，也不得不承认，干部培训机构在发展过程中出现了不小的问题。表现之一是办学中奢靡之风盛行。前几年，网上就对学员餐费问题有过讨论；近几个月，中央提出新的培训标准之后，许多地方连连叫苦。在有独立的宿舍、教室和师资队伍、管理人员的情况下，培训费还要比肩会议费，有的甚至连会议费的最高标准都不能维持培训机构的日常运行，可见问题之严重。表现之二是办学质量难以适应干部要求，特别是在理想信念教育和能力培训方面。传导到学员那里，感受到的就是培训针对性实效性、感染力吸引力不强。对此，中央着急，党员干部群众也很着急。

为什么会这样？从根本上分析，是有的单位办学理念出了问题。一是工作人员或专职教授化，每天忙于查资料、发论文；或行政人员

---

* 《重新认识干部培训机构建设问题》，《组织人事报》2014年9月4日。

化，每天忙着打请示、写报告。总之是不清楚需求，搞不好设计，上不了讲台，领不了讨论，使培训性大减，“讲课费”陡涨。二是“教学不力生活补”，纷纷搞“花园式校区”“酒店化管理”，有的直追星级饭店接待水平，使国家规定的住宿费、场地费无论如何难当全任。

真的不“高端大气上档次”就搞不了现代培训吗？自然不是。中国共产党最有效的干部教育培训工作一是延安时期，二是改革开放初期，那时的条件是很差的。抗大甚至连一孔窑洞、一张桌子都没有；延安时期中央党校则没有“专业”的教师，更没有什么多媒体教学设备。现在的清华大学、北京大学在承担干部培训任务时也不是“高大上”。学员们都在大学生的教室里上课、食堂里吃饭、校园里散步，没有领导看望、没有官员主持、没有服务员倒水，只看到一两个小姑娘跑来跑去。发达国家的培训机构也不是“高大上”。法国国家行政学院无论巴黎校区还是斯特拉斯堡校区，都只有或不到一个足球场那么大，没有固定师资，没有体育设施，但不影响它的培训教学引领全球。

现在，中央抓领导机关、领导干部作风建设，回归本原，回归传统，着眼国际化，着眼现代化，深得人民群众和广大党员干部拥护。而“培训中心”居然与会所一起被列入“黑名单”，“严禁借培训名义安排公款旅游、会餐宴请、消费娱乐”被列入中央文件。干部培训机构不得不惕、不察。

述评

艰苦朴素是中国共产党人的光荣传统和优良作风，勤俭办学、厉行节约也是党的一贯品格。干部教育培训机构的建设“够用”就好。所谓“够用”，就是满足基本的教学、食宿条件就可以了。基础设施的“贪大求洋”，并不会带来教学质量的同比提高，犹如一个穿着华丽衣服的人，脑袋空空。没有“大师”的学院，即使建得再漂亮，也会让人感到乏味。

记得某组织部的同志给我讲过这样一个经历，他们单位到某学院去办班，培训结束后，他对那个学院的人说，你们这里除了吃的、住的还可以外，没有任何值得肯定的地方。我惊诧于他如此直接、赤裸地批评承办学院，他却释然地告诉我，因为当我说出这番话的时候，我就决定以后再也不来这个地方办班了。后来当同行们对“课堂教学”的内涵产生争议的时候，有的认为“课堂教学”就是“教室内的教学”、就是“专题课”，我想起了毛泽东在窑洞前讲课的身姿，难道露天就不是“课堂”吗？“课堂”指的仅是地方吗？不，真正的“课堂”，应该取决于有没有内容，取决于有没有“大师”。

什么是一流的干部教育培训学府？*

为提高干部教育培训质量和水平，许多培训机构都提出要建立一流学府。学府原本是国民教育中的概念，有自己独特的内涵，引用到干部教育中，应当对其内容和要求进行重新界定。

可以参照邓小平研究社会主义的方法，先看一看什么不是一流学府。就目前情况看，起码存在以下四种现象的算不上一流学府。一是价值取向内在矛盾，既要考虑社会效益，又很注重经济效益；既要求做事业，又要求行政化。二是主体班学员参学不主动踊跃，必须靠严格的调训纪律来保证。三是骨干队伍不稳，人心思走思迁。四是时常感受到来自财务方面的压力，不得不将很大精力用于应对财务问题。

那么，近现代以来曾经有过一流学府吗？有过，公认的有20世纪20年代的黄埔军校、20世纪30—40年代的抗大和延安中央党校；当代的美国哈佛大学肯尼迪政府管理学院和法国国家行政学院等。黄埔军校要求学员“立一个志愿，一生一世，都不存在升官发财的心理，只知道做救国救民的事业。”以“不爱钱，不怕死，不闹意气，实行主义，恪守党纲，永矢勿渝，死而后已”为入学誓词。而“抗大为什么全国闻名、全世界闻名，就是因为它比较其他的军事学校最革命最进步，最能为民族解放与社会解放而斗争”。在残酷的战斗环境中，抗大能够在敌后设立14所分校，华北、陕甘宁、华东等抗日根据

---

* 《什么是一流的干部教育培训学府？》，《组织人事报》2014年9月11日。

地到处都飘扬着抗大的旗帜，回荡着抗大校歌，致使抗大抗大，越抗越大！延安中央党校虽然没有专职的教授、讲师，大家既是学员又是教员，但将教育目的确定为培养干部独立思考的能力，培养能够系统地周密地调查研究周围环境、依据党的政策独立坚持工作，并且实事求是地机动灵活解决问题的干部。凡是大家争论中要求解答的重大思想理论问题，由学员自己讨论解决，使大家生活在延安清新的民主空气中，懂得什么叫与人为善，懂得什么叫实事求是，成为延安整风运动的中心。肯尼迪政府管理学院承担大量的政府研究课题，对美国社会发展和政府决策产生了巨大的影响。法国国家行政学院自成立以来，“始终体现了为公共服务的精神，正是在此基础上建立了我们的国家，而且这种精神已成为法国最基本的精神乃至欧洲的典范”。所以学院被形象地称为“法兰西共和国的镜子”。

总结这些一流学府的共同点就是：第一，坚定不移地将社会责任放在第一位；第二，极其注重信念教育；第三，着眼于解决民族解放、国家进步和经济社会发展中的根本性问题；第四，对学员严格超常要求；第五，真正地勤俭办学，勤俭办一切事业。正因为这样，这些学府在条件一般甚至非常简陋的情况下，承担起了社会变革的重任，培养出一大批治国理政的英才。

述评

何为“一流”？从字面意思看，是指在干部教育培训领域具有卓越表现、高水平教育资源和显著影响力的机构。《干部教育培训工作条例》（以下简称《条例》）明确要求：“干部教育培训机构应当以教学为中心，深化教学改革，优化学科结构，完善培训内容，科学设置培训班次和学制，改进课程设计，创新教学方法，规范现场教学点管理，提高教学水平。”[①]对照《条例》列举的一系列要素，再回头看“一流”的标准，可以从以下五个方面来界定：

一是优质的师资队伍。干部教育培训教师不仅应具有深厚的专业背景，还应具备丰富的实践经验，能够结合案例进行教学，使学员更好地理解和掌握理论知识。

二是丰富的教学内容。根据时代发展和学员需求，不断更新和完善教学内容，确保学员能够学习到最前沿的知识和技能。

三是科学的教学方法。注重教学方法的创新，采用案例教学、情景模拟、小组讨论等多种形式，提高学员的参与度和学习兴趣。

四是先进的教学设施。现代化的教学设施，如案例教室、模拟实训室等，为学员提供多样化的学习体验，提高学习效果。

五是广泛的社会影响。在行业内具有较高的知名度和影响力，其培训成果和学员表现能够得到社会的广泛认可。

① 《中共中央印发〈干部教育培训工作条例〉》，《人民日报》2023年10月16日。

我们需要大批真正优秀的党务工作者*

在总结新民主主义革命胜利经验的时候，毛泽东提出："统一战线，武装斗争，党的建设，是中国共产党在中国革命中战胜敌人的三个法宝，三个主要的法宝。"而其中，"统一战线和武装斗争，是战胜敌人的两个基本武器。统一战线，是实行武装斗争的统一战线。而党的组织，则是掌握统一战线和武装斗争这两个武器以实行对敌冲锋陷阵的英勇战士。这就是三者的相互关系"①。在那个年代，我们党也的确培养出了大批熟练运用三大法宝的领导骨干，特别是一大批专业水平极高的党务工作者，从而推动党的事业不断走向成功。这些恒久存世的名字如：毛泽东、周恩来、刘少奇、邓小平、陈云、任弼时、张闻天、彭真、董必武、罗荣桓，等等。

今天，我们党面临着新的历史条件下的伟大斗争，要想取胜依然关键在党、关键在人，依然需要一支庞大的、专业水平极高的党务工作者队伍。这支队伍应具备以下品质：

有献身于党务工作的坚定意愿。在一个以经济建设为中心的环境中，做党务工作的本质就是当配角、作配合。可能他们对工作的话语权、对人财物的支配权不如行政业务部门那么大，影响力不如行政业务部门那么强，收入也不如行政业务部门那么好，但他们眼睛紧盯事

---

* 《我们需要大批真正优秀的党务工作者》，《组织人事报》2014 年 1 月 2 日。

① 《毛泽东选集》第 2 卷，人民出版社 1991 年版，第 606、613 页。

业大局，不计较个人名利得失，组织意识强，配合意识强，有极宽阔的胸怀和崇高的境界。

有克服管理冲动的良好意识。我们党是从革命战争年代、计划经济年代一路走来的。在那个年代里，客观上的党政一元化领导造成了党务与行政业务捆在一起，工作更多地以行政管理的方式去进行，也就是说，更多地是以计划、组织、协调、控制为主要手段，随时提出命令、进行奖惩，用正式职务权力去影响人。应当说，用行政管理的方式做工作，简单、直接、明了、易于控制、见效很快，致使许多人产生了管理偏好。然而，自从改革开放开始，党对经济社会不再行使直接管理职能，但是，许多同志还停留在计划经济年代，还把对生产资源的控制、对行政资源的拥有作为开展工作的前提，这种思维方式是极其陈旧的。

有开展政治领导、组织领导和思想领导的能力水平。管人与管事的理念、方法大不相同。确切地说，人不能管理，只能领导，意思是说，你可以管住人的行为，但绝对不可能管住他的思想、观念、情感和价值观。比较经典的说法是，领导是通过开发未来前景，确定前进的方向，并把这种前景与其他人有效交流，激励人们克服障碍去实现这一目标；或者说，领导是一种影响他人实现既定目标的能力，是用人成事的艺术；也有人说，领导的本质，是要学习如何创造未来。总括起来，做一个好的领导者，就要比别人站得更高、看得更远、说得更对、做得更好，靠人格力量而非行政权力、业务能力使人信服、追随，而这是需要极高的领导力修养作基础的。有些人特别是业务高手、行政行家之所以不愿意做党务工作，与他们的领导力不足不无相关，这一点要引起各级组织高度注意。

述评

真正接触“党务”这个词，是本述评者在读研究生选择了“党建党务”专业，本是冲着“党建”选的专业，“党务”也含在其中了。后来导师告诉我，党建与党务是密切相连的，党务是更为具体的、专业化的工作。在学院开办党务工作者培训班时，我才理解了“党务”的具体、专业，因为师资总是难找。分管院长评价说，一个没有做过党建工作的人，可能敢讲党建。但一个没有做过党务工作的人，很少敢讲党务。可是，党务工作又是如此重要，涉及到党组织对自身的管理，在培训实践中，如“三会一课”怎么开等课程开始转向了“情景模拟”，选择经验丰富的党务工作者做师资，带领学员全过程、全流程的开一次“会”。

我感到，对于党务工作者的培训，“训练”的意味甚至大于教育，更加注重对党务工作原则、规矩、流程的把握和引导，实操演练的方式效果更好些。

谈谈人才优先发展*

人才，是一个有浓郁中国特色的概念。中央对人才的定义是：具有一定的专业知识或专门技能，进行创造性劳动并对社会作出贡献的人，是人力资源中能力和素质较高的劳动者。也就是说，人才是人力资源中的先进部分，是思想理论创新、科技创新、制度创新的主要承担者，是最活跃的先进生产力。据统计，截至2010年底，全国共有各类人才1.2亿，占全部人力资源的1/8左右。在人力资本对经济增长的全部32.6%的贡献率中，人才的贡献率达到26.6%，占80%以上。这足以表明人才对经济社会发展的关键作用，足以证明在全部人力资源开发中应坚持人才优先发展。

坚持人才优先发展，并不是对“非人才”歧视，而是要在全社会树立一种抓学习、讲创新、争优秀的良好风尚。马克思主义唯物史观历来认为，人民群众是历史的创造者。而人民群众创造历史的过程，就是把自己的潜能和价值充分发挥出来，对社会发展作创造、作贡献的过程。从这个意义上讲，人才优先发展就是立足人人都可成才，鼓励人人都去创新，争取人人都作贡献。无论你现在在什么岗位，从事什么职业，只要努力上进、有所创造、有所成就，你就是人才，就应得到社会尊重。

坚持人才优先发展，就是要为每个有志成才的人开辟足够的发展

* 《谈谈人才优先发展》，《组织人事报》2012年1月5日。

空间。中国几千年来都处于农业经济时代，还未经历、体验过完整的工业经济形态，就急速与知识经济接头。这样，无论人们的思想观念，还是社会管理制度，都存在许多与人才优先发展不符合、不适应的地方，如“出头椽子先烂”的平均主义观念，“唯上智与下愚不移”的形而上学观念，“只重衣衫不重人”的物本主义意识，“学而优则仕”的官本位意识，“不能为我所用则必杀之”的专制意识等。必须破除这些束缚人才发展的思想观念和制度障碍，不唯学历、不唯职称、不唯资历、不唯身份，让所有层次的人都有空间健康成长：在农村的，成长为田间地头的实用人才；在企业的，成长为车间厂矿的高技能人才；在学校的，成长为教书育人的师表；在科研院所的，成长为科技创新的专家。不仅要做到江山代有人才出，而且做到处处皆是创新人。

坚持人才优先发展，就是要加强对人才队伍建设的投入。温家宝说，人才投入是赢得未来的战略性投入，是效益最大的投入，要舍得花钱。这是很重要的保障。其实，不唯要舍得投入金钱，对于人才队伍建设，还要舍得投入时间，投入感情，投入环境，投入管理，投入政策，营造鼓励创新、鼓励冒险、宽容失败的社会氛围，形成尊重人才、培育人才、吸引人才、用好人才的良好机制。

述评

对于干部教育培训事业来讲，教师是第一资源。对教师最好的培育，是提供最好的制度土壤，用管长久、管根本的办法把教师队伍建立起来。

以党性教育干部学院为例，这些学院大多成立时间较短，存在教师队伍年轻、教师经验能力不足等问题，解决这些问题的途径和方式重要，制度建设更为重要。新一轮干部教育培训五年规划中强调，“探索建立符合干部教育培训特点的师资队伍考核评价体系和职称评审制度”[1]，这一制度的落实将极大促进干部学院的人才队伍建设。

2023年，河南省委组织部将党性教育干部学院教师职称问题作为主题教育期间实事之一来推动，与省人社厅共同制定出台《河南省干部学院教师职称申报评审标准（试行）》提出，一是教师职称评审单独做序列，不再参照成人教育序列委托外部评审，但这不意味着标准的降低，原则上和市级党校的标准一致，在条件上更加体现学院特色。二是突出以教学为中心，在教学上要求更高，适度降低科研标准。只设了教学为主、教学科研为主两类，没有像高校序列一样设纯粹科研型的教师条件。三是讲师的任职资格，时限缩短，鼓励人才向党性教育干部学院流动，等等。

2023年底，河南进行了全省党性教育干部学院教师职称申报评审，为坚持人才优先发展的理念提供了鲜活的范例。

① 《中共中央印发了〈2018—2022年全国干部教育培训规划〉》，人民网，2018年11月2日。

对“安专迷”问题的初步思考*

今年春节前夕，中央领导同志在看望吴良镛、师绪昌院士时，两位功勋卓著的老专家不约而同地谈道，一定要真正地安下心来、专心致志、迷恋其中。此后，赵乐际在各种场合提出，组工干部应树立“安专迷”意识、弘扬“安专迷”精神。这具有很强的现实针对性。

“安”“专”“迷”原本是一个意思，只是程度不同；或者说，“安”“专”是要求，“迷”是结果。“安专迷”问题的本质是，组工干部应当有怎样的职业追求和职业设计：是在组织工作这个岗位上立志干一辈子，成为专家呢？还是以组织部门作为一个阶梯，成为一个多面手、复合型人才呢？当然，应当说，无论哪种追求、设计都是合理的，也都应当得到支持。但是，对于目前的组织工作来讲，显然是专家太少了。因而，必须大力提倡“安专迷”精神。

专家是指在学术、技艺等方面有专门研究或特长的人。专家往往有本专业的系统知识，了解专业发展历程，对专业有学术、技术、技能等方面的发言权，能把握发展方向、预测发展未来。从这个角度讲，要成为一个专家，首先需要较长时间的精力投入和学习熏陶，要以专业取向、专业追求为乐，能安得住心神、耐得住寂寞，愿意一生只做一件事、把一件事做到极致。果真这样，就离“安专迷”不远了。

组织工作由于自身的特殊性，使干部做到“安专迷”有许多不利

* 《对“安专迷”问题的初步思考》，《组织人事报》2013年11月21日。

因素。一是我国的大学至今未设组织工作专业，组工干部进入这个行业以前基本都是“外行”。半路出家，许多人基础不好，难以真正地安下心来、迷得进去、成为专家；二是人们向来有“进了组织部年年有进步”的预期和传统，组工干部流动性也确实较强，不“安专迷”也不大影响前程；三是由于组织工作的重要性，各级组织和领导对组工干部往往“高看一眼”，不用那么刻苦地“安专迷”，也一样能过日子。所以，长久以往，“安专迷”精神就不如其部门干部那么明显了。这样，造成的直接结果是，组工干部队伍中，虽然大家都对党忠诚、老实肯干，但胜任领导工作和一般事务性工作的人多，组织工作行家里手、活字典、政策通偏少；行家里手、活字典、政策通中，熟悉工作流程、规定的人多，真正意义上的“拔尖人才”“领军人才”“高级专家”“大师”偏少，越到基层越是如此。这对于提高组织工作科学化水平、推进组织工作改革创新是极为不利的。

当前弘扬“安专迷”精神，一是要有一个队伍建设的长远规划和安排，引导干部特别是业务骨干进行专业化的职业生涯设计；二是主要领导亲自关心，创设浓厚的学习研究氛围和条件；三是抓紧构建一套有利于“既一池活水又保留骨干”的保障机制。

述评

习近平总书记指出：“组织工作是一门科学，专业性很强，要有过硬的专业能力、专业精神。”[①]在组织工作中，干部教育培训自然也是一门科学，也要求大力发扬“安专迷”精神，做到干一行、专一行、精一行，不断扩展知识面，增强求解思维、复杂思维、系统思维，成为组织干部教育培训工作的专家、学问家。

① 习近平：《在全国组织工作会议上的讲话》，人民出版社2018年版，第35页。

要“安”得下心，去躁气、养静气，脚踏实地。要“专”得进去，既讲党性原则，又重小事细节，专心致志，努力把工作做到细致、精致、极致。要“迷”在其中，始终保持一颗进取之心、一股蓬勃之气，忘我工作，自得其乐。

真信真学真懂真用 *

党的十八大在万众瞩目中胜利闭幕了，对党的十八大精神的学习贯彻，将是今后相当长一段时间内的重要任务。在这样的时刻，再次研究党员领导干部要真信真学真懂真用问题还是很有必要的。

真信是前提，也是一种政治素养。30多年来，我们党领导人民取得了辉煌成绩，理应赢得尊重；30多年来，我们党在发展进程中，注重实践创新与理论创新、制度创新同步，理应赢得信任。但是，受转型期影响，人们的思维方式、情感方式出现了多元化，这是正常的；然而，正是由于这种正常，才需要党员领导干部这一社会中坚力量率先提高政治素养，走在时代前列。而忠诚于党、信任党，就是这种素养的具体体现。离开这一点，无论保持党的先进性还是发挥党员干部个人的先锋模范作用都无从谈起。

真学是关键，也是一种核心能力。党代会报告是对今后5年以至于更长时间内全党工作的总论述、总部署、总动员，体系完备、内容繁杂、逻辑严整，本身就是一本教科书，如果想通过听辅导、找亮点、走捷径解决问题，只能是一厢情愿。学习领会报告精神，要下真功夫、笨功夫，原原本本学，由浅入深学，结合实际学，由薄到厚、再由厚到薄地学，要大处着眼、小处着眼，既抠字面意思、又探背后精神，既作原理剖析、又作情感认同，做到烂熟于心、焕发于形。

* 《真信真学真懂真用》，《组织人事报》2012年11月22日。

真懂是标准，也是一种思想境界。真懂，按照钟国兴的观点，就是能用政治的视角和逻辑来理解。所谓政治视角，就是能把握国际国内两个大局，把握信息化、经济全球化、高科技和世界政治格局多极化的大局及其发展趋势，把握实现现代化、发展社会主义市场经济、建设全面小康社会过程中遇到的基本问题、主要问题及其趋势。所谓政治逻辑包括两个方面，一个重要方面是历史逻辑，即历史发展的基本过程及其关系，解决今天的问题，把握未来的趋势；另一个重要方面是理论逻辑，真正理解、把握中国特色社会主义理论体系的内在逻辑。这样，就不是仅仅从文字概念上理解，就不会“一叶障目、不见泰山”，就不拘泥于局部和细节，就会达到全面、深入、准确的解读。

真用是目的，也是一种价值追求。能参与全面建设小康社会、实现中华民族伟大复兴的宏伟大业，是历史对我们的垂顾，是一种幸运。试想，带着学成而行的兴奋，怀着坚定的理论自信、实践自信和制度自信，与千百万人一起，投身人类最伟大辉煌的事业中，或披荆斩棘，或激水中流，旌旗纷扬，凯歌行进，该是何等的惬意和雄迈。人生如此，夫复何求。

只是，组织部门作为干部学习培训的组织者，少不得又要先学一步、学好一点了。

述评

在井冈山时，毛泽东面对只有千把人的队伍，写下了“星星之火，可以燎原”[①]。那个时候，谁能看到中国革命的燎原之势？谁敢相信中国共产党可以在20年后夺得全国的政权？不是因为其他人缺少看到未来的眼睛，而是因为他们心中不敢确信可以取得全国革命的胜利。但

① 《毛泽东选集》第1卷，人民出版社1991年版，第97页。

毛泽东相信，相信自己的判断，所以他领导了历史的潮流与趋势。毛泽东用自己的亲身实践告诉我们，真信，是一切事业最坚实的起点。当你选择相信的时候，就会有更强大的内心去面对恐惧和失败，愿意冒更大的风险去行动和尝试。也就不会在意别人对你的看法、评价，更不会动摇自己的想法和判断。

毛泽东的真信基于他之前的真学。在青少年时代，他不仅读了大量中国传统著作，还读了卢梭的《民约论》、亚当·斯密的《原富》、孟德斯鸠的《法意》等18、19世纪西方资产阶级民主主义和近代科学的著作。1920年，读了马克思、恩格斯的著作《共产党宣言》，成为一个马克思主义者。1936年，毛泽东在陕北对美国记者斯诺说，1920年夏天，我已经在理论上和在某种程度的行动上，成为一个马克思主义者，而且从此我也自认为是一个马克思主义者了。[①]在后来的56年里，对这本马克思主义的经典著作，不知反复读过多少遍，这本书中的许多精辟论断，他几乎全能背下来，做到了真懂、真用。比如，毛泽东运用《共产党宣言》中“共产党人为工人阶级的最近的目的和利益而斗争，但是他们在当前的运动中同时代表运动的未来”[②]等观点，指出国共两党重新合作共同抗日，“是完全适合于中国革命的历史要求”，但“共产党人决不抛弃其社会主义和共产主义的理想，他们将经过资产阶级民主革命的阶段而达到社会主义和共产主义的阶段”。他创造性地提出“革命转变论”：党先“坚决地领导民主革命”，然后“争取社会主义胜利”；而联合其他阶级共同斗争，“正是走向社会主义的必经的桥梁”。在《共产党宣言》中，马克思恩格斯在对反动的社会主义、保守或资产阶级的社会主义、空想社会主义进行批判的基础上，

① 《毛泽东是如何成为马克思主义者的》，人民网，2021年1月1日。

② 《马克思恩格斯选集》第1卷，人民出版社2012年版，第434页。

阐明共产主义社会形态的具体内容和宏伟蓝图。在《新民主主义论》中，毛泽东在驳斥资产阶级专政、“左”倾空谈主义、顽固派和辨析新旧三民主义的基础上，得出资本主义道路在中国走不通的科学结论。1945年党的七大召开期间，毛泽东多次阐发《共产党宣言》中的思想。在提到“放手发动群众，壮大人民力量”[①]时，他说：“马克思、恩格斯的《共产党宣言》，是放手发动群众的方针。”[②]在谈到党性与个性的关系时，他指出：“这个问题，马克思在《共产党宣言》里讲得很清楚。”[③]这些重要论述和党的七大制定的路线方针，对党带领人民走向光明前途发挥了重要指引作用。

学而信，信而学，是每个人都必须经历的不断深化的学习过程。对于一名共产党人来讲，真信马克思主义的道理、共产党的道理，是加入组织时就应当解决了的问题。在这个基础上，不断地真学、学懂，运用到实践中，既是学习的逻辑，也是成长的逻辑。

① 《毛泽东选集》第3卷，人民出版社1991年版，第1026页。
② 《毛泽东文集》第3卷，人民出版社1996年版，第377页。
③ 《毛泽东文集》第3卷，人民出版社1996年版，第416页。

陈云是怎样学习的*

在领导新民主主义革命的过程中，由于党在初期的不成熟，接连出现了陈独秀、瞿秋白、李立三等“左”、右倾机会主义错误。陈云1925年就参加革命，1930年9月任中央候补委员，1931年1月任中央委员，9月任临时中央政治局委员，1932年3月任常委，其后一直任中央政治局常委，始终重视领导方法，关心群众生活，但自觉在江苏省委期间，也是“立三路线的执行者之一”，在中央苏区期间“白区工作无成绩”。出现这种状况，原因是什么？1936年，陈云在莫斯科期间带着这个问题进行了系统学习和思考，但一直没有得到满意答案。到延安后，陈云就怎样才能少犯或不犯大的错误向毛泽东请教。毛泽东说，犯错误的重要原因是“思想方法不对头”，建议他读点哲学著作。在毛泽东的启发下，陈云将很多时间用于研读马克思主义哲学，特别是毛泽东的《实践论》《矛盾论》《论持久战》等著作。他还参加了中央组织的中国古代哲学研究会，学习孔子、庄子、荀子、墨子的哲学思想。陈云不仅自己努力学习，而且要求在职干部特别是领导干部坐下来潜心学习。

为探索干部学习的路子，陈云在中组部组织了一个6人学习小组，他自己担任组长，李富春任副组长，从1938年到1942年坚持了5年。中组部的许多工作人员列席旁听，戏称为“后排议员”。按照陈

* 原标题为《向陈云学做组织工作（5）》，《组织人事报》2015年4月2日。

云的要求，学习小组从读原著开始。首先由每个人一本一本读，在此基础上每周讨论一次。讨论时由一名或两名同志作中心发言，然后大家讨论看他讲得对不对，还有什么需要补充。散会前，还要布置下个星期的学习内容和讨论题目。陈云还请来延安的著名学者为大家进行辅导。学习小组纪律很严，一位同志由于一个星期特忙，未读完规定篇章页数，受到了严厉批评。对于列席学习小组的人，陈云要求也很严格，经常检查大家的笔记，看看是怎样记的，学习中有哪些问题。1940年五一节前夕，中央对延安在职干部学习情况进行检查，中组部小组被评为模范学习小组。

1940年3月，王明把他在1931年写的《为中共更加布尔什维克化而斗争》小册子增订后在延安出版。这本书集中反映了他的“左”倾错误观点。为了克服党内存在的形形色色的主观主义，特别是肃清以王明为代表的教条主义错误影响，树立实事求是、一切从实际出发的思想，中央决定在党开展一次整风学习。

陈云自幼父母双亡，家境困难，只有小学文化程度，在上海工作时期，对王明这样理论家式的领导人“很尊敬”，在莫斯科时期对王明“更尊敬”。经过较长时间的学习，陈云对许多重大问题的认识有了很大深化。1941年9月召开的中央政治局扩大会议上，陈云运用马克思主义的立场观点方法对过去10年的工作进行了深刻总结。陈云诚恳地检讨了自己20世纪30年代在上海和进入苏区后的错误，指出1927年至1937年白区工作中主观主义占统治地位，“主观主义主要表现在上层，中央里所谓‘理论家’、‘实际家’，主观主义更严重。”“遵义会议前后，我的认识有一个过程，我不知道毛主席和博古等的分歧是原则问题。”通过学习毛泽东的著作，才知道了“实际上毛泽东政治、军事都很好”。现在“毛主席是中国革命的旗帜”。[①]

陈云后来回忆说：“在延安的时候，我曾经仔细研究过毛主席起草的文件、电报。当我全部读了毛主席起草的文件、电报之后，感到里面贯穿着一个基本指导思想，就是实事求是。那末，怎样才能做到实事求是？当时我的体会就是十五个字：不唯上、不唯书、只唯实，交换、比较、反复。”[②]这一时期，结合参加延安整风，以讲课、讲话和发表文章等方式，陈云在党建理论研究方面取得了许多成果，对毛泽东建党思想的形成和发展作出了重要贡献。

述评

在党的百年历程中，陈云堪称“刻苦学习”的楷模。陈云出身贫寒，只读过小学，但他靠在长期实践中坚持不懈地刻苦学习，具备了很高的思想理论水平和解决问题能力。

学习是陈云能够真正做到实事求是的前提条件，也是陈云能够克服教条主义错误思想的主要因素。在主持陕甘宁边区的财经工作时，他强调不要从《资本论》出发，不要从列昂节夫的《政治经济学》出发，不要从伦敦或上海出发，而要从延安出发。这是陈云“只唯实”的必然选择。

正是因为有了实事求是这一思想方法的指引，陈云为中国的革命和建设作出巨大贡献。正如习近平总书记在纪念陈云诞辰110周年座谈会上指出：“在陈云同志身上，学习和创新是紧密相连的。”习近平总书记号召，“全党同志一定要把学习作为一种政治责任、一种精神追求、一种生活方式，不断接受马克思主义哲学智慧的滋养，自觉坚

① 金冲及、陈群主编：《陈云传》，中央文献出版社2005年版，第331—332页。
② 《陈云文选》第3卷，人民出版社1995年版，第371页。

持和运用辩证唯物主义世界观和方法论，广泛学习各方面知识，做到学以益智、学以励志、学以立德、学以修身。”[①]习近平总书记的重要论述，不仅是对陈云的高度肯定，更是对做好新时代干部教育培训工作的新要求。

① 习近平：《在纪念陈云同志诞辰110周年座谈会上的讲话》，人民出版社2015年版，第11页。

坚持“意义引领”与“利益驱动”两手抓*

马克思主义历来认为，做人的工作需要“意义引领”和“利益驱动”两手抓，并指出这是历史唯物主义的基本观点。对于这一重要论断，迄今为止，并不是所有同志都能清楚认识和运用。

中国传统的主流文化虽然并不否认利的用途，孔子教授学生也以笑纳十条干肉为前提，但从价值观的角度讲，儒家是赞成“意义引领”的，认为“君子”应“喻以义”，“小人”才“喻以利”。但在民间，许多人支持“利益驱动”，认为“人为财死鸟为食亡”“有钱能使鬼推磨”。这两种观点今天已然在延续，显然都有道理，但难免都失偏颇。

说“君子喻以义”有道理，是因为它在危急关头一定能得到证明。近百年来，中华民族屡遭灾难，每当重要关头，总有一些仁人志士赴汤蹈火在所不辞。说“人为财死、鸟为食亡”也有道理，当年小岗村18位村民的血手印就是证明。仅仅为了能养家糊口，人们便不惜冒坐牢、杀头的风险。

但是，这两个道理都不全面。邓小平说：“不讲多劳多得，不重视物质利益，对少数先进分子可以，对广大群众不行，一段时间可以，长期不行。……革命是在物质利益的基础上产生的，如果只讲牺牲精

---

* 《坚持“意义引领”与“利益驱动”两手抓》，《组织人事报》2012年6月14日。

神，不讲物质利益，那就是唯心论。”[①]这是对单一“意义引领”道理的修订，并以此吹响了中国改革开放、发展市场经济的号角；邓小平还说：“不加强精神文明的建设，物质文明的建设也要受破坏，走弯路。”[②]这是对单一“利益驱动”理论的补充，并由此引发对“教育”问题的高度重视。

在现实生活中，两个道理之所以各有忠实拥护者，主要是受特殊历史条件的影响。中国共产党在长期残酷的革命斗争中，必须号召先进分子靠“意义引领”冲锋陷阵、牺牲在前；经过从“大跃进”到“文化大革命”20多年的特殊经历，“意义引领”被固化并逐步成为一种雷池、禁锢，各色人等特别是先进分子，如果言利，则可能被认为落后。另一方面，受长期短缺经济的影响，广大人民群众都把发家致富、过上体面日子作为第一追求，市场经济又为这种“利益驱动”提供了道义环境，如果言义，则可能被视为“虚假”“不真实”。这样，对先进分子和广大民众就自觉不自觉地形成了两套标准。这是不利于经济社会可持续发展的。

现在，到了“意义引领”与“利益驱动”相结合、两手抓的时候了。表现在党建和组织工作中，一方面，要强调党员干部受教育、人民群众得实惠；另一方面，还要强调党员干部得实惠（主要是基于党内民主的政治权利）、人民群众受教育。这样，才能保障各项工作成效最大化。

述评

辩证思维是指以唯物辩证法为指导，承认矛盾、分析矛盾、抓住

① 《邓小平文选》第2卷，人民出版社1994年版，第146页。
② 《邓小平文选》第3卷，人民出版社1993年版，第144页。

关键，洞察事物发展规律并自觉按照规律进行思考的思维方式，其核心是运用对立统一规律观察分析事物。

习近平总书记强调，要坚持辩证思维，转变观念，努力把短板变成“潜力板”。本文正是运用了辩证思维，既分析了“意义引领”，又阐释了“利益驱动”，同时从实践的视角深刻剖析如何做到“意义引领”与“利益驱动”两手抓、两手硬，有助于克服培训教学过程中单一强调“意义引领”、而实际生活中又单一注重“利益驱动”的“两张皮”现象。

“精致的利己主义者”是走不远的*

近日，北京大学教授钱理群在一次研讨会上发表评论：“我们的一些大学，包括北京大学，正在培养一些‘精致的利己主义者’。他们高智商，世俗，老到，善于表演，懂得配合，更善于利用体制达到自己的目的。这种人一旦掌握权力，比一般的贪官污吏危害更大。”钱理群教授的观点语惊四座。这段话被参会嘉宾传上了微博后，迅速被转发几万次，可见影响之巨。如果大学生确如钱理群教授描述的这样，站在干部成长的角度，我们必须郑重告诉大家，这样的人走不远。

这里说的“走不远”有两重含义。

其一，这样的人在社会上不可能获得民众的广泛认同，因而在事业上走不远。原因很简单，你“高智商，世俗，老到，善于表演，懂得配合，更善于利用体制达到自己的目的”，可能会成为一个千万、亿万富翁，但无论你再“精致”，也还只是一个“利己主义者”。有些人可能会艳羡你的富有，但内心总会有疑问：你的富有与我们有什么关系？你能为我们想什么、谋什么、干什么？我们为什么要支持你、追随你？一般的人不会，与其相类的“利己主义者”不会，恐怕连自己的亲生父母也不会，因而这些利己主义者总难成就大众支持的辉煌事业。

* 《“精致的利己主义者”是走不远的》，《组织人事报》2012 年 5 月 24 日。

其二，这样的人由于在孤独中前行，因而在境界上、心智上走不远。寒窗十几载成为“精致”的人，无非想出人头地、领袖群伦。但如果事业上、道义上没有广泛而坚定的大众作响应者、追随者，或者说周围只有一群相逐谋生的投机者，环顾四周，高处不胜寒，其“精致”的精神、灵魂往何处安放？日常新闻中，一个又一个高知者自杀便是明证。

因此，很为这些“精致”的人担心、悲哀。面对这些几千年前先哲们就解决了的人生价值选择问题，不幸的是，“精致”的后辈们又犯了迷糊。如果我们的大学培养的是这样一群“精致的利己主义者”并不思进取，我真有可能提议，但愿人间无大学，让我们回到老庄、回到愚昧时代，并由此确信：“刘项原来不读书。”

其实，人们都知道，钱理群教授这样讲，只是一种由爱生愤，或者说迎头棒喝。本质是想讲，高校对大学生应该是科学素养、人文素养、道德素养的全面培养，而文凭泡沫让高校教育背离了办学的本意。同时，钱理群教授欣喜地告诉大家，在基层中小学教师中，出现了一批教育理想主义者，他们用静悄悄的方式开启教育改革，值得大学教师学习。对于这些观点，从事大学教育的人们应该警醒；已经成为精致的利己主义者们应该警醒；从事干部队伍建设的人们也应该警醒。

述评

精致的利己主义者是经过伪装、具有迷惑性、实现个人利益最大化、具有更大危害性的利己主义。本文对这样一种社会现象进行揭示并深刻剖析，得出结论：精致的利己主义者在事业上、境界上、心智上都走不远。

我们的干部队伍中也不乏精致的利己主义者。

精致的利己主义者的出现有着深刻的社会原因、家庭原因和个人原因，就其本人而言主要在于信仰缺失、"三观"歪曲、知行脱节；透过现象看本质，精致利己主义者无论如何伪装，其本质都是利己主义者，也必然会在实践的检验与人民群众的失望中原形毕现；精致的利己主义者必然会带来格局上站位不高、工作中私心严重、导向上唯我独尊、结果上贻害无穷。党员干部队伍中如果有这样一批人，对党和国家形象与事业将是很大的损害。

克服精致利己主义，必先加强理想信念教育，教育引导党员干部树立正确的世界观、人生观、价值观，涵养不负人民、不负时代的大我情怀，牢记"国之大者"，甘于牺牲奉献、勇于担当使命；也要加强制度建设，完善激励机制与评价机制，让吃苦的人吃香，让有为的人有位，让实干的人实惠；同时还要强化道德约束，通过宣传报道、创建活动和社会舆论弘扬社会正能量，鼓励形成良好的社会氛围。

要有一颗纯净的心*

李铁梅说，共产党员都一样，“都有一颗红亮的心”，这是对政治信仰的描述。前几天，有人说教育培训工作者要有一颗纯净的心，这是对事业追求的描述。在我们党将精神懈怠危险作为第一危险、将理想信念教育作为第一任务的今天，强调教育培训工作者要有一颗纯净的心，具有极其重要的意义。它意味着：

要有一颗清冷自守的心。作为教育培训工作者，一是要有较高的知识修养、业务造诣和研究能力，要有“板凳要坐十年冷”的勇气，这一点与科技工作者有相通之处；二是要有较高的品德修养、奉献精神与执着追求，要有“地狱不空不成佛”的宏愿，这一点又与宗教工作者有同工之美。由此两点决定，自古以来，在喧嚣与骚动的世界里，真正的教育培训都是清苦冷寂的职业。比如，孔子，曾“穷于陈蔡之间，七日不火食，藜羹不糁，颜色甚惫”；再如，马克思，经常入不敷出、告贷无门、被逼求援。这些圣人们并不是不懂为稻粱谋，更不为没有能力赚钱自肥，只是为了理想无暇他顾。这提示我们，要想在教育培训事业上做出成就，必须心无旁骛，不惧清冷，不畏孤独，不二意，不折腾。

要有一颗润物无声的心。教育培训既追求立竿见影，又放眼潜移默化，就像一场场春雨，当下管用，滋养长远。十年育树，百年育人，

* 《要有一颗纯净的心》，《组织人事报》2013 年 1 月 10 日。

作为教育培训工作者，不能急功近利，不能刻意搞轰轰烈烈，不能有短期政绩意识，要甘于藏身幕后，做细致无形的具体工作。人们常说，教育培训有为才能有位，反过来，就是讲无为也能生存。教育培训不像经济、军事、文化、体育工作那样具体、明确，说到底是一项良心工作，必须有为事业想、为国家计、为子孙谋的精神，以大慈悲心，修真宏伟业，春风化雨，润物无声。

要有一颗悬挂假设的心。所谓悬挂假设，对于教育培训工作者来讲，就是要将隐藏在自己内心的个人价值观、信念以及对他人的看法和盘托出，“悬挂”在党员干部前面，以便不断地接受询问与探询。这是一种真正意义上的无私与无畏，是一种实实在在的纯净与自信。只有将自己全部敞开，才能与别人坦诚交流；敞开得越多，教育培训的效果才可能越好，即使观点最终不同，大家也会在人格与真理的旗帜下团聚起来。用彼得·圣吉的说法，这是一项修炼，是团队学习得以成功的关键环节。古往今来，有多少大师级的先贤在这条路上攀登，从“心是明镜台，时时勤拂擦”到“本来无一物，何处染尘埃”，无不给我们开启了教育培训工作的至高境界。

述评

用纯净的心做专业的事，这是本述评者最深切的感受。教师的生活阅历、知识结构、思想品格会在讲课过程中自动流露出来，是藏也藏不住，避也避不了的。学员听课的同时，其实是在听我们的生命体验。

本述评者刚入行时20岁出头，除了一腔热血什么都没有，拿什么与学员交流？但总能得到学员的鼓励与认同。他们认同的是什么？“我比你们年长许多，但我是个理想主义者，生活中被视为异类，但是上了井冈山，看到你们讲课的样子，我知道，我不孤独。谢谢你，你的坚定，坚定了我的坚定……"

干部教育培训是一门科学，需要具有专业知识能力的人，但也更需要讲政治、有情怀的人，更需要站在讲台上的人有坚定的信仰。比如，当他说起"主义"时，眼睛里闪着光吗？正如鲁迅所说："我以为根本问题是作者可是一个'革命人'，倘是的，则无论写的是什么事件，用的是什么材料，即都是'革命文学'。从喷泉里出来的都是水，从血管里出来的都是血。"

有人曾经评价江西干部学院的教学特色是"傻白甜"，这看似批评，其实讲的就是一种纯净的状态。所谓"傻"，就是大智若愚，不那么精明计较，不那么急于求成，勇于牺牲和吃苦，有一股韧劲，坚持一生做一件事。所谓"白"，就是纯净纯粹，真诚对待学员，在日益复杂的社会中遇到纯净纯粹的人很难得，党性教育者应该纯一些，只有真诚交流，教育才会产生效果，就像哲学家雅斯贝尔斯说的那样，它是人与人之间，也是自己与自己之间发生的事，它永不停止，就像一棵树摇动另一棵树，一朵云触碰另一朵云，一个灵魂唤醒另一个灵魂。所谓"甜"，就是积极向上的精神状态，是真理的味道，要做好干部教育培训，就要探索真理和规律，讲清背后的道理、学理、哲理，给学员观点，让他们觉得甜。用一颗纯净的心做专业的事，愿我们永远做这样的"傻白甜"。

岁末年初话谈心*

岁末年初，又到了总结、谈心的时候。班子成员之间、上下级之间、组织部部长与联系的领导干部，拿出专门的时间谈谈心，无论对于工作还是对于班子团结、个人成长，都有百利而无一弊。

虽然谈心是思想和情感的交流，但从人的沟通习惯看，还是以工作交流为载体比较好。因为这些事情大家都关心过、参与过、有话方便说。可以先花点时间交流讨论以下问题：对一年来本单位的工作如何评价？感到哪些地方做得好、哪些环节存在遗憾？对下一年的工作有什么想法？尽管人们所处位置不同，对全局工作的关心点和领悟层次也不同，但是，借这个机会，人们都还是愿意表达自己的看法和观点。因此，不论人们说得对与不对，都要先充分肯定，不作解释、说明，更不进行辩解。这样，既是充分尊重每个人的发言权利，又通过实际行动为进一步深谈营造良好环境。也就是说，这个过程既是工作交流的过程，更是为情感和思想交流进行“破冰”“热身”的过程。为体现真诚，应做认真的笔记。这个阶段交流得越深、越透，后面的交流也才可能越深、越透。

谈过工作，就可以自然而然地转入对人的讨论：对班子成员的表现怎样看？对“我”一年来的工作感到哪些值得表扬、哪些可以做得更好？对您自己的表现怎样看？下一年有些什么想法？希望“我”为

* 《岁末年初话谈心》，《组织人事报》2013 年 1 月 17 日。

您做些什么？这个阶段是谈话的核心。在谈话过程中，应保持倾听的姿态，表情真诚、平和、专注，身体略微前倾，或频频点头，或不时发问，鼓励对方深入地说下去。这一期间，应用中、低音进行交流，有一种说悄悄话的感觉，并且注意不被外界打扰。同样，为了保持良好的氛围，应及时充分肯定对方所讲的内容，不解释、不说明、不辩解。

听对方谈完了，谈心可进入第三阶段，对所谈内容进行回应。应逐条回应对方的意见，先充分肯定其诚恳的态度，需要解释的作些简要解释，需要说明的作些简要说明，但较为重要的、重大的分歧，不一定当场进行讨论和辩解，可提出再思考、研究一下，以后再交流，以保持和谐的谈话氛围。对于下一年的工作，可向对方作出细致、坚定承诺并提出真诚的希望。同样，这些承诺和希望应认真地记录在案，并准备列入工作计划，确实抓好落实。这样，就为下一年度的谈心谈话埋下伏笔。

好的谈心宛如一次温馨精美的家居小宴，可以使人们细细地品评友谊的芬芳，静静地聆听生活的乐章，慢慢地咀嚼工作的快乐。它一点也不令人拘束、紧张，更不会使人失落、沮丧，只会使人们心理更健康、队伍更团结、工作更上进。

述评

习近平总书记强调，对干部经常开展同志式的谈心谈话，既指出缺点不足，又给予鞭策鼓励，这是个好传统，要注意保持和发扬。[①]我们党从成立开始，就把谈心谈话作为加强思想政治工作的重要方法，通过及时的沟通与交流，了解党员干部的思想动态，及时开展思想政

① 《习近平谈治国理政》，外文出版社 2014 年版，第 418 页。

治工作。

感人心者，莫乎于情。开展谈心谈话的最终目的是让干部消除隔阂、缓解压力、增强干劲。所以，谈心谈话应该做到诚心交心、互相提醒、帮助提高。当前时期，工作与生活的节奏越来越快，经常深入地找干部“谈心谈话”，就是一种关心、爱护干部的重要形式，通过及时了解干部的工作、学习、生活情况和思想动态，尤其是发现干部的一些情绪波动、不好的苗头，或者生活及家庭上的困难，能够及时地进行教育和帮助。

本文以岁末年初谈心谈话作为切入点，通过谈工作、谈个人以及对所谈内容进行回应三个阶段循序渐进，对于及时了解党员干部的思想动态，有针对性地做好思想政治工作提出可供借鉴的方法技巧，对于提升谈心谈话质量，推进党组织统一思想、凝聚共识、增进团结，提高执行力和战斗力具有重要意义。

进一步讲，谈心谈话未尝不是党员干部教育培训的重要理念和方式。这方面，还有许多经验需要总结。

有感于邓小平的检讨 *

近日，一口气读完了《邓小平年谱》，有许多感受涌上心头。其中，有一个词熠熠闪耀，这就是“检讨”。

邓小平一生作的检讨不计其数，种类繁多。部队没打好仗他要检讨，如1947年4月25日与刘伯承致电中央军委并告陈毅、粟裕等同志，“民权一战未能歼灭八十五师，演成被动，加以部队连战两月，极为疲惫，以致未能抓住王敬久集团于鲁西南，而加重了山东负担。每念及此，心中不安”[①]。工作不力时他要检讨，如1955年8月带领中组部向中央报告，“近几年来，中央组织部工作的主要缺点错误是：首先，中央组织部的工作和党的政治任务结合不够。……其次，在干部工作上，由于对干部特别是高级干部的考察了解很不够，因而在干部的选拔使用上，还存在着不少的缺点。……再次，对党的生活中的各种重要问题，如党委制和集体领导，领导方法和工作作风，批评与自我批评，党对党员的监督，党的代表大会和代表会议的召开等等，注意和研究不够，……最后，由于中央组织部本身的业务没有系统地建立起来，致使工作长期陷于忙乱被动和事务主义的状态……”[②]受到错误批判他要检讨，如1966年10月23日在中央工作会议上检讨发言，

---

* 《有感于邓小平的检讨》，《组织人事报》2013年12月26日。

① 《邓小平年谱（1904—1974）》中卷，中央文献出版社2009年版，第662页。

② 《中共中央文件选集（1949年10月—1966年5月）》第20册，人民出版社2013年版，第508页。

检查自己的所谓“错误路线”，检讨稿还事前报毛泽东审阅过。在会上表示，必须讲清楚，工作组的绝大多数是好同志，在这段工作中所犯的错误，除了个别人外，主要责任不应由他们来负担，而应由我和少奇同志来负担[①]。一直到成为第二代中央领导集体的核心，还于1989年深刻检讨，“十年最大的失误是教育。”[②]邓小平如此频繁、深刻的检讨表明了什么？

为主义献身的宗教般情怀。1926年，在莫斯科中山大学学习时，邓小平写道：“我来俄的志愿，尤其是要来受铁的纪律的训练，共产主义的洗礼，把我的思想行动都成为一贯的共产主义化。我来莫的时候，便已打定主意，更坚决的把我的身子交给我们的党，交给本阶级。从此以后，我愿意绝对的受党的训练，听党的指挥，始终为无产阶级的利益而争斗！”[③]他这样写也这样做了。

敢于负责、勇于担当的英雄气概。这与眼下一些明哲保身、圆滑世故、推诿扯皮、得过且过、一团和气、好人主义等现象大相径庭。说到底，这是由于无私而生发的无畏。子曰：“君子坦荡荡，小人长戚戚。”决定君子、小人成色的，还是“含私量”的大小。

顾全大局、维护团结的崇高境界。当个人投入组织中时必须明白，只有组织的成功才能保证个人的成功。然而，个人与组织都会犯错误。受到不公正待遇、错误处理甚至生命威胁怎么办？邓小平以其三起三落而矢志不移的行为为我们作出了示范。

一流的工作标准、求实严谨的工作作风。伟大工程无小事，共产党最讲认真。这可能是老一辈革命家的风范之所以能永远流传于世的重要原因吧。

---

① 参见《邓小平年谱（1904—1974）》下卷，中央文献出版社2009年版，第1933页。

② 《邓小平文选》第3卷，人民出版社1993年版，第306页。

③ 《邓小平年谱（1904—1974）》上卷，中央文献出版社2009年版，第28—29页。

述评

不私，而天下自公。习近平总书记指出："一百年来，党外靠发展人民民主、接受人民监督，内靠全面从严治党、推进自我革命，勇于坚持真理、修正错误，勇于刀刃向内、刮骨疗毒，保证了党长盛不衰、不断发展壮大。"[①]我们党除了人民的利益，没有任何自己特殊的利益，这是我们党敢于自我革命的勇气之源、底气所在。"我们党之所以伟大，不在于不犯错误，而在于从不讳疾忌医，敢于直面问题、勇于自我革命。"[②]

古人讲，成起身而天下成，治其身而天下治。党员干部只有不私、无私，才能本着彻底的自我革命精神检视自身、常思己过，坚决同一切损害党的先进性和纯洁性的因素作斗争；才能摆脱一切利益集团、权势团体、特权阶层的"围猎"、腐蚀，并向这些集团、团体、阶层的人开刀；才能让人民感到我们是他们利益的忠实代表者、坚定维护者，人民就会信赖我们、支持我们，真心实意帮助我们改正缺点，坚定跟着我们一起奋斗。

不私、无私，也是对干部教育培训教师的基本要求。做到了这一条，就会产生彻底的自我革命精神，就没有什么问题是不能与学员一起深刻剖析、广泛分享的。

---

① 《习近平著作选读》第 2 卷，人民出版社 2023 年版，第 588 页。
② 《习近平著作选读》第 2 卷，人民出版社 2023 年版，第 559 页。

谈谈带着感情做工作、搞团结*

“问世间，情是何物，直教生死相许？”800年来，元好问的《雁丘词》，深深打动着一代又一代有情人的心。以情动人，是处兄弟、做夫妻的根本，做群众工作、加强领导班子思想政治建设，同样难以回避这一根本。

共产党当年赢得天下，内核是理论正确，关键在于与民同情。广大工农群众与共产党同生共死，首先基于对党的“朴素感情”：因为党的政策造福人民，党员干部的工作方法尊重人民，党时时处处展现的作风、形象为民称道。情、理、利，历来是打动人心、动员社会的基本元素。如果用燃烧作比喻，利是着火源，理是可燃物，而情则是氧气。党要想为民众真心拥戴，班子要想如钢铁般团结，就既要有共同的利益作基础，又要有共识的理论作支持，还要有共鸣的情感作支撑，缺一不可。

人是感情的动物。中国传统社会讲究家国同理，认为只有子子、父父，才能臣臣、君君；马克思主义也坚信感情的力量，列宁说：“没有‘人的情感’，就从来也没有也不可能有人对于真理的追求。”①但随着执政日久，随着市场经济的深入，随着城市化的深入，随着依法治理的深入，传统的“人情”观念正逐步淡漠，适合新形势的“人

* 《谈谈带着感情做工作、搞团结》，《组织人事报》2012年4月5日。

① 《列宁全集》第25卷，人民出版社2017年版，第117页。

情”体系尚未建立，从一定意义上讲，中国社会陷入了“绝情”的境况，讲实惠、讲法理的越来越多，讲感情、讲道义的渐行渐少。在这种状况下，无论是群众工作，还是班子思想政治建设，都遇到了许多新问题，虽然人们经常讲要“带着感情做工作”“带着感情搞团结”，但总是难以取得实实在在的成效。

人的感情从哪里来？从本源是讲，来自对他人的长期需要并满足这些需要。这种需要和满足，依靠有物质上的，也有精神上的。孩子对父母的感情、学生对教师的感情都是这样养成的。党员干部养成对组织、对人民的感情，也应基于这一原理。我们党现在是执政党，领导干部是执政者，掌握的各种资源十分丰厚，已经不再像革命战争年代那样，对群众、对班子成员有天然的、基于生存的需要，恰恰相反，在许多情况下，群众、班子成员可能成为某些个人行动的负担，甚至避之唯恐不及。即使与群众、班子成员发生联系，有的也是居高临下，以赐予者的面貌出现，“给你这个”“给你那个”。这样的需求格局，只能培养人们对领导者的感情，怎能取得其他效果？

因此，要从制度上进行设计，逼着党员干部离不开基层群众，逼着主要领导离不开班子成员。我们目前搞的领导干部下基层、民主评议等制度，从价值理性的角度看非常好。需要进一步探索的是，能否看看领导干部到底联系了多少贫困群众？是怎样联系的？未被联系的群众怎样看这种联系？以及班子成员能否对主要领导进行不信任表态？这种不信任能否决定主要领导任职使用？如此等等。让我们勉力而行。

述评

长久以来，党员干部接受的教育更多侧重于强调个人要对组织、对单位有感情，而本文从党的历史、传统文化、马克思主义理论等不同角度阐述自己的观点——以情动人，是做群众工作、加强领导班子思想政治建设以及做好教育培训工作的基本要求。

联系现实，确如文中所言，讲感情与道义的日渐稀少，而讲实惠与法理的比比皆是。不懂得关心人，工作中公事公办、生活中没有人情味，在这种状况下，工作怎么会不出现新问题？文章还写到“人的感情从哪里来？从本源讲，是来自对他人的长期需要并满足这些需要。这种需要和满足，依靠有物质上的，也有精神上的”。刘少奇在《论共产党员的修养》中指出：“党在可能条件下顾全和保护党员个人的不可缺少的利益——如给他以教育学习的机会，解决他的疾病和家庭问题……因为保障党员必要的生活条件、工作条件和教育条件，使他们安心地热情地工作，是完成党的任务所必需的。这是党的负责人在处理党员问题的时候所必须注意的。”①

人都是有感情的。毛泽东说过：“如果把自己看作群众的主人，看作高踞于‘下等人’头上的贵族，那末，不管他们有多大的才能，也是群众所不需要的，他们的工作是没有前途的。”②领导干部需要真正关心同志，干部教育培训者需要真正关心学员，带着“感情”工作，才能凝心聚力，成就事业。

① 《刘少奇选集》上卷，人民出版社 1981 年版，第 135—136 页。

② 《毛泽东选集》第 3 卷，人民出版社 1991 年版，第 864 页。

按照班子运行规律做好指导工作 *

如同任何事物都有一个发生、发展的过程一样，领导班子建设也有这样一个过程。根据班子建设不同阶段的任务、特点，有针对性地做好指导工作，应是组织部门的重要职责和基本功。

20世纪60年代，有个日本学者叫三隅二不二，他在吸取前人研究成果的基础上，提出了关于领导行为的PM理论。该理论认为，领导班子有两种功能：一是干事情，即取得绩效（Performance，用P表示）；二是带队伍，即维持团队（Maintain，用M表示）。按照这两种功能，三隅二不二将领导班子的工作状况分成四种类型：高关注绩效、低关注队伍；高关注绩效、高关注队伍；低关注绩效、高关注队伍；低关注绩效、低关注队伍。对于这四种类型，有些人认为，既高关注绩效又高关注队伍的状况是最好的；既低关注绩效又低关注队伍的状况是最差的；其余两种是中等的。其实不然。

在领导班子运行的实践中，这四种状况都可能会出现，并且都是正常现象。按照一般情况，领导班子建设初期，总是会把关注点放在调查研究、制定策略上，这就是高关注绩效、低关注队伍的状况；第二阶段，一方面集中精力推进工作，另一方面在工作中发现问题、调整干部，这就是既高关注绩效、又高关注队伍的状况；等工作全部推开、发展走上正轨、人员基本安排到位后，会把注意力转移到对骨干

* 《按照班子运行规律做好指导工作》，《组织人事报》2012年3月29日。

队伍的培养和工作监督指导上，这就是低关注绩效、高关注队伍的状态；待到下属的责任心和工作能力已达到要求、领导在与不在一个样时，领导班子就会把注意力放在自身的提高和建设上，对于本地本部门的工作，实事上处于低关注绩效、低关注队伍的状态。这时，领导班子就基本完成了自己提出的任务，为下一个发展阶段做准备。

按照这样的运行规律，组织部门在指导领导班子建设时，要因时、因情制宜，有针对性地提出策略措施。在第一阶段，要突出抓好民主集中制建设，帮助领导干部及时转变角色，形成整体合力，提高调查研究、制定战略的能力和水平。第二阶段，重点抓好《党政领导干部选拔任用工作条例》学习培训和监督检查，提高领导班子识人用人能力，提高干部人事工作的公信力。第三阶段，在已有的工作基础上，着力抓好学习型组织建设，提高领导班子的领导方法和领导艺术，提高领导干部培养人、带队伍的能力。第四阶段，抓好作风建设，帮助领导干部克服自满情绪，提高领导班子创新意识和能力，开阔视野、开阔思路、开阔胸襟，为开创新局面、完成新使命奠定坚实基础。

述评

本文是讲领导班子建设的。干部教育培训机构的领导班子建设同样重要。

就干部党性教育培训机构而言，我记得原作者曾经讲道，这些干部学院的“一把手”大致有这样三个时代：第一个时代叫“组织部长”的时代，也就是建院之初，院长大都由市县组织部长调任，开疆扩土，奠基立院。第二个时代叫“教育专家”的时代，硬件建得差不多了，该搞内部装潢建设了，选派懂教育培训规律的干部过来，加强师资课程等软件建设。第三个时代叫“营销专家”的时代，软硬件建设都搞完了，该搞“一流学院”了，又选派善于在全国干部教育培训格局和体系中准确定位自身、善于把长处做得更长的干部过来，引领学院以特色资源与特色教学在国内“独树一帜”。这就是学院发展的一般进程吧。

总体来看，干部学院的领导班子成员来源有这样几个，一个是市县组织部门、一个是教育培训部门（含学院内部）、一个是乡镇党委书记。这可能跟一些党性教育干部学院依托县级资源建立有关，也可能和当前党性教育干部学院的组织机构设置有关。这几个来源的干部各有优缺点，都需要在民主集中制中增长补短，加强各自的修炼。

把全面从严治党落实到每个支部*

习近平总书记对“两学一做”学习教育指示强调，要把全面从严治党落实到每个支部。这既是对全面从严治党提出的新部署新要求，也是对支部建设提出的新任务新挑战。

党的十八大以来，我们党先后开展了党的群众路线教育实践活动、“三严三实”专题教育，对于解决党员干部特别是县处级以上领导干部存在的突出问题、推进全面从严治党起到了重要作用。但是，基层是党的执政之基、力量之源。党的先进性和纯洁性要靠千千万万党员的先进性和纯洁性来体现，党的执政使命要靠千千万万党员卓有成效的工作来完成。只有基层党组织坚强有力，党员发挥应有作用，党的根基才能牢固，党才能有战斗力。因此，必须高度重视支部建设，按照党章的要求，充分发挥其教育管理党员的主体作用，真正使党的组织生活、党员教育管理严起来、实起来，把合格的标尺立起来，把做人做事的底线划出来，把党员的先锋形象树起来，坚定广大党员的马克思主义立场，保证全党始终在思想上政治上行动上同党中央保持高度一致，使我们党始终成为有理想、有信念的马克思主义政党。

落实全面从严治党的要求，是党章赋予支部的基本任务。党章从思想建设、组织建设、作风建设、反腐倡廉建设和制度建设各个方面，对包括支部在内的党的基层组织提出了明确要求。如，组织党员认真

* 《把全面从严治党落实到每个支部》，《组织人事报》2016 年 3 月 24 日。

学习马克思列宁主义、毛泽东思想、邓小平理论、“三个代表”重要思想和科学发展观，学习党的路线、方针、政策和决议；对党员进行教育、管理、监督，提高党员素质，增强党性，严格党的组织生活，开展批评和自我批评，维护和执行党的纪律，监督党员切实履行义务；密切联系群众，经常了解群众对党员、党的工作的批评和意见，维护群众的正当权利和利益；监督党员干部和其他任何工作人员严格遵守国法政纪；教育党员和群众自觉抵制不良倾向，坚决同各种违法犯罪行为作斗争，等等。对照这些要求，必须承认，相当长一个时期以来，有的地方和单位党的支部存在着党不管党、治党不严的现象，对党员干部疏于教育、疏于管理、疏于监督，致使“老虎”横行一时、“苍蝇”嗡嗡作响，严重影响了党的形象和人民群众的信念，影响了社会主义建设事业的伟大进程，一定要引起高度注意。

现在，习近平总书记提出了把全面从严治党落实到每个支部的明确要求，为支部建设指明了方向。各级党委应帮助支部进一步理清职责任务，明确主责主业，分析工作路径，把握工作规律，健全工作制度和考核标准，真正把管党治党的责任放在心上、扛在肩上、抓在手上，扎实有效地推进“两学一做”专题教育，使各个支部焕发出党组织特有的政治色彩和道德光芒。

述评

全面从严治党永远在路上，党的自我革命永远在路上。两个“永远在路上”，是我们党历经百年沧桑依然风华正茂的奥秘所在，也是党的干部教育培训事业不断发展进步的奥秘所在。

对干部教育培训工作者来说，要想阐释清楚自我革命，一要深刻领会自我革命的内涵，收集整理大量关于自我革命的经典案例、先进事迹、历史经验等；二要构建清晰科学的课程框架和逻辑体系，使课程逻辑严谨，易于说服干部；三要运用形象生动的语言和表达方式，将自我革命与干部的工作实际、思想实际紧密结合，引导干部在自身岗位上自觉践行自我革命精神，永葆清正廉洁的政治本色。

对于干部教育培训机构来说，坚持把从严治党要求和从严治校方针结合起来，坚持严以治校、严以治教、严以治学，聚焦教师和学员两个主体、教与学两个环节，把严的标准、严的要求贯彻到教学教育全过程、落实到培训工作各方面。通过从严治校，带头落实好全面从严治党要求，体现出不正之风“净化器”、党性锻炼“大熔炉”、全面从严治党“风向标”的作用，在全面从严治党实践中展现使命担当。

后　记

士不可以不弘毅，任重而道远。在全党大学习、干部大培训、事业大发展的条件下，作为干部教育培训工作的实践者和后来者，我们自觉把研习传承干部教育培训规律与经验作为己任。在编写本书时，坚持以习近平新时代中国特色社会主义思想为指导，将中央要求、历史经验与实践体悟结合起来，以求促进新时代干部教育培训工作提质增效。

张新刚老师是干部教育培训领域一名很辛勤的耕耘者，也是我们很多年轻同行的真诚朋友。作为原作者，他无私地提供了千字文文章。付冠达同志负责整体统筹和组织出版，孔祥香、叶婧、余如江、杨曼、杨全凯、汪亚洲、明洋、易晗菲、周楠、冼骏、战斌、郭星辰、敖海华、高伟、靳冬玲等同志参加了述评撰写，孔祥香在大体保持原述评文章风格的基础上，做了大量、艰苦的增删、统稿工作，杨全凯、战斌、李琳娜等参加了审读编校。

在本书的编写过程中，得到了各述评者所在单位特别是深圳公共管理教育培训学院以及孔繁森精神教学基地的大力支持，在此一并表示感谢。因编写水平有限，书中难免有不足之处，恳请方家批评指正。

编者

2024年7月20日